바람만이 아는 대답

밥 딜런 자서전 | 양은모 옮김

문학세계사

옮긴이 · 양은모
서울에서 태어남. The Korea Herald에서 근무.
방송통신대학 영문학과를 졸업하고
성균관대학교 영한번역전문가 양성 과정을 수료했다.
번역서로는 『동물백과』, 『디지털 미디어』, 『최악의 상황에서 살아남는 법』,
『동물과의 대화』, 『종교』, 『화이트 시티』 등 다수가 있음.

바람만이 아는 대답
밥 딜런 자서전

초판 1쇄 발행 2005년 10월 17일
2판 3쇄 발행 2016일 11월 1일

옮긴이 · 양은모
펴낸이 · 김종해
펴낸곳 · 문학세계사

주소 · 서울시 마포구 신수로 59-1(04087)
대표전화 · 02-702-1800 팩시밀리 · 02-702-0084
이메일 · mail@msp21.co.kr
홈페이지 · www.msp21.co.kr
페이스북 · www.facebook.com/munsebooks
출판등록 · 제21-108호(1979.5.16)

ISBN 978-89-7075-492-5 03840

ⓒ문학세계사, 2016
값 13,000원

CHRONICLES
by
Bob Dylan

CHRONICLES : Volume I
by
Bob Dylan

Original English Language Edition Copyright ⓒ2004 by Bob Dylan
All Rights Reserved.
Korean Language Translation Copyright ⓒ 2005 by Munhak Segye-Sa
This Korean edition published by arrangement with the original publisher,
Simon & Schuster, Inc., New York,
through KCC(Korea Copyright Center Inc.), Seoul.

이 책의 한국어판 저작권은 (주)한국저작권센터(KCC)를 통한
저작권자와의 독점계약으로 문학세계사에 있습니다.
저작권법에 의해 한국내에서 보호를 받는 저작물이므로
무단전재 및 복제를 금합니다.

CHRONICLES

✱ 차례

1. 값을 올려라 _____ 7

2. 사라진 세계 _____ 31

3. 새로운 아침 _____ 117

4. 드디어 행운이 _____ 157

5. 얼어붙은 강 _____ 239

1
값을 올려라

리드

음악사의 사장 루 레비(Lou Levy, 1950년대 중반부터 녹음작업을 했던 쿨재즈풍의 피아니스트. 대표앨범으로 〈Plays Baby Grand Jazz〉가 있다)는 나를 택시에 태우고 웨스트 70번가에 있는 피디언 템플로 가서 빌 할리(Bill Haley)와 그의 밴드 카밋(Comets)이 「록 어라운드 더 클락(Rock Around the Clock, 팝 역사상 가장 많이 팔린 싱글레코드로 2,500만 장 이상의 판매량을 기록했다)」을 녹음했던 손바닥만한 스튜디오를 보여주었다. 그리고 다시 브로드웨이 58번가에 있는 잭 뎀프시(Jack Dempsey)의 식당으로 데리고 갔다. 우리는 전면에 유리창이 보이고 빨간 가죽으로 실내장식을 한 부스에 자리를 잡았다.

루는 위대한 권투선수 잭 뎀프시(미국의 프로 권투선수로, 1919년 세계헤비급 챔피언이 되었다)에게 나를 소개했다. 잭은 주먹을 흔들어 보였다.

"헤비급 선수치곤 너무 가벼워 보이는데, 자넨 체중을 몇 파운드 늘려야겠어. 옷차림에 조금 더 신경을 써 보게, 좀더 세련되게 보여야 하니까 말이야. 링에 올라갔을 땐 그럴 필요가 없지만. 상대를 너무 세게 때리는 걸 두려워하지 말라구."

"잭, 이 친구는 권투 선수가 아니라 작사가야. 우리 회사에서 이 친구가 작사한 노래를 발표하려고 해."

"아, 그래. 그 노래를 들어 봤으면 좋겠군. 행운을 비네, 젊은이."

밖에는 바람이 불고 있었다. 구름 조각들이 흩어지면서 붉은 등이 켜진 거리에 눈발이 휘날렸다. 토끼털 귀마개를 하고 매사냥용 도구를 파는 장사꾼들과 군밤 장수들이 근처에서 싸우고 있었다. 맨홀에서는 허연 수증기가 모락모락 올라왔다.

어느 것도 내게는 중요해 보이지 않았다. 나는 리드 음악사와 내 노래 출판에 대한 계약서에 막 서명을 끝낸 터였다. 아직 곡을 많이 쓴 건 아니지만 크게 문제될 것은 없었다. 루는 서류에 서명하기 전에 앞으로 저작권 사용료의 계약금으로 1백 달러를 지불했는데 나로서는 만족스러웠다.

나를 콜롬비아 레코드사에 데려갔던 존 해먼드(John Hammond)가 루에게 내 뒤를 봐주라고 부탁했던 것이다. 해먼드는 내 창작곡을 두 곡 들었을 뿐이지만 뭔가 더 있을 것이라는 예감을 가지고 있었다.

루의 사무실로 돌아온 나는 케이스를 열고 기타를 꺼내서 손가락으로 줄을 튕기기 시작했다. 방안은 악보를 담아서 쌓아놓은 상자, 연주자들의 녹음 날짜를 기록한 게시판, 래커 칠을 한 검은 음반들, 흰 라벨이 아무렇게나 붙어 있는 아세테이트 음반, 제리 베일, 알 마티노, 앤드루 시스터즈(The Andrews Sisters 루는 그 중 한 사람과 결혼했다), 냇 킹 콜, 패티 페이지, 크루 컷 등 연예인들의 서명이 든 반들거리는 사진들, 오픈릴식의 테이프 리코더 한 쌍, 잡동사니가 가득 들어 있는 검은 갈색의 큰 나무책상 등으로 어수선했다. 루는 내 앞의 책상에 마이크를 놓고 테이프 리코더에 코드를 꽂았는데 그 동안 내내 가늘고 긴 엽궐련을 우적우적 씹었다.
"존이 자네한테 큰 기대를 하고 있어."
루가 말했다.

존은 존 해먼드를 가리키는 말이었다. 재능 있는 신인을 발굴해 내는 그는 레코드 음악 역사에 뛰어난 인물들을 찾아낸 사람이었다. 빌리 할리데이, 테디 윌슨, 찰리 크리스천, 캡 캘러웨이, 베니 굿맨, 카운트 베이시, 라이오넬 햄프턴 등이 그가 발굴해 낸 가수들이었다. 그들은 미국인들의 삶에 깊숙이 울려퍼지는 음악을 창조했던 예술가들이었다. 해먼드는 그 음악을 대중 앞으로 가져갔다. 그는 베시 스미스의 마지막 녹음 세션을 지휘하기도 했다.

존 해먼드는 전설적인 미국의 명문가 출신이었다. 그의 어머니는 밴더빌트 가문 사람이었고 존은 상류 사회에서 유복하게 자라났다. 그러나 그는 만족하지 않고 격렬한 재즈, 흑인 영가, 블루스의 리듬을 즐기면서 평생 동안 자신의 진정한 사랑인 음악을 추구하면서 지지하고 옹호했다. 아무도 그의 길을 막을 수는 없었으며 그는 온통 음악에 빠져지냈다. 나는 그의 사무실에 앉아서 이게 꿈이 아닐까 하는 생각을 하지 않을 수가 없었다. 그가 나를 콜롬비아 레코드사와 전속계약하게 해주었다는 사실을 믿을 수가 없었다.

콜롬비아 레코드사는 전국적으로 유명한 레코드 회사였고, 나로서는 그 문에 발을 들여놓은 것만으로도 대단한 일이었다. 일반적으로 포크 뮤직은 잡동사니 음악에다 이류 음악이고 작은 회사에서나 음반이 발매되는 것으로 생각되었다. 일류 레코드사들은 철저하게 엘리트

가수들만 상대했는데 그들의 음악이 건전하고 바람직하다고 여겨졌기 때문이었다. 나 같은 사람이 음반을 내는 일은 특별한 상황이 아니면 결코 허용될 수가 없었다. 그런데 존은 특별한 사람이었다. 그는 값싼 음반을 만들거나 싸구려 가수들의 음악을 녹음하지 않았다. 비전과 선견지명을 가지고 있던 그가 나를 보았고, 내 음악을 들었으며, 내 사상을 느꼈고, 앞으로의 일들에 대한 믿음을 갖게 된 것이다. 그는 나를 유행의 첨단을 걷는 귀재로 본 것이 아니라 블루스와 재즈와 포크의 오랜 전통선상에 있는 사람으로 본다고 말했다. 어떤 전위적인 것은 없었다. 50년대 말과 60년대 초의 미국 음악계는 전체적으로 활기가 없었다. 대중적인 라디오 방송은 새로운 변화 없이 공허한 익살로 채워지고 있었다. 그때는 비틀스(Beatles)와 후(The Who)와 롤링 스톤스(The Rolling Stones)가 음악계에 활력과 자극을 불어넣기 전이었다.

당시 내가 연주했던 것은 지옥의 불을 연상케 하는 격렬한 포크였다. 그것이 라디오에 어울리지 않는다는 것을 알기 위해 굳이 여론조사를 할 필요도 없었다. 곡 자체가 상업주의에 적합하지도 않았지만 존은 그런 것들은 중요하지 않으며 나의 연주에 함축된 모든 것을 이해한다고 말했다.

"나는 진실을 이해한다네."

그가 한 말이었다. 존은 거칠고 상스러운 태도로 말했지만 눈에는 상대의 진가를 아는 번득임이 있었다.

최근에 그는 피트 시거(Pete Seeger)를 회사에 데려왔다. 하지만 그는 피트의 진정한 모습을 발견하지 못했다. 몇 년 동안 빈둥거리고 있었던 피트는 유명한 포크 그룹 위버스(The Weavers)의 멤버였는데 극단적 반공 운동이 성행하는 동안 블랙리스트에 올라 있었다. 그는 힘든 시기를 보내고 있었지만 일을 중단하지 않았다. 해먼드는 피트 시거에 대해 흥분한 태도로 이야기했다. 피트의 조상들이 메이플라워호를 타고 왔다는 것과, 그의 친척들이 벙커 힐 전투에서 싸웠다는 이야기를 하면서 그가 말했다.

"그 개새끼들이 피트를 블랙리스트에 올렸다는 게 말이나 되냐구? 그런 것들은 된통 혼이 나야 한다니까."

"내 얘기를 들어 봐. 자넨 재능 있는 젊은이야. 그 재능에 관심을 집중하고, 관리를 잘 할 수 있으면 성공할 거야. 자네를 데려와서 녹음을 시키려고 해. 잘해 보자구."

내게는 너무도 고마운 일이었다. 그는 내 앞에서 정식 계약서를 작성했고 나는 세부적인 조항들을 살펴보지도 않고 그 자리에서 계약서에 서명했다. 변호사나 고문이나 내 입장을 도와줄 그 누구도 필요 없었다.

그는 달력을 보고 녹음을 시작할 날짜를 골라서 동그라미를 친 다음, 몇 시에 와서 무엇을 연주하고 싶은지 생각해 두라고 말했다. 그리고는 회사의 홍보 책임자 빌리 제임스를 불러서 나에 관한 선전용 문안과 보도용으로 나갈 홍보물을 작성하라고 지시했다.

중키에 곱슬곱슬한 검은 머리의 빌리는 예일 대학을 막 졸업한 사람처럼 아이비리그의 옷차림을 하고 있었다. 그는 평생 동안 하루도 정신을 놓아 본 적이 없고, 어떤 역경도 만난 일이 없는 것처럼 보였다. 나는 그의 사무실로 천천히 들어가서 책상 맞은편에 앉았다. 빌리는 내가 정직하게 모든 것을 털어놓게 하려고 애를 썼다. 메모장과 연필을 꺼내 든 그는 어디서 왔느냐고 물었다. 나는 일리노이에서 왔다고 했고 그는 그것을 받아 적었다. 다른 일을 한 적이 있느냐는 물음에 나는 열 가지도 넘는 직업을 가졌었고 한때는 제과점 트럭을 몰았다고 말했다. 그는 그것도 적었고 그밖에 또 다른 일을 했는지 물었다. 건축공사장에서 일을 했다는 말에 그는 어디냐고 물었다.

"디트로이트요."

"여행을 다녔군요?"

"예."

그는 가족에 관한 일과 가족이 사는 곳을 물었다. 나는 오래 전에 가족을 떠났기 때문에 잘 모르겠다고 대답했다.

"가정생활은 어땠습니까?"

나는 쫓겨났다고 말했다.

"아버지는 어떤 일을 했습니까?"

"전기 기술자였어요."

"어머니는요, 어머니는 어떠셨습니까?"

"가정주부예요."

"어떤 종류의 음악을 연주합니까?"

"포크 뮤직이요."

"그건 어떤 종류의 음악입니까?"

포크 음악은 옛날부터 전해 내려오는 민속음악이라고 말했다. 나는 이런 식의 질문을 증오했고 무시해도 된다고 느꼈다. 빌리는 나를 불신하는 것처럼 보였고 그래서 오히려 괜찮다는 생각이 들었다. 아무튼 나는 그의 질문에 대답하고 싶지 않았고, 누구에게 어느 것도 설명할 필요를 느끼지 않았다.

"이곳에는 어떻게 왔습니까?"

"화물열차를 타고 왔어요."

"여객 열차를 말하는 거죠?"

"아니요, 화물 열차요."

"그럼, 유개 화차 같은 건가요?"

"네, 유개 화차 같고, 화물 열차 같은 거요."

"좋아요, 화물 열차로 하죠."

나는 빌리가 앉은 의자 뒤의 유리창 너머 길 건너 빌딩의 어떤 사무실을 응시했다. 한 여비서가 생각에 잠긴 태도로 무언가 바쁘게 휘갈겨 쓰고 있었다. 그 여자에게는 즐거움이 없어 보였다. 망원경이 있었으면 좋겠다는 생각을 했다. 빌리는 음악계의 누구와 자신을 같게 여기느냐고 물었다. 나는 그런 사람이 없다고 말했다. 그 말은 진실이었다. 정말 나 자신을 누구와 비교해 본 적이 없었다. 이 말을 제외한 나머지 얘기는 허튼소리, 아편 중독자 같은 소리를 지껄인 것이었다.

나는 화물 열차를 타고 온 것이 아니었다. 미드웨스트(중서부 지역. 오하이오, 미주리, 일리노이, 인디애나 주 등이 속한다)에서 4도어 세단인 57년형 임팔라를 타고 시카고를 거쳐, 연기가 자욱한 도시들을 통과하고, 구불거리는 도로와 눈 덮인 들판을 달려 오하이오, 인디애나, 펜실베이니아의 주경계선을 통과해서 동쪽으로 왔다. 24시간 달리는 내내 뒷좌석에서 졸기도 하고 시시한 이야기를 떠벌리기도 했다. 내 마음은 숨기고 있는 관심사에 머물고 있었는데…… 마침내 조지 워싱턴 다리를 넘은 것이다.

큰 자동차는 도로 옆에 완전히 멈춰서 나를 내려놓았다. 차 문을 꽝 닫은 나는 잘 가라는 인사로 손을 흔들고 혹한의 눈속으로 걸어 나왔다. 매서운 바람이 얼굴을 후려쳤다. 마침내 나는 뉴욕시, 너무 복잡해서 알 수 없는 거미줄 같은 도시, 뉴욕에 온 것이다. 뉴욕을 이해하려는 노력도 하지 않았다.

나는 음반을 통해 노래를 들었던 가수들, 데이브 밴 론크(Dave Van Ronk), 페기 시거(Peggy Seeger), 에드 맥커디(Ed McCurdy), 브라우니 맥지(Brownie McGhee)와 소니 테리(Sonny Terry), 조쉬 화이트(Josh White), 뉴 로스트 시티 램블러스(The New Lost City Ramblers), 게리 데이비스(Gary Davis) 목사와 그밖의 다른 사람들, 누구보다도 우디 거스리(Woody Guthrie)를 찾아서 뉴욕에 왔다. 나의 운명이 구체적으로 드러나게 될 뉴욕시는 현대판 고모라였다. 그 출발점에 있었지만 신참이라는 느낌이 들지 않았다.

뉴욕에 처음 도착했을 때는 추운 겨울이었다. 지독하게 추웠고 도시의 간선도로는 눈으로 덮여 있었지만, 나는 음산한 숲과 얼어붙은 길에도 겁을 내지 않았던 지구의 작은 모퉁이, 얼어붙은 북부 지방에서 온 사람이었다. 나는 한계를 초월할 수 있었다. 내가 찾는 것은 돈이나 사랑이 아니었다. 굳은 의지를 가지고 있었고, 비현실적이고 몽상적이긴 하지만 나름대로의 길을 정해놓고 있었다. 내 마음은 올가미처럼 튼튼했고, 정당성을 보증할 필요가 없었다. 이 음산하고 얼어붙은 대도시에 아는 사람이라곤 하나도 없었지만, 모든 것은 신속히 변하게 되어 있었다.

〈카페 와?(Cafe Wha?)〉는 그리니치 빌리지의 중심부인 맥두걸 거리에 있었다. 카페는 지하의 굴 같았는데, 덜 독한 술, 희미한 조명, 낮은 천장이 의자와 테이블을 갖춘 대학의 구내식당 같았다. 정오에 문을 열고 새벽 4시에 문을 닫았다. 어떤 사람이 나에게 그 카페에 가서 주간 쇼를 담당하는 프레디 닐(Freedy Neil)이라는 가수를 만나보라고 말했다.

카페를 찾아간 나는 프레디가 아래층에 있다는 말을 들었고 아래층의 코트와 모자를 맡겨두는 곳에서 그를 만날 수 있었다. 닐은 쇼의 사회를 맡고 있었으며 모든 연예인들을 관리하는 담당자였다. 그는 더할 나위 없이 친절한 사람이었다. 그는 뭘 할 수 있느냐고 물었다. 나는 노래하고 기타와 하모니카를 연주한다고 대답했다. 그는 뭐든 연주를 해보라고 말했다. 잠시 동안 내 연주를 듣고 난 그는 자기가 연주하는 시간에 하모니카를 불라고 했다. 나는 기뻐서 어쩔 줄 몰랐다. 적어도 추위에 떨지는 않게 된 것이다. 그것으로 만족했다.

프레디는 약 20분 동안 연주를 한 후 나머지 쇼프로를 소개했다. 그는 자신이 연주하고 싶을 때나 공연장에 사람들이 가득 찼을 때면 무대에 올라갔다. 프로그램은 인기 있는 TV쇼 테드 맥의 「아마추어 아워」에서 빌려온 것처럼 어색하고 혼란스러워 보였다. 관객은 주로 대학생처럼 보이는 사람들, 교외 거주자, 점심시간에 나온 비서들, 선원들과 관광객들이었다. 모든 연주자들이 10분 내지 15분 동안 연주했지만 프레디는 노래가 길다고 느껴도 연주를 계속했다. 그는 세련된 맵시의 전통적인 옷차림을 하고 있었다. 복숭아빛 안색에 요란하게 파마를 한 머리, 수수께끼 같은 시선, 음울하고 생각에 잠긴 듯한 그는 화가 난 듯 힘 있는 바리톤으로 마이크가 있든 없든 독특한 저음(blue notes, 재즈와 블루스만이 갖는 미묘하면서 독특한 음계)을 쏟아냈다. 그는 카페의 황제였는데 자신의 여자들과 열광적 추종자들을 거느리고 있었다. 보통은 그에게 접근하기가 어려웠고 카페의 모든 것이 그를 중심으로 돌아갔다. 몇 년이 지난 후 프레디는 히트송 「모든 사람이 말하고 있어요(Everybody's Talkin')」를 작사했다. 그러나 당시 나는 내 곡을 연주할 수 없었고 프레디의 연주에 반주를 했을 뿐이었지만 아무튼 뉴욕에서 규칙적인 연주를 시작할 수 있었다.

〈카페 와?〉의 주간 쇼는 누구나 무엇이든 할 수 있는 잡동사니 호화 쇼였다. 코미디언, 복화술사, 스틸 드럼을 치는 그룹, 시인, 남의 흉내를 내는 여자, 브로드웨이 곡을 부르는 이인조, 모자에서 토끼를 꺼내는 마술사, 관객 중 누군가를 지적해서 최면을 거는 터번 쓴 사나이, 얼굴 곡예를 하는 사람, 연예계에 들어오고 싶어 하는 사람은 누구든 그 시간에 뭔가 할 수 있다는 것이 특징이었다. 세상에 대한 시각을 바꾸게 하는 것은 없었다. 나는 무슨 일이 있어도 프레디의 눈밖에 나지 않으려고 애썼다.

대개 8시쯤에는 주간 흥행이 중지되고 전문 쇼가 시작되었다. 리처드 프레이요 같은 코미디언들, 우디 앨런, 조앤 리버즈, 레니 브루스와 자니맨과 같은 상업적인 포크송 그룹들이 무대를 주름잡았다. 낮 동안 카페에 있던 사람들은 모두 쫓겨났다. 오후에 연주하는 사람들 중에 가성 가수인 타이니 팀이 있었다. 그는 우클렐레(ukulele, 기타 비슷한 하와이의 4현 악기)를 연주했고, 20년대의 옛날 곡들을 소녀처럼 불렀다. 나는 몇 번 그와 얘기를 나누었다. 근처에 일할 수 있는 다른 곳이 있느냐고 묻자 자신은 가끔 허버트 플리 서커스 뮤지엄이라고 불리는 타임스퀘어에서 연주한다고 말했다. 나는 나중에 그곳을 찾아갔다.

프레디는 이런저런 공연을 보여주려는 유랑 연주자들로부터 끊임없이 시달리고 괴롭힘을 당했다. 가장 한심한 인물은 빌리 더 부처라는 이름을 가진 작자인데 그는 악몽 속에서 튀어나온 사람같이 보였다. 오직 「굽 높은 운동화(High-Heel Sneakers)」라는 곡만을 연주했는데 마약처럼 그 곡에 몰두했다. 프레디는 그를 낮 프로에 이따금 출연시켰는데 주로 관객이 없을 때였다. 빌리는 항상 "아가씨들께 이 곡을 바침니다." 란 말로 노래를 시작했다. 그가 입은 오버코트는 너무 작아서 가슴에 달린 단추를 간신히 채웠다. 늘 신경과민인 그는 예전에 정신병자나 죄수들의 난동을 막기 위한 구속복을 입은 적도 있었고, 감방에서 매트리스에 불을 낸 일도 있었다. 온갖 불행한 일들이 빌리에게 일어났었다. 그와 다른 사람들 사이에는 마가 끼어 있는 것 같았다. 하지만 그 노래 한 곡만은 꽤 잘 불렀다.

또 다른 인기 있는 사람은 사제 복장에 빨갛고 작은 종들이 달린 장화를 신은 사람으로 성경을 비틀어서 이야기했다. 문독(Moondog)도 이곳에서 연주했는데 그는 주로 거리에서 사는 앞을 못 보는 시인이었다. 바이킹 모자를 쓰고 목이 긴 털장화를 신고 담요를 뒤집어쓰고 다녔다. 문독은 1인극을 하면서 휘파람을 불고 대나무 피리를 연주했다. 그는 주로 42번가에서 공연했다.

내가 좋아하는 가수로는 캐런 달턴이 있었다. 그녀는 키가 크고 흰 피부에 푸른 눈을 가진 가수로, 기타를 연주했는데 겁이 많고 날씬한 몸매의 관능적인 여자였다. 나는 그녀를 지난 여름 덴버 교외의 한 산골 마을 포크 클럽에서 우연히 만난 일이 있었다. 캐런은 빌리 할리데이와 같은 목소리를 가졌고 지미 리드처럼 기타를 연주했다. 나는 그녀와 두 번쯤 같이 노래를 불렀다.

프레디는 카페를 연주자들을 위한 장소로 만들려고 늘 노력했고, 가능하면 원만하게 일을 처리했다. 이따금 공연장은 도무지 이유를 알 수 없이 텅 빌 때도 있고, 뚜렷한 이유도 없이 갑자기 관객들이 몰려들어 바깥에 줄을 서기도 했다. 프레디는 클럽의 중요한 일을 맡기도 했지만 인기가 높았고 대형 현수막에 그의 이름이 씌어 있었다. 그래서 많은 사람들이 그를 보러 오는지도 몰랐다. 알 수 없는 일이었다. 그는 대형 기타를 연주했는데 강렬한 진동과 귀청을 찢는 강한 리듬이 1인조 밴드의 연주처럼 전율을 느끼게 했다. 프레디는 갱 노래를 격렬한 혼성으로 편곡했는데 청중을 발광상태로 몰아갔다. 나는 그에 관한 잡다한 이야기를 들었다. 플로리다에 정박한 범선에서 탈출한 선원이고, 비밀경찰이었고, 사기꾼 친구들이 있으며, 수상쩍은 과거가 있다는 것이다. 그는 내슈빌에서 노래를 몇 곡 쓴 다음 뉴욕으로 왔다. 뉴욕에 도착한 그는 몸을 낮추고 멋지게 연주하면서 돈을 벌 기회를 기다렸다. 그가 어떻게 했든 대단한 이야깃거리는 아니었다. 내가 보기에 그는 야망이 없어 보였다. 우리는 잘 어울렸지만 사적인 이야기는 전혀 하지 않았다. 나를 매우 좋아했으나 예의를 지켰고, 지나치게 다정하게 구는 일도 없었다.

하루 일이 끝날 무렵이면 주머니에서 잔돈을 꺼내 주었다.

"이거 받아…… 궁색한 건 면할 테니까."

그와 일하면서 가장 좋은 점은 튀김과 햄버거 등 음식을 먹을 수 있다는 것이었다. 적당한 낮 시간에 타이니 팀과 나는 부엌에 가서 어슬렁거렸다. 요리사 노버트는 보통 기름진 햄버거, 돼지고기 통조림과 콩을 주거나, 또는 스파게티를 만들어 줬다. 노버트는 여행을 좋아했다. 토마토가 묻어 있는 앞치마를 입고 냉정하게 보이는 살찐 얼굴에 불룩 나온 두 뺨과 발톱 자국 같은 흉터가 얼굴에 있었다. 스스로를 여자들이 좋아하는 타입이라고 생각하는 그는 돈을 저축해서 이탈리아의 베로나에 있는 로미오와 줄리엣의 무덤을 방문할 계획을 세우고 있었다. 부엌은 절벽의 한 쪽을 뚫고 들어간 동굴 같았다.

어느 날 오후, 나는 콜라를 유리잔에 따르고 있었다. 그때 라디오에서 멋진 목소리가 들려왔다. 릭키 넬슨(Ricky Nelson)이 신곡, 「여행자

(Travelin' Man)」를 부르고 있었다. 릭키는 매끄러운 터치 기법을 사용했는데 낮은 목소리로 빠른 리듬의 노래를 부르고 있었다. 그는 다른 십대의 우상들과 달리 홍키통크(honky-tonk, 클래식과 재즈의 중간단계인 피아노 연주) 뮤지션과, 시골 춤곡을 연주하는 바이올리니스트의 중간쯤 되는 훌륭한 기타리스트였다. 넬슨은 불타는 배를 저어가듯이 노래했던 초기 가수들처럼 대담한 혁신자는 아니었다. 극단적으로 노래하지도 않았고 평이 나쁘거나 마술을 하는 사람으로 오해받는 일도 없었다. 인내심을 시험받는 것 같지는 않았지만 그것은 중요하지 않았다. 그는 마치 태풍의 중심에 있는 것처럼 조용하고 차분하게 노래를 불렀다. 그의 목소리는 신비스러워서 듣는 사람이 어떤 감정에 사로잡히게 만들었다.

　나는 릭키의 열렬한 팬이었다. 아직도 그를 좋아하지만 그런 류의 음악은 소멸되어 가고 있었고 어떤 가치를 가질 기회가 없었다. 이제 그런 음악은 미래가 없었다. 앞날을 생각하는 것은 착각이었다. 착각이 아닌 것은 산골 태생인 빌리 리온스(Billy Lyons, 1895년 Stagolee와 바에서 다투다 총을 맞은 사람. 이 사건은 역사상 가장 유명한 블루스곡으로 씌어졌고 그후 많은 버전을 제공했음)의 유령이 이스트 카이로에 서 있는 것이었다. 그것은 착각이 아니라 일어나고 있는 일이었다. 릭키는 평소처럼 표백된 서정시를 노래하고 있었다. 그 가사는 어쩌면 그를 위해 씌어진 것 같았다. 나는 항상 그에게 동류의식을 느꼈다. 우리는 비슷한 나이였는데, 아마 같은 것을 좋아했을 것이다. 그는 서부에서 자랐으므로 우리의 인생 경험은 아주 달랐지만, 같은 세대를 살고 있었다. 그는 모든 것이 나무랄 데 없는 월든 호숫가에서 태어나고 자랐다고 말할 수 있었고, 나는 어둡고 사악한 숲에서 나왔다고 할 수 있으므로 같은 숲에서 자랐지만 사물을 다르게 보는 것 같았다. 나는 릭키가 가진 재능과 성향에 접근하기가 쉬웠고 우리는 공통점이 많다고 느꼈다.

몇 년이 지나서 릭키는 내 곡들을 녹음했는데 그것을 자신의 곡처럼, 자신이 작곡한 것처럼 들리게 만들었다. 결국 그는 직접 한 곡을 썼고, 거기에 내 이름을 언급했다. 약 10년이 지난 후 릭키는 음악적 방향을 바꾸면서 야유를 받기도 했다. 우리는 많은 공통점을 가진 것으로 밝혀졌다.

〈카페 와?〉의 부엌에 서서 그 매끄럽고 단조롭고 느린 곡을 듣는 것만으로는 앞으로 무슨 일이 일어날지 알 수 없었다. 릭키는 여전히 음반을 발표하고 있었고, 나 역시 그것을 원했다. 나는 포크 음악을 녹음하는 자신을 마음속으로 그려보았다. 포크 음악은 내가 원하는 라벨이었고, 훌륭한 음반들을 내놓을 수 있는 브랜드였다.

릭키의 노래가 끝난 후 나는 먹고 있던 감자튀김을 타이니 팀에게 주고 프레디가 일하는 방으로 들어갔다. 언젠가 내가 프레디에게 음반을 낸 적이 있느냐고 물었을 때 그는 이렇게 대답했다.

"그건 내 분야가 아니야."

프레디는 음악적으로 어둠을 강한 무기로 사용했는데, 기술과 파워가 있었지만 연주자로서는 부족한 구석이 있었다. 하지만 그것이 무엇인지 알 수 없었다. 데이브 밴 론크를 만났을 때에야 그것을 깨달았다.

밴 론크는 클럽 〈개스라이트(Gaslight)〉에서 일했다. 〈개스라이트〉는 그 거리에 군림하는 아주 유명한 클럽이었다. 클럽 앞에는 신비스러운 느낌을 주는 크고 화려한 깃발이 걸려 있었고, 연주자들에게 주급을 주었다. 〈케틀 오브 피시(Kettle of Fish)〉라는 바의 옆 계단을 내려가면 〈개스라이트〉가 있었는데 술은 없었지만 종이봉지에 술 한 병을 가지고 들어갈 수 있었다. 낮에는 문을 닫고 초저녁에 문을 열었는데 밤마다 여섯 명의 연주자가 돌아가면서 연주하기 때문에 모르는 사람이 뚫고 들어가기는 어려웠다. 오디션을 실시하지도 않았다. 나는 그곳에서 연주하고 싶었고, 또한 그런 곳에서 연주하는 것이 절실하게 필요했다.

밴 론크는 거기서 연주했다. 나는 미드웨스트에 있을 때 밴 론크의 음반을 듣고 그를 훌륭한 가수라고 생각했으며 그의 악구樂句를 모방했다. 그는 열정적이고 날카로웠다. 돈과 모험을 위해 일하는 용병처럼 노래했고, 그의 노래는 받은 대가를 치르는 것처럼 들렸다. 울부짖었다가 속삭이듯 노래할 수도 있고, 블루스에서 발라드로, 발라드에서 블루스로 오고갈 수도 있었다. 나는 그의 스타일을 사랑했다. 그는 그 도시의 모든 것이었다. 그리니치 빌리지에서 밴 론크는 거리의 왕이었고 최고의 지배자였다.

어느 추운 겨울날이었다. 눈보라가 가볍게 날리고 희미한 태양빛이 아지랑이처럼 번지고 있었다. 톰슨로 부근에서 그가 냉담한 표정으로 나를 향해 걸어오고 있는 것이 보였다. 그에게 말을 걸고 싶었지만 타이밍이 맞지 않았다. 그가 지나가는 것을 지켜보면서 그의 눈에서 번뜩이는 섬광을 보았다. 한순간에 일어난 일이었고 나는 그 기회가 지나가게 내버려 두었다. 하지만 그를 위해 연주하고 싶었다. 사실 나는 모든 사람을 위해 연주하고 싶었다. 방 안에 앉아서 자신만을 위해 연주할 수는 없다. 항상 사람들을 위해 연주하는 것이 필요했다. 나는 대중들 앞에서 연주했고 인생 전체가 연주하는 삶이 되어가고 있었다. 나는 〈개스라이트〉를 주목했다. 어떻게 그렇지 않을 수가 있겠는가?

그 클럽과 비교하면 나머지 카페나 클럽들은 이름도 없는 작고 형편없는 수준의 다방으로, 연주자들은 연주가 끝난 후 관객들에게 모자를 돌리곤 했다. 나는 가능하면 여러 곳에서 연주를 했다. 선택의 여지가 없었다. 좁은 거리에는 그런 카페들이 많이 있었다. 작고 시끄러운 가게들은 밤이면 거리로 모여드는 관광객들에게 먹을 것을 팔았다. 어느 곳이든 양쪽으로 여닫는 문을 열면 홀이 있고, 거리 쪽으로 진열창이 있고, 엘리베이터가 없는 2층과, 거리보다 낮은 지하층이 있고, 칸을 막은 방은 모두 벽 쪽으로 붙어 있었다.

3가에는 희귀한 맥주와 포도주를 파는 곳이 있는데 지금은 〈카페 비자르〉가 되었지만 예전에는 아론 부르의 마차대여점이 있던 자리였다. 주로 노동자들인 단골손님들이 둘러앉아 킬킬거리면서 악담을 하거나, 고기를 먹고, 음담패설을 나누었다. 뒤쪽에 작은 무대가 있었는데 나는 거기서 한두 번 연주했다. 아마 거의 모든 카페에서 한 번이나 두 번은 연주했을 것이다. 그런 곳들은 대개 새벽까지 문을 열었다. 등유 램프가 켜져 있고, 바닥에는 톱밥이 깔려 있고, 나무 의자들이 몇 개 놓여 있고, 입구에는 힘깨나 쓰는 사내가 요금을 내지 않는 사람이 있는지 살펴보고, 주인은 가능하면 커피를 많이 팔려고 애를 쓰는 그런 곳이었다. 연주자들은 거리가 보이는 창가에 앉거나 서서, 홀의 반대편에서 입구를 쳐다보며 목청을 높여 노래를 불렀다. 마이크 같은 것은 없었다.

재능 있는 신인을 발굴하는 사람들도 이런 누추한 곳에는 오지 않았다. 어둡고 음산하고 무질서한 곳이었다. 가수들은 노래를 부르고 모자를 돌렸다. 기타를 연주하면서 관광객들 중 누군가 빵바구니나 기타 케이스에 동전을 던져주지 않나 하고 쳐다보았다. 주말에 땅거미 질

무렵부터 새벽까지 싸구려 카페나 다방을 돌면서 연주하면 20달러는 벌 수 있었다. 주중에는 뭐라고 말하기가 어렵다. 가끔은 너무 경쟁이 심해서 수입이 없었다. 살아남으려면 한두 가지 트릭을 써야 했다.

길에서 가끔 마주치는 리치 헤이븐스라는 가수는 항상 상냥하게 보이는 여자를 데리고 다녔다. 공연이 끝나면 그 여자가 모자를 돌렸고 언제나 돈이 많이 걷혔다. 더러는 모자를 두 개 돌릴 때도 있었다. 무슨 트릭이든 쓰지 않으면 눈에 띄지 않는 존재가 돼서 결국 그 거리를 떠나야 했는데, 그것은 견딜 수 없는 일이었다. 나도 두 번쯤 〈카페 와?〉에서 알게 된 여자와 손을 잡은 일이 있었다. 웨이트리스였던 그녀는 착하게 보였다. 우리는 함께 돌아다녔다. 나는 연주하고, 우스꽝스러운 작은 모자를 쓰고 검은 마스카라를 짙게 칠한 그녀가 망토 같은 외투 밑으로 허리 위가 드러나 보이는 블라우스를 입고 돈을 거두어 들였다. 일을 마친 후 돈을 나누어 가졌지만, 늘 그렇게 하는 것은 너무 골치 아픈 일이었다. 그래도 혼자 일할 때보다 그녀와 함께 일할 때 돈을 더 벌었던 것은 사실이다.

사실 그 무렵 나를 눈에 띄게 만든 것은 내 레퍼토리였다. 내 곡은 카페의 다른 연주자들보다 힘이 있었고, 끊임없이 기타를 크게 연주해서 받쳐주는 하드코어 포크송들이 내 노래의 원형이었다. 나는 사람들을 아예 쫓아내든가 아니면 도대체 이게 뭐지 하고 더 가까이 오게 만들었다. 중간은 없었다. 나보다 연주와 노래가 훌륭한 뮤지션과 가수들이 많이 있었지만 사실상 내 음악과 유사한 사람은 없었다. 포크송은 내가 우주를 탐구하는 방식이었고, 그림이었다. 그 그림은 말로 할 수 있는 어떤 것보다 가치 있고 생생한 묘사였다. 나는 사물의 내면적인 실체를 쉽게 가사와 연결할 수 있었다. 「콜럼버스 스톡케이드(Columbus

Stockade)」,「비옥한 목초지(Pastures of Plenty)」,「한국의 형제(Brother in Korea)」,「실패해도 내버려두세요(If I Lose, Let Me Lose)」와 같은 것들을 하나의 긴 곡처럼 줄줄이 부르는 것은 아무 의미도 없었다. 대부분의 다른 연주자들은 노래보다는 스스로를 이해시키려고 노력했지만 나는 그런 것에 관심을 두지 않았다. 나에게는 노래를 이해시키는 것이 무엇보다 중요했다.

나는 오후에 〈카페 와?〉에 가는 것을 그만두었다. 다시는 그곳에 발을 들여놓지 않았다. 프레디 닐과도 접촉을 끊었다. 대신 포크 음악의 성채인 민속학 센터를 출입하기 시작했다. 민속학 센터도 맥두걸 거리에 있었는데 블리커 거리와 3가 사이에 있었다. 계단을 올라가면 작은 가게가 있었고 세련된 골동품들이 진열되어 있었다. 옛날 예배당처럼 생긴 센터는 조그만 연구소 같았다. 포크 음악과 관계된 모든 것을 판매하고 기록하는 곳으로 넓은 판유리 창문가에 음반과 악기들이 전시되어 있었다.

어느 날 오후 나는 계단을 올라가서 센터 안을 기웃거리다가 경영자이지 영(Izzy Young)을 만났다. 영은 보수적인 포크 광이었다. 매우 냉소적으로 보이는 그는 두꺼운 뿔테 안경을 끼고 있었다. 울 바지에 가는 벨트를 매고 작업화를 신고 있었는데 넥타이는 아무렇게나 비스듬히 매고 심한 브루클린 사투리를 썼다. 목소리는 불도저 소리 같았는데 작은 방에서 너무 큰 소리로 말하는 게 아닌가 할 정도였다. 영은 늘 이런저런 일들을 조금 빠르게 떠들어댔다. 싱거운 호인이었는데 사실 비현실적인 사람이었다. 그에게 있어 포크 음악은 금을 쌓은 언덕처럼 반짝거리는 존재였다. 그것은 나에게도 마찬가지였다. 센터는 모든 포크 활동의 중심지이자 연락처였으며 거기서는 언제든 진짜 강경노선의 포크싱어들을 볼 수 있었다. 거기서 자신들의 우편물을 수취하는 사람들도 있었다.

영은 가끔 정통 포크와 블루스 연주자들을 위한 콘서트를 열고 그들이 시 공회당이나 대학에서 연주하도록 주선했다. 나는 가끔 클래런스 애쉴리, 거스 캐넌, 맨스 립스콤, 톰 페일리, 에릭 다링이 센터에서 시간을 보내는 것을 보았다. 그곳에는 또 난해한 포크 음반들이 많이 있었다. 모두 내가 듣고 싶은 음반들이었다. 온갖 유형의 절판된 곡들, 바닷가 오두막 노래, 남북전쟁 노래, 카우보이 노래, 비가, 교회 음악, 안티 흑인 곡, 북부 연방 곡, 고문체의 민간 설화책, 세계 산업노동자 조합일지, 여권 운동에서부터 과음의 위험까지 다룬 갖가지 선전 팸플릿, 『몰 플랜더스』를 쓴 영국인 작가 다니엘 디포의 작품 등이 있었다. 덜시머(dulcimer, 공명상자에 금속선을 치고 조그마한 해머로 쳐서 연주하는 현악기), 다섯 줄의 밴조(미국의 민속악기로 흑인들 사이에서 민요를 반주하는 데 쓰이다가 점차 재즈연주의 리듬악기로 쓰였다), 카주 피리(속이 빈 대롱에 구멍을 뚫고 입으로 불어서 소리를 내는 기명악기), 장난감 호루라기, 일반 기타, 만돌린 등 판매용 악기들도 있었다. 포크 음악이 무엇인지 궁금한 사람이 막연히 알던 것을 확실하게 알 수 있는 곳이 바로 그곳이었다.

센터의 뒤쪽에는 방이 있었다. 장작을 때는 배가 불룩 나온 스토브, 뒤틀린 그림들과 부서질 것 같은 의자들, 벽에 붙어 있는 옛날 애국자와 영웅들의 사진들, 십자수 디자인의 도자기류, 옻칠을 한 검은 촛대 등…… 공예품들이 많이 있었다. 작은 방은 미국 음반과 축음기로 가득 차 있었다. 영은 내가 그곳에 머물면서 음반을 들을 수 있게 해주었다. 나는 가능하면 많은 곡을 들었고 심지어 고풍스러운 두루마리에 씌어진 것들도 대충 읽었다. 나는 정신없이 복잡한 현대 세상에는 별

관심이 없었다. 현대는 사회적으로 타당성이나 무게가 없었고 나는 거기에 매력을 느끼지 못했다. 지금 관심을 갖는 주제는 타이타닉호의 침몰, 갤베스턴의 홍수, 존 헨리의 운전용 강철, 존 하디가 웨스트버지니아 라인에서 한 남자를 사살한 것 등이었다. 이것들이 내가 깊이 생각하고 관심을 갖는 뉴스였다.

이지 영은 여러 가지 일들에 관여하면서도 일기를 썼다. 책상 위에 펼쳐져 있는 일기장은 일종의 원장 같은 것이었다. 그는 내가 어디서 자랐으며, 어떻게 포크뮤직에 관심을 갖게 됐는지, 어디서 포크뮤직을 발견했는지, 이런 것들을 물었다. 그리고는 일기에 나에 관한 일들을 썼다. 그런 것을 묻는 이유도 모르겠고 짜증나는 질문들이었지만 신중하게 대답하면서 협조하려고 노력했다. 나는 친절한 그를 좋아했다. 다른 사람들과 대화할 때는 매우 조심했지만 영은 신뢰할 수 있었으므로 솔직하게 대답했다.

그는 가족에 대해 물었다. 나는 우리 집에서 함께 살던 외할머니 이야기를 했다. 외할머니는 고상하고 훌륭한 분이었는데 언젠가 내게 행복은 뭔가 얻으려고 가는 길 위에 있는 것이 아니라 길 자체가 행복이라고 말했다. 또 내가 만나는 사람이 모두 힘든 싸움을 하고 있기 때문에 친절해야 한다고 가르쳤다.

나는 영이 맞서 싸우는 것이 무엇인지 상상할 수가 없었다. 정신적인 것인지 외형적인 것인지 누가 알겠는가? 영은 사회적인 부정과 굶주림과 노숙자를 염려하는 사람이었고 거리낌 없이 그런 것을 말하는 사람이었다. 그의 영웅은 에이브러햄 링컨과 프레더릭 더글라스였다. 『모비딕』은 그가 좋아하는 최고의 이야기였다. 영은 수금원들에게 괴롭힘을 당했고 집주인의 간섭을 받았다. 사람들이 늘 돈 때문에 그를 쫓아다녔지만 그렇다고 겁을 내는 것 같지는 않았다. 그는 활력이 넘쳤고 워싱턴 스퀘어 공원에서 포크뮤직을 연주하게 해달라고 시를 상대로 싸우기까지 하는 사람이었다. 모든 사람이 그의 편을 들었다.

그는 나를 위해 음반들을 꺼냈다. 컨트리 젠틀맨 음반을 주고는 내가 「카운터 뒤의 여인(Girl Behind the Bar)」을 들어야 한다고 말했다. 그는 찰리 풀의 「화이트 하우스 블루스(White House Blues)」를 연주하고는 그 곡이 내게 완벽하게 어울린다고 말했다. 그리고 램블러스(The Ramblers)가 연주한 그대로 정확하게 연주한 것이라고 말했다. 그는 빅 빌 브룬지의 곡 「누군가 가야 해(Somebody's Got to Go)」를 들려주었는데 그것 역시 내게 잘 맞았다. 나는 이지 영과 함께 시간 보내기를 좋아했다. 장작불이 늘 탁탁 소리를 내며 타고 있었다.

어느 겨울날 몸집이 우람한 남자가 센터에 들어왔다. 그는 러시아 대사관에서 온 사람처럼 보였다. 코트 소매의 눈을 턴 그는 장갑을 벗어서 카운터에 놓고 벽에 걸린 깁슨 기타를 볼 수 있겠느냐고 물었다. 데이브 밴 론크였다. 걸걸한 목소리에 숱이 많고 뻣뻣한 머리털을 가진 그는 상대방의 태도에는 관심이 없는 자신만만한 수집가였다. 내 마음은 정신없이 요동쳤다. 그와 나 사이에 아무것도 없었다. 영은 기타를 내려서 그에게 주었다. 데이브는 손가락으로 줄을 튕겨 보고는 재즈풍의 왈츠를 연주했다. 그리고 기타를 카운터에 내려놓았다.

그가 기타를 놓자마자 나는 앞으로 나서서 기타에 손을 얹으며 〈개스라이트〉에서 일하려면 어떻게 해야 되며 누구를 알아야 하느냐고 물었다. 그와 친해지려는 것이 아니라 그게 정말 궁금했다.

밴 론크는 이상한 듯이 나를 쳐다보았다. 그리고 무뚝뚝하고 퉁명스럽게 문지기 일을 해 본 적이 있느냐고 물었다.

나는 없다고 대답하면서 한 곡 연주해도 되겠느냐고 물었다. 그는 '물론'이라고 대답했다.

나는 「빈털털이가 되면 친구가 없어지네(Nobody Knows You When You're Down and Out)」를 연주했다. 데이브는 연주를 잘 들었다며 뉴욕에 온 지 얼마나 되었느냐며 내게 관심을 보였다. 그리고는 저녁 8시에서 9시 사이에 와서 자기의 연주 시간에 두 곡을 연주하라고 말했다. 이렇게 나는 데이브 밴 론크를 만났다.

나는 민속학 센터를 나와서 추운 날씨에도 불구하고 이곳저곳을 쏘다녔다. 저녁이 되었을 때 나는 블리커 거리의 밀스 선술집에 들렀다. 그곳은 작은 가게들을 돌며 노래하는 가수들이 모여서 잡담을 하거나 무대에 서기도 하는 술집이었다. 플라멩코 기타를 연주하는 친구 후안 모레노가 3번가에 막 개업한 커피하우스 〈우트레(Outré)〉에 대한 이야기를 했지만 나는 거의 듣지 않았다. 후안의 입술이 움직이고 있는데도 소리는 거의 내 귀에 들리지 않았다. 나는 〈우트레〉에서 연주하지 않을 작정이고 그럴 필요도 없었다. 〈개스라이트〉에 들어가 연주하게 되면 다시는 작은 가게는 가지 않을 테니까.

밀스 선술집 밖은 수은주가 영하 10도 이하로 내려가 있었다. 숨 쉴 때 나오는 하얀 입김이 공중에서 얼었지만 추위를 느끼지 못했다. 나는 환상적인 빛을 향해 가고 있었다. 그것을 조금도 의심하지 않았다. 일이 잘못될 수도 있는 것일까? 그럴 것 같지는 않았다. 속았다고는 상상할 수 없었다. 거짓 희망을 가진 것도 아니었다. 나는 먼 길을 왔고 가야 할 먼 길을 출발한 것이다. 그런데 지금 운명이 그 자신을 드러내려 하고 있었다. 운명이 나를 쳐다보고 있는 것을 느꼈다.

2

사라진 세계

나는 침대에 일어나 앉아 주위를 둘러보았다. 침대라고 해봐야 거실에 있는 소파였다. 철제 라디에이터에서 뜨거운 수증기가 뿜어져 나오고, 벽난로 위의 사진틀에서 식민지 시대의 가발을 쓴 인물이 나를 내려다보고 있었다. 소파 근처에 세로 홈이 파진 둥근 기둥이 목재 진열장을 받치고 있었고, 그 옆에 둥근 서랍이 달린 타원형 테이블과, 외바퀴 손수레처럼 생긴 의자가 있었다. 보랏빛 판자를 댄 작은 책상과 등받이를 푹신하게 채워 넣은 소파, 등받이가 둥글고 소용돌이 모양의 팔걸이가 있는 낮은 의자가 하나 있고, 바닥에 깔린 두툼한 프랑스 카펫 위로 블라인드를 통해 은빛 광선이 희미하게 들어왔다. 칠을 한 널빤지들이 지붕의 윤곽을 뚜렷이 보이게 했다.

방에서는 진토닉과 메틸알코올, 그리고 꽃 냄새가 났다. 이곳은 허드슨강 근처의 베스트리 거리에 있는 건물의 맨 위층이었다. 연방 양식 건축물로 엘리베이터가 없었다. 같은 블록에 미국의 브루투스라고 할 수 있는 존 윌키스 부스(John Wilkes Booth, 1865년 4월 14일 워싱턴의 포드

바람만이 아는 대답   33

극장에서 링컨 대통령을 저격한 암살범)가 술을 마시던 지하 선술집 불스 헤드가 있었다. 나도 그곳에 가 본 적이 있었다. 거울에서 그의 유령을 보았는데 악령이었다. 가수이며 밴 론크의 친구인 폴 클레이턴(Paul Clayton)이 이 집에 살고 있는 레이 구치(Ray Gooch)와 클로에 키엘(Chloe Kiel)에게 나를 소개했다. 성품이 착한 폴 클레이턴은 고독하고 우울한 사람이었다. 그는 30장 이상의 음반을 냈지만 대중들에게 알려지지 않은 학자이고 민요시에 대해 백과사전적인 지식을 가진 사람이었다. 나는 창가로 걸어가서 회색빛 거리와 강 쪽을 건너다보았다. 날씨는 매섭게 추웠지만, 내 마음의 불은 끊임없이 돌아가는 풍향계처럼 절대 꺼지지 않았다. 저녁나절이었고 레이와 클로에는 모두 나가서 집에는 아무도 없었다.

  버지니아 출신의 레이는 나보다 10년은 나이를 더 먹은 것 같았다. 늙은 늑대처럼 비쩍 마른 몸에 전쟁에서 부상당한 상처자국을 가지고 있었다. 그는 주교와 장군과 식민지 총독을 배출한 명문가의 자손이었다. 그러나 그는 관습을 따르지 않는 사람이었고 인종차별의 폐지를 주장하는 사람이 아니라 남부의 국수주의자였다. 레이와 클로에는 은둔자처럼 살았다. 레이는 내 노래 속에 나오는 인물처럼 인생을 통찰하며 낭만적인 삶을 살고 있었다. 온 나라의 상황들이나 살피며 정처 없이 돌아다녔다. 대변동의 기운이 움트고 있으므로 몇 년 지나지 않아 미국의 도시들이 흔들리겠지만, 레이는 그런 일에 조금도 관심을 두지 않았고, 진짜 중요한 활동은 '콩고'에서 일어나고 있다고 말했다.

  클로에는 붉은 황금색 머리와 담갈색 눈의 인형같이 예쁜 얼굴에 알기 어려운 미소를 지었는데, 몸매가 아주 예뻤고 손톱에 까만 매니큐어를 칠하고 다녔다. 그녀는 8번가에 있는, 밸리 댄스를 보여주는 이집트

식당의 휴대품 보관소에서 일했고,《캐벌리에》잡지의 모델로도 활동했다.

"나는 항상 일해요."

그녀는 이렇게 말했다. 레이와 클로에는 남편과 아내, 혹은 남매, 혹은 사촌처럼 살았다. 그들이 이곳에 살고 있는지조차 알기 어려웠다. 클로에는 자기 나름의 소박한 방법으로 사물을 보면서 언제나 짧게 '미친 짓'이라고 말하곤 했다. 언젠가는 내게 아이섀도우를 칠하라고 말했는데 아이섀도우가 사악한 눈을 피하게 해주기 때문이라는 것이다. 내가 누구의 사악한 눈이냐고 묻자 '조 블로우'나 '조 슈뫼'의 눈이라고 대답했다. 그녀에 의하면 드라큘라가 세계를 지배하고 있는데 그는 인쇄기를 발명한 구텐베르크의 아들이라는 것이다.

40년대와 50년대의 문화 속에서 산 사람이라 이런 종류의 대화는 내게 별 무리가 없었다. 구텐베르크는 구식 포크송을 그만둔 사람일 수도 있었다. 사실상 50년대의 문화는 말년에 재판관석에 앉아 있는 판사와 같았다. 그 문화는 막 떠나려 하고 있었다. 일어나려고 몸부림치다가 10년 안에 쾅하고 추락할 것이다. 포크송은 신앙처럼 내 마음에 깊이 새겨졌으므로 추락은 문제가 되지 않았다. 포크송은 현재의 문화를 초월하는 음악이었다.

완전히 정착할 곳으로 이사하기 전에 나는 상당히 오랫동안 여기저기 떠돌았다. 어떤 곳에서는 하루 이틀 머물 때도 있었고, 몇 주일 동안 머물 때도 있었다. 밴 론크의 집에 오래 있었고 베스트리 거리의 이 집에 더 오래 있었다. 나는 레이와 클로에의 집에 있는 것이 좋았다. 그 집에서 편안함을 느꼈다. 상류층 배경을 가지고 있는 레이는 사우스캐롤라이나의 캠덴 육군사관학교에서 공부한 적이 있었다. 그는 '거짓

없는 철저한 증오심'을 가지고 그곳을 떠났다. 그는 또 웨이크 포레스트 신학대학교에서 고마워하며 '추방' 되기도 했었다. 그는 바이런의 「돈 주앙」과 롱펠로우의 시 「에반젤린」의 아름다운 구절들을 암기하고 인용할 수 있는 사람이었다. 지금은 브룩클린에 있는 공장에서 일했다. 전에는 사우스 벤드의 빵공장과 오마하의 도살장에서 일하기도 했고 여기저기 떠돌아다니기도 했다. 언젠가 내가 그에게 도살장에서 일하는 것이 어땠느냐고 물은 적이 있었다.

"아우슈비츠에 대해 들어본 적 있어?"

물론 들어본 적이 있었다. 못 들어본 사람이 어디 있겠는가? 아우슈비츠는 나치가 유럽에 만든 죽음의 수용소가 아닌가. 포로들을 지배했던 나치 비밀경찰 책임자 아돌프 아이히만이 최근 예루살렘에서 재판에 회부되었다. 그는 전쟁이 끝난 후 도망쳤다가 아르헨티나의 한 버스 정류장에서 유대인들에 의해 체포되었다. 그의 재판은 큰 사건이었다. 증인석에 선 아이히만은 자신은 단지 명령에 따랐을 뿐이라고 주장했다. 그러나 검사들은 그가 무서운 열정과 즐거움을 가지고 임무를 수행했다는 것을 쉽게 증명할 수가 있었다. 아이히만은 유죄 선고를 받았고 이제 그의 운명은 결정되었다. 그의 목숨을 살려주자는 얘기들이 많이 있었고 아르헨티나로 돌려보내자는 말까지 나왔지만 그건 어리석기 짝이 없는 일이었다. 석방된다고 해도 그는 아마 한 시간을 살아 있기가 어려울 것이다. 이스라엘 정부는 유대 민족을 말살하려는 계획에 의해 비명에 간 모든 유대인의 후계자이며 유언집행자로서 행동할 권리가 있다고 선언한 바 있었다. 그 재판은 전세계에 이스라엘 국가가 어떻게 형성되었는지를 상기시켰다.

나는 1941년 봄에 태어났다. 2차 대전의 발발로 유럽은 이미 전쟁의 소용돌이에 휘말려 있었고 미국이 곧 참전하려고 할 때였다. 세계는 뿔뿔이 갈라졌고 대혼란이 새로 태어나는 모든 방문자들의 얼굴에 주먹을 날리고 있었다. 그 무렵 태어났거나 그 시기에 살았던 사람들은 구세계가 가고 신세계가 시작되고 있는 것을 느낄 수 있었다. 마치 시계가 기원전에서 기원후로 바뀌는 때로 돌아간 것 같았다. 나와 비슷한 시기에 태어난 사람들은 둘 중의 어느 한 편이었다. 히틀러, 처칠, 무솔리니, 스탈린, 루스벨트―세계가 다시는 볼 수 없는 뛰어난 인물들이고 자신의 결단에 의지하는 사람들로서, 잘했든 못했든 그들 모두는 칭찬과 부와 사랑에 냉담하고, 혼자 행동을 준비하고, 인류의 운명을 주재하고, 세계가 파괴되는 것을 막으려고 했다. 알렉산더, 줄리어스 시저, 징기스칸, 샤를르마뉴, 그리고 나폴레옹으로 이어지는 그들은 고상한 향연을 준비하는 것처럼 세상을 개척했다. 가르마를 가운데 탔거나 바이킹 모자를 썼거나 부인될 수 없는 사람들이었고, 미개한 야만인들이 우르르 지구를 가로지르며 생각나는 대로 지도를 만들었다고 평가될 수는 없는 사람들이었다.

우리 아버지는 척수성 소아마비를 앓았으므로 전쟁에 나가지 않았지만, 삼촌들은 모두 참전했다가 살아서 돌아왔다. 폴 삼촌, 모리스 삼촌, 잭, 맥스, 루이스, 버넌과 그밖의 많은 사람들이 필리핀, 안치오, 시실리, 북아프리카, 프랑스와 벨기에까지 파병되었다가 추억거리와 기념품들을 안고 돌아왔다. 짚으로 만든 일본제 담배갑, 독일제 빵봉지, 영국제 법랑 머그잔, 독일제 방풍용 안경, 영국제 전투용 칼, 독일제 반자동권총 등 온갖 종류의 잡동사니들이었다. 그들은 마치 아무 일도 일어나지 않은 것처럼 민간인의 생활로 돌아갔다. 어떤 일을 했는지 무엇을 보았는지 한 마디도 하지 않았다.

  1951년에 나는 초등학교에 다니고 있었다. 그때 우리가 받았던 훈련 중 하나는 공습 사이렌이 울리면 책상 밑에 들어가 숨는 것이었다. 러시아가 폭탄으로 우리를 공격할 수 있기 때문이었다. 어느 때나 우리가 사는 도시 상공에서 러시아인들이 낙하산을 타고 내려올 수도 있다는 말을 들었다. 그들은 불과 몇 년 전 삼촌들과 어깨를 나란히 하고 함께 싸웠던 바로 그 러시아인들이었다. 이제 그들은 우리 목을 베고 불태우기 위해 오는 괴물이 된 것이었다. 그것은 기묘하게 보였다. 그와 같은 공포 속에서 사는 것은 아이의 정신을 강탈하는 것이다. 누군가 당신에게 총을 겨누었을 때 두려움을 느끼는 것과, 실체가 없는 것에 두려움을 느끼는 것은 문제가 다르다. 그런데 이 위협을 진지하게 받아들이는 사람들이 많았고, 그들은 이상한 상상의 희생자가 되기 쉬웠다. 학교에는 우리 어머니와 똑같은 교사들이 있었다. 그들은 젊었지만 내가 보기에는 나이가 많은 사람들이었다. 우리는 역사 시간에 공산당이 총이나 폭탄만으로 미국을 멸망시킬 수는 없다고 배웠다. 국가의 근본이 되는 헌법이 파괴되지 않으면 미국은 무너지지 않는다는 것이다. 하지만 그것은 중요하지 않았다. 훈련 사이렌이 울리면 책상 밑에 들어가 고개를 숙이고 소리를 내면 안 되었다. 그래야만 폭탄이 떨어졌을 때 살아남을 수 있는 것처럼. 전멸할 거라는 위협은 무서운 것이었다. 우리가 무슨 짓을 했기에 그들이 그토록 화가 나 있는지 알 수 없었다. 공산군들은 사방에 있으며 피를 보려는 욕망을 가지고 있다고 한다. 국가의 수호자인 삼촌들은 모두 어디 있는가? 그들은 먹고 살기에 바빴다. 일하고 돈을 벌어서 재산을 늘리고 있었다. 학교에서 무슨 일이 일어나고 있으며 어떤 공포가 학생들을 사로잡고 있는지 어떻게 알 수 있겠는가?

　지금은 모든 것이 끝났다. 공산주의자들이 있든 없든 나는 뉴욕시에 있다. 아마 주변에 공산당원들이 많이 있을 것이다. 파시스트들도 많을 것이다. 자칭 좌익 독재자와 우익 독재자들도 많을 것이다. 급진당원들도 있을 것이다. 2차 대전은 계몽의 시대를 끝내는 결과를 가져왔다지만 나는 여전히 그 시대를 살고 있었다. 어쨌든 나는 여전히 계몽의 어떤 빛을 기억하고 느낄 수 있었다. 나는 그 시대를 읽었다. 볼테르, 루소, 존 로크, 몽테스키외, 마틴 루터 등의 이상주의자, 혁명가들…… 마치 내가 그들을 잘 알고 있으며 그들이 우리 집 뒷마당에서 사는 것 같았다.

　나는 방을 가로질러 크림색 커튼이 쳐진 창가로 가서 베니션 블라인드를 올리고 눈 덮인 거리를 내다보았다. 방안에는 훌륭한 가구들이 있었고 수제 공예품들도 있었다. 상감을 박아 넣은 화장대며 멋진 조각과 화려한 빗장이 달린 장식장, 바닥에서 천장까지 짜 넣은 장식용 책장, 기하학적 무늬의 쇠붙이가 붙은 길고 좁은 장방형 테이블, 재미있게 보이는 것은 커다란 발가락 모양의 콘솔형 작은 테이블이었다. 찬장 선반에는 전열 기구들이 단정하게 정리되어 있었다. 작은 부엌은 숲처럼 보였다. 부엌의 허브 상자들은 박하류의 식물, 선갈퀴, 라일락 잎과 다른 식물들로 가득 차 있었다. 남부의 여자면서 북부의 피를 가진 클로에는 욕실에 빨랫줄을 잘 매었는데 가끔 내 셔츠가 거기 걸려 있을 때도 있었다. 나는 대개 동틀녘에 살그머니 들어가서 소파에 누웠는데 소파는 주랑이 높은 거실에서 접이식 침대가 되었다. 나는 그곳에서 종종 수증기를 내뿜으며 뉴저지를 통과하는 밤기차 소리를 들으며 잠이 들었다.

나는 어린 시절부터 기차를 보고 소리를 들으며 자랐다. 그래서 커다란 유개 화차, 철광석을 실은 차량, 화물차, 여객열차, 풀먼(Pullman, 철도용 침대차를 발명한 사람의 이름이자, 지명) 침대차 등 기차를 보고 그 소리를 들으면 마음이 안정되는 것을 느꼈다. 고향 마을에 들어가려면 교차로에 서서 긴 열차가 지나가기를 기다려야 할 때가 많았다. 기차선로와 시골길이 교차했고 두 길이 나란히 달리는 곳도 있었다. 멀리서 기차가 달리는 소리는 나에게 얼마간 고향을 느끼게 했다. 달라진 것이 없는 것처럼, 같은 장소에 있는 것처럼, 심각한 위험이 없고 모든 것이 적절하게 조화를 이루는 것 같은 느낌을 주었다.

내가 서 있는 창문에서 건너다보이는 거리에 종탑이 있는 교회가 있었다. 종이 울리는 것도 고향집에 있는 느낌을 주었다. 나는 늘 종소리를 들었고 그 소리에 귀를 기울였다. 쇠종, 놋쇠종, 은종 등이 일요일과 축제일에 울렸다. 중요한 사람이 세상을 떠났을 때와 결혼식을 할 때 종이 울렸다. 특별한 행사에 종을 울릴 때도 있었다. 종소리를 들으면 기분 좋은 느낌이 들었다. 나는 초인종 소리도 좋아하고 라디오에서 시간을 알리는 소리도 좋아했다. 유리창으로 건너편 교회를 바라보았다. 지금 종은 침묵하고 있었고 눈보라가 회오리처럼 지붕 꼭대기를 휘돌았다. 폭풍설이 도시를 납치했고, 삶은 칙칙한 캔버스 위에서 빠르게 회전하고 있었다. 혹한의 날씨였다.

건너편에서 가죽 재킷을 입은 남자가 검은색 자동차의 앞유리에서 눈을 떼어내고 있었다. 그 뒤로 자주색 외투를 걸친 사제가 성스러운 임무를 수행하기 위해 열려 있는 문을 통해 교회 안뜰로 들어가고 있었다. 근처에 장화를 신고 모자를 쓰지 않은 한 부인이 세탁물 자루를 길 위로 올려놓으려고 애쓰고 있었다. 매일 뉴욕에서 일어나고 있는 일에 초점을 맞춘다면 수많은 이야기들이 있었다. 항상 바로 눈앞에서 함께 뒤엉켜서 일어나지만 그것을 이해하기 위해서는 하나하나 떼어서 살펴보아야 한다. 연인들의 날인 발렌타인데이가 지나갔지만 그것을 알아차리지 못했다. 연애할 시간이 없었다. 창문에서 몸을 돌린 나는 겨울의 햇살을 뒤로 하고 스토브로 가서 뜨거운 초콜릿을 한 잔 만들고 라디오를 켰다.

나는 항상 라디오에서 뭔가 알아내고 있었다. 기차와 종소리처럼 라디오는 내 인생의 사운드트랙을 이루는 부분이었다. 다이얼을 이리저리 돌리는데 로이 오비슨(Roy Orbison, 1988년 심장마비로 사망한 1세대 록커, 음악 전문지가 뽑은 최고의 싱어송라이터)의 목소리가 작은 스피커를 부술 듯이 흘러나왔다. 그의 신곡 「두려워서 도망치네(Running Scared)」가 방 안을 뒤흔들었다. 최근에 나는 포크가 포함된 곡들을 찾아 듣고 있었는데 예전에 나온 곡들이 있었다. 「광부 존(Big Bad John)」, 「흙으로 여인을 창조했네(A Hundred Pounds of Clay)」, 「해변으로 배를 젓는 마이클(Michael Row the Boat Ashore)」, 「볼 위블(Boll Weevil)」 등이 같은 시기에 나온 히트곡들이었다. 킹스턴 트리오와 브라더스 포의 노래가 라디오에서 흘러나왔다. 나는 킹스턴 트리오를 좋아했다. 스타일이 다듬어지고 대학생풍이었지만 그들의 곡을 대부분 좋아했다. 「도망가는 존(Getaway John)」, 「알라모의 추억(Remember Alamo)」, 「검은 라이플(Long Black Rifle)」 등이 좋았다. 언제나 포크 타입의 노래가 나타나기 마련이었다. 전년도에 인기가 있었던 조디 레이놀즈의 「영원한 잠(Endless Sleep)」도 성격상 포크라고 할 수 있었다. 그러나 오비슨은 포크, 컨트리, 로큰롤을 비롯한 모든 장르를 초월했다. 그의 곡은 모든 양식을 혼합했는데 아직 나타나지 않은 양식도 있었다. 그는 한 줄은 불쾌한 소리를 내고 다음 줄은 프랭키 밸리처럼 가성으로 노래할 수 있었다. 로이의 노래를 들으면 마리아치(mariachi, 멕시코의 떠돌이 음악)를 듣는 것인지 오페라를 듣고 있는 것인지 알 수 없었다. 그는 듣는 사람이 방심하지 못하도록 했는데 마치 그가 올림포스 산 정상에서 노래하는 것처럼 들렸다. 초기 곡의 하나인 「우비 두비(Ooby Dooby)」는 인기가 있었지만 신곡은 그렇지 않았다. 「우비 두비」는 믿을 수 없을 정도로 단순한 곡이었다. 그는 지금 작곡한 노래를 3내지 4옥타브로 노래하고 있었는데 차를 모는 사람이 절벽을 넘어서 달리고 싶게 만든다. 그는 전문적인 범죄자처럼 노래했다. 보통 거의 들리지 않는 나지막한 소리로 시작해서 잠시 거기 머물다가 살짝 연극조로 들어간다. 그의 목소리는 항상 "와아, 믿을 수가 없군." 하고 중얼거리게 만든다. 그의 노래 안에는 또다른 노래가 들어 있다. 그 노래들은 논리적인 절차 없이 장조에서 단조로 변한다.

오비슨은 굉장히 진지해서 올챙이나 풋내기 티는 없었다. 라디오에서 오비슨의 곡이 더 이상 나오지 않았다. 나는 다른 곡을 기다리며 귀를 기울였지만 로이 다음에 나온 곡은 몹시 지루하고 무기력하고 힘이 없었다. 그 곡은 마치 듣는 사람이 머리가 모자라는 사람이라고 여기는 듯했다. 나는 아마 조지 존스를 제외하고는 컨트리 음악을 좋아하지 않는 것 같았다. 짐 리브스(Jim Reeves)와 에디 아놀드(Eddy Arnold)의 곡은 어떻게 해서 컨트리 음악인지 알기 어려웠다. 컨트리 음악의 야성과 초자연적인 것은 모두 사라졌다. 엘비스 프레슬리? 아무도 그의 음악을 듣지 않는다. 그가 비참한 종말을 마치고 다른 행성으로 간 지도 수년이 흘렀다. 나는 여전히 라디오의 다이얼을 돌렸다. 아무 생각 없이 하는 습관적인 행동이었다. 아쉽게도 라디오에서 흘러나오는 노래는 갖가지 즐거움을 노래할 뿐 시대의 주제인 진정한 지킬과 하이드를 반영하지 않았다. 새로운 유형의 인간 존재에게 신호를 보내는 케루악의 책『길 위에서(On the Road)』, 긴즈버그의『외침』이나『개솔린』과 같은 거리 이데올로기는 없었다. 하지만 어떻게 그것이 있기를 기대할 수 있었는가? 45s(분당 45회전하는 싱글 음반)로서는 그것이 불가능했다.

 나는 음반을 내는 문제로 고민하고 있었지만 라디오에서 틀어주는 싱글 음반을 만들고 싶지는 않았다. 포크 가수, 재즈 가수, 고전 음악인들은 홈에 많은 곡을 넣어 길게 재생할 수 있는 LP 음반을 만들었다. 그 음반은 정체성이 있었고 더 크고 생생한 음을 나타낼 수 있었다. LP판은 사람을 끄는 힘을 가지고 있었다. 앞과 뒤 커버를 몇 시간이고 들여다볼 수 있었다. 나는 45s 싱글 음반으로는 만족할 수 없었다. 어찌됐든 나는 상업방송을 위한 레퍼토리가 없었다. 타락한 불법복사업자, 자신의 아이들을 물에 빠뜨린 어머니들, 1갤런(약 3.7리터)으로 겨우 8킬로미터를 가는 캐딜락, 홍수, 구빈원의 화재, 어둠과 강바닥에 있는 시체들을 노래한 것은 라디오 애호가들을 위한 곡이 아니었다. 내가 부르는 포크송에는 편안한 것이 없었고 친절하거나 부드러운 맛도 없었다. 노래가 평온하게 들리지도 않았고 상업적이지도 않았다. 뿐만 아니라, 내 스타일은 너무 변덕스럽고 냉정해서 라디오에서 분류하기가 어려울 것이다. 나에게 노래는 가벼운 오락 이상의 의미를 지니고 있었다. 노래는 나의 개인교사였고 현실의 변화된 의식으로 가는 안내자였고, 해방된 공화국이었다. 음악역사가 그레일 마커스(Greil Marcus)는 약 30년 후에 그것을 '보이지 않는 공화국'이라고 불렀다. 어느 경우가 됐든, 나는 안티 대중문화와는 거리가 있었고, 대중을 선동하려는 야망도 없었다. 주류 문화를 대단히 시시하고 큰 속임수라고 생각했을 뿐이었다. 그것은 마치 창밖에 펼쳐진 얼음 바다 위를 어색한 신발을 신고 걷는 것과 같다고 할 수 있었다. 나는 우리가 어떤 역사시대에 속하는지 몰랐고 시대의 진실이 무엇인지도 몰랐다. 그것을 고민하는 사람은 아무도 없었다. 진실을 말한다면 아주 잘하는 일이고 좋은 일이다. 진실이 아닌 것을 말한대도 그것 역시 잘하는 일이고 좋은 일이다. 포크송은 내게 그것을 가르쳤다. 어느 시대든 항상 새벽이 시작되었고, 나는 몇 국가의 국민과 역사에 대해서, 그리고 역사가 언제나 같은 패턴이라는 것을 어느 정도 알고 있었다. 고대의 어떤 시기에 사회가 성장하고 발전하고 번영했다. 그리고 모범적으로 성숙한 지점에 도달한 후, 노력하지 않는 게으른 시대가 뒤를 이었고 퇴폐가 모든 것을 붕괴시켰다. 나는 미국이 어느 단계에 있는지 몰랐다. 확인하려는 사람도 없었다. 그러나 거칠고 투박한 리듬이 미국을 흔들고 있었다. 그것에 대해 생각하는 것은 무의미한 일이었다. 사람들이 무슨 생각을 하든 완전히 틀린 생각일 수도 있었다.

나는 라디오를 끄고 방안을 이리저리 걷다가 잠시 멈춰서 흑백 TV를 켰다. 「마차 수송대」가 방영되고 있었다. 마치 다른 나라의 프로그램을 방송하는 것처럼 보였다. 나는 TV를 껐다. 그리고는 다른 방으로 갔다. 창문이 없고 문에 페인트를 칠한 그 방은 어두운 동굴처럼 바닥에서 천장까지 책장이 들어찬 서재였다. 그곳에는 나를 압도하는 문학이 존재했고, 입을 다물 수가 없는 곳이었다. 지금까지 나는 내 마음을 검게 만든 문화의 스펙트럼에서 자라왔다. 말론 브란도, 제임스 딘, 밀턴 벌리, 마릴린 먼로, 루시, 얼 워렌과 흐루시초프, 카스트로, 리틀 록과 페이턴 플레이스, 테네시 윌리엄스와 조 디마지오, 에드거 후버와 웨스팅하우스, 넬슨, 홀리데이 인과 엔진을 개조한 시보레, 미키 스필레인과 조 맥카시, 레비트타운 등이 어우러진 문화였다.

이 방에 서 있으면 그것을 모두 농담으로 받아들일 수 있었다. 활판 인쇄술, 금속학, 철학, 정치적 이데올로기에 관한 온갖 책들이 있었다. 눈을 휘둥그렇게 만드는 책들도 있었는데 교활한 순교자의 책, 열두 명의 시저, 타키투스의 강의와 브루투스에게 보내는 편지 등이 그것들이다. 페리클레스의 『이상적인 민주국가』, 투키디데스의 『아테네 장군』과 같은 책들은 오싹하는 한기를 일으킨다. 그리스도가 태어나기 400년 전에 씌어진 그 책은 인간 본성은 항상 뛰어난 사람의 적이라고 말한다. 투키디데스는 보통 단어의 의미가 그의 시대에 어떻게 바뀌게 되었는지, 행동과 의견이 눈깜박할 사이에 어떻게 바뀔 수 있는지 기록하고 있었다. 그의 시대로부터 내가 사는 시대까지 변한 것은 아무것도 없다고 말할 수 있었다.

고골리와 발자크, 모파상, 위고, 디킨스의 소설들도 있었다. 나는 대개 책의 중간을 펴서 몇 페이지를 읽고 괜찮다 싶으면 처음부터 다시 읽었다. 『질병의 원인과 치료』는 좋은 책이었다. 나는 내가 받지 못했던 교육의 일부를 찾고 있었다. 가끔 책을 펼쳤을 때 앞장에 휘갈겨 쓴 글을 볼 때가 있다. 마키아벨리의 『군주론』에는 '적극적인 활동가의 정신'이란 말이 씌어 있었다. 단테의 신곡 『지옥편』 속표지에는 '세계주의 인간'이라고 씌어 있었다. 책들은 특정한 순서나 주제별로 정리된 것이 아니었다. 루소의 『사회 계약설』 옆에 『성 안토니우스의 유혹』이 있었고, 무서운 이야기 오비드의 『변신』이 데이비 크로켓의 자서전 옆에 있었다. 책들은 끝없이 이어졌다. 신들의 천성과 역할, 성별(sex)

은 왜 둘뿐인지를 묻는 소포클레스의 책도 있었고, 알렉산더 대왕이 페르시아에 쳐들어간 이야기도 있었다. 알렉산더는 페르시아를 정복한 후, 점령한 땅을 지키기 위해서 모든 부하들을 현지 여자와 결혼시켰다. 그 후 그는 지역 주민과 아무런 문제가 없었고, 반란과 같은 어려움도 겪지 않았다. 알렉산더는 정복지를 통제하는 방법을 훤히 꿰뚫고 있었다. 시몬 볼리바르(남아메리카의 독립운동 지도자)의 전기도 있었다.

나는 이 모든 책들을 읽고 싶었지만 그렇게 하지 못했다. 『음향과 분노』를 좀 읽어 보았는데 도무지 이해할 수 없었다. 그러나 포크너의 글은 힘이 있었다. 알베르투스 마그누스(독일의 스콜라 철학자)의 책도 좀 읽었는데…… 과학적인 이론을 신학과 혼합해 놓은 그의 글은 투키디데스와 비교하면 보잘 것 없었다. 마그누스는 밤늦도록 이 글을 쓰느라고 잠을 잘 수 없었던 것처럼 보였다. 많은 책들이 너무 방대해서 읽을 수 없었다. 마치 발이 큰 사람에게 거인의 신발을 맞추는 것 같았다.

나는 시집을 주로 읽었다. 바이런과 쉘리와 롱펠로우와 포우의 시를 읽었다. 포우의 「종」이라는 시를 암기해서 기타로 멜로디를 붙였다. 조셉 스미스의 책도 있었다. 그는 자신을 성경에 나오는 에녹이라고 말하는 진짜 미국의 예언자로, 아담이 최초의 신인神人이었다고 말하는 사람이었다. 이 책 역시 투키디데스에 비해 떨어지는 이야기였다. 책들은 방을 진동시켰다. 레오파르디(Leopardi, 18세기 이탈리아의 시인, 학자)의 초기 전원시 「라 비타 솔리타리아(La Vita Solitaria)」는 나무의 줄기에서 나왔고, 희망이 없지만, 꺾을 수 없는 감정으로 보였다.

잠재의식의 왕 지그문트 프로이트의 『쾌락의 원리를 넘어서』라는 책이 있었다. 언젠가 그 책을 대강 훑어보고 있는데 레이가 이렇게 말했다.

"그 분야의 최고 고수들은 광고업계를 위해 일해. 보이지 않게 활동하지."

나는 책을 덮고 두 번 다시 그 책을 보지 않았다. 로버트 E. 리 장군의 아버지가 폭동 중에 잿물을 눈에 부은 것과 그 뒤에 가족을 버리고 서인도 제도로 간 이야기를 읽었다. 아버지가 없었지만 리는 잘 자랐다. 미국이 어쩌면 지금까지 계속되었을지도 모를 게릴라전에 휘말리지 않고 남북전쟁을 끝낸 것은 그의 결단에 의한 것이었다. 그것은 정말 대단한 책이었다.

나는 소리를 내어 책을 읽었고 단어의 음과 표현법을 좋아했다. 밀턴의 저항시 「피에몬테의 학살」을 읽었다. 이탈리아의 사보이 공작이 죄 없는 사람들을 살해한 것에 대한 정치적인 시였다. 그 시는 포크송의 가사와 비슷했는데 훨씬 더 우아했다.

서가에 있는 러시아 시들은 특히 음울했다. 혁명가로 여겨지는 푸슈킨의 정치적인 시들이 있었다. 푸슈킨은 1837년 결투 중에 살해되었다. 레오 톨스토이 백작의 책들도 있었다. 나는 20년이 지난 후 톨스토이가 소작인들을 교육하기 위해 사용했던 사유지를 방문했다. 모스크바 교외에 위치한 그곳은 톨스토이가 말년에 저술활동을 거부하고 모든 형태의 전쟁을 부정하면서 머물렀던 곳이었다. 어느 날 82세의 나이에 혼자 떠난다는 메모를 남기고 집을 나와서 눈 쌓인 숲으로 들어간 그는 며칠 후 폐렴으로 사망한 채 발견되었다. 관광 가이드는 내게 그의 자전거를 타보라고 말했다. 도스토예프스키 역시 비참하고 괴로운 삶을 살았다. 1849년 사회주의의 주장을 저술했다는 죄로 그는 시베리아의 수용소로 보내졌다가 결국 황제의 사면을 받았고 채권자들의 독촉을 피하기 위해 책을 썼다. 마치 70년대 초 내가 채권자들을 막기 위해 앨범을 냈던 것처럼.

예전에 나는 이야기는 좋아했지만 책과 작가들을 좋아하거나 민감하게 반응하는 편은 아니었다. 신비한 아프리카 이야기를 쓴 에드거 라이스 버로우즈, 신화적인 서구의 이야기들을 쓴 루크 쇼트, 쥘 베른, H. G. 웰즈의 이야기를 좋아했다. 하지만 포크싱어들을 발견하기 전의 일이었다. 포크싱어들은 노래를 완전한 책처럼 할 수 있었지만 단지 몇 줄로 이야기를 압축했다. 어떤 인물이나 사건을 포크송에 어울리게 만드는 것을 설명하기는 어렵다. 공평하고 정직하고 솔직한 인물과 관계가 있기 때문일 것이다. 추상적으로 곡을 만들려면 용기가 필요하다. 알 카포네는 성공한 갱이었고 시카고의 지하세계를 지배했지만, 그에 대한 노래를 쓰는 사람은 아무도 없었다. 어떤 식으로든 재미있거나 영웅적이지 않았다. 그는 잔인한 빨판상어와 같은 인간이었다. "도시의 그 불량배를 찾는……" 노래에 나오는 것처럼 악한이고 불량배였다. 이름을 가질 만한 가치도 없는 잔혹한 흡혈귀였다. 다른 한편 프리티 보이 플로이드(Pretty Boy Floyd, 글램록 밴드)는 모험적인 정신을 선동했다. 그 이름도 뭔가 말하는 것이 있었고 그에 대한 비난 기사에는 자유스럽고 차갑지 않은 무엇이 있었다. 그는 절대 어떤 도시를 지배하려 하지 않았다. 자신의 뜻에 따라 기계를 조작하거나 사람들을 굴복시키려 하지 않았다. 그는 진정한 인간성을 가진 사람이고 인간다움과 힘이 있는 사람이라는 인상을 주었다. 적어도 그에게 덫을 씌우기 전까지.

레이의 집은 라디오를 켜거나 음반을 듣기 전에는 아무런 소리도 없이 무덤처럼 조용했다. 나는 늘 서재로 가서…… 고고학자처럼 열심히 책을 읽었다. 과격한 공화당원 태디우스 스티븐스의 전기를 읽었다. 1800년대 초에 살았던 그는 상당히 괴짜였다. 게티스버그 출신으로 바이런처럼 선천적으로 기형인 발을 가지고 있었다. 가난하게 자라서 큰돈을 번 후에는 약한 사람들이나 상대와 동등하게 싸울 수 없는 사람들을 옹호하는 일에 앞장섰다. 스티븐스는 당시의 교만한 귀족들에게 뜨거운 증오심을 가지고 잔인한 유머와 날카로운 독설을 퍼부었다. 그는, 노예소유자이고 한때는 의회의 동료였으며, '부패와 타락 가운데 빠져 있는' 최상류층 사람의 토지를 몰수하고 싶어 했다. 프리메이슨 단에 반대하면서 그들의 입에서는 인간의 피냄새가 난다고 비난했다. 그는 적들을 '빛을 피해서 굴에 숨어 있는 초라하고 무기력한 파충류의 무리'라고 불렀다. 스티븐스는 잊을 수 없는 사람으로 내게 강한 인상을 주었고, 영감을 불러일으켰다. 역사상 가장 강력한 미국 대통령의 한 사람인 시어도어 루스벨트도 그런 사람이었다. 루스벨트에 대해서도 읽었다. 그는 소목장의 주인이었고, 뉴욕시 경찰총장이었으며, 캘리포니아에 대한 선전포고를 자제해야만 했으며, 당시 미국의 부를 대부분 소유하고 있던 신적인 인물 J. P. 모건과 큰 접전을 벌였다. 루스벨트는 그를 사퇴시켰고 감옥에 넣겠다고 위협했다.

스티븐스, 루스벨트, 모건, 이들은 모두 포크 발라드에 등장할 수 있었다. 「워킨 보스(Walkin' Boss)」, 「수감자의 노래(The prisoner's song)」, 혹은 「찰스 귀토의 발라드(Ballad of Charles Guiteau)」와 같은 곡들이다. 그들은 특별한 방식이 아니라도 포크 발라드로 표현할 수 있었고 전기와 드럼을 추가한다면 초기의 로큰롤로도 만들어질 수 있었을 것이다.

서가에는 미술 서적들도 있었다. 마더웰과 재스퍼 존스, 독일의 인상파 화가들에 대한 팸플릿, 그룬발트, 아돌프 폰 멘젤에 대한 책들이 있었다. 사람의 무릎이 뒤로 굽은 것을 치료하는 법…… 아기를 출산하는 법, 침실에서 맹장 절제술을 실시하는 법 등 실용서적들도 있었다. 책은 실제로 가슴 설레는 꿈을 줄 수 있다. 눈길을 끄는 또 다른 것으로는 고급 스포츠카 페라리와 듀카티스를 스케치한 것, 아마존 여인들에 대한 책들, 파라오의 이집트, 서커스 곡예사들, 연인들, 묘지를 찍은 사진첩들이 있었다. 주변에 큰 서점이 없었으므로 이런 책들을 한 장소에서 발견하기는 어려운 일이었다.

  나는 전기들을 많이 읽었는데 프레데릭 대제의 전기를 일부 읽고, 그가 프러시아의 왕이면서도 작곡자였다는 사실을 발견하고 놀랐다. 또 클라우제비츠(Clausewitz)의 책을 열심히 읽었다. 사람들은 클라우제비츠를 전쟁 철학의 일인자라고 불렀다. 이름이 주는 느낌 때문에 그가 독일의 군인이고 정치가인 본 힌덴부르크처럼 보인다고 생각하겠지만 그렇지 않다. 그 책은 1832년에 출판되었는데 책에 있는 그의 사진은 시인 로버트 번스나 배우 몽고메리 클리프트처럼 보였다. 클라우제비츠는 12살 때부터 군에 있었다. 고도의 전문적인 훈련을 받은 그의 군대는 이삼 년 복무한 젊은 사람이 없었다. 그의 노련하고 나이 먹은 부하들을 대신하기가 어려웠기 때문이다. 그는 상대가 싸울 기회가 없다는 것을 깨닫고, 기본적으로 항복하게끔 유도하는 방법에 대해 많은 이야기를 한다. 그의 시대에 위험한 싸움은 얻는 것은 별로 없고 잃는 것은 많았다. 클라우제비츠에게 있어서, 돌을 던지는 것은 이상적인 전쟁이라고 할 수 없었다. 그는 전쟁터의 심리적이고 우발적인 요인들, 날씨라든가 대기의 흐름과 같은 큰 변수가 되는 것을 많이 연구했다.

나는 병적으로 이런 것들에 매혹되었다. 오래 전, 내가 가수가 되겠다고 생각하기 훨씬 전에 마음이 몹시 흔들렸을 때, 웨스트포인트 육군사관학교에 가려고 생각한 적이 있었다. 나는 침대 위가 아니라 영웅적인 전투에서 죽는 모습을 그려보곤 했다. 나는 대대의 장군이 되기를 원했고, 그 멋진 세계를 열기 위한 열쇠를 어떻게 얻을 수 있을지 고민했다. 아버지에게 웨스트포인트에 어떻게 들어가는지 물었을 때 아버지는 충격을 받은 것처럼 보였다. 아버지는 내 이름이 프랑스, 이탈리아, 포르투갈, 스페인 출신을 나타내는 'De'나 독일, 오스트리아인의 성 앞에 있는 'von'으로 시작하지 않기 때문에 연줄이나 적절한 증명서가 필요하다고 말했다. 아버지는 그것들을 얻기 위해서는 열심히 노력해야 한다고 충고했다. 삼촌은 덜 호의적이었다. 그는 내게 이렇게 말했다.

"정부를 위해 일한다는 생각은 하지 마라. 군인은 국가의 여편네이고 실험 대상이야. 광산에나 가서 일하려무나."

광산이든 뭐든 나를 당황하게 한 것은 연줄과 증명서였다. 나는 그 말을 좋아하지 않는다. 그것은 뭔가 박탈당했다는 느낌을 갖게 만든다. 오래지 않아 나는 그것이 무엇인지, 우리의 계획을 어떻게 방해할 수 있는지를 알 수 있었다. 내가 처음 밴드를 구성했을 때, 악기 하나가 모자라는 다른 가수가 그 악기를 다루는 우리 밴드의 멤버를 빼갔다. 밴드를 구성할 때마다 그런 일이 일어나곤 했다. 나는 그런 작자들이 나보다 노래나 연주를 잘하는 것도 아닌데 어떻게 이런 일이 가능한지 이해할 수 없었다. 그들이 가진 것은 돈이 있는 연주회의 열린 문이었다. 밴드를 가진 사람은 누구나 공원의 가설무대, 장기자랑, 농산물 경진대회장, 경매장과 개업식에서 공연할 수 있었다. 그런데 그런 연주회는 경비 외에는 지불하지 않았고, 가끔 그것도 지불하지 않을 때가 있었다. 애상적인 노래를 부르는 가수들은 작은 집회, 결혼식 파티, 호텔 볼룸에서 열리는 결혼 50주년 기념식, 가톨릭 신도의 자선협회인 콜럼버스 기사회 같은 곳에서 연주할 수 있었는데 항상 현금이 관련되었다. 나의 밴드를 꼬드겨서 데려가는 데는 늘 돈을 주겠다는 약속이 있었다. 나는 함께 살던 할머니에게 불평을 터뜨리곤 했다. 유일한 상담 상대였던 할머니는 늘 그것을 나에게만 일어나는 개인적인 일로 받아들이지 말라고 충고했다.

"세상에는 네가 절대로 이길 수 없는 사람들이 있단다. 그냥 내버려둬라. 제풀에 지쳐서 떨어지게 말이야."

말하기는 물론 쉬웠지만 기분이 나아지는 건 아니었다. 사실 내 밴드를 끌어간 작자들은 상공회의소나 시의회나 상인 협회의 누군가에게 연줄이 닿아 있었다. 그런 단체들은 군 전체적으로 다른 위원회와 연결되어 있었다. 연줄에 관한 일은 나에게 강한 인상을 남겼고 내가 벌거벗었다는 느낌을 주었다.

연줄은 뿌리까지 연결되어서 어떤 사람에게는 부당한 이득을 주었고, 다른 사람에게는 괴로움을 남겼다. 이렇게 되면 사람이 어떻게 성공할 수 있겠는가? 그것이 인생의 법칙인 것처럼 보였다. 하지만 그렇다고 해도 그것 때문에 맥이 빠지거나, 개인적인 일로 받아들이지 않으려고 했다. 할머니 말씀처럼 말이다. 가족의 연줄이 있다는 것은 정당한 일이었고 그것을 비난할 수는 없었다. 거의 항상 밴드에서 빠지는 인원이 있을 것으로 예상하게 되자 그런 일이 일어나도 더 이상 충격을 받지 않게 되었다. 그러나 공연을 하기로 결심했기 때문에 나는 계속 밴드를 구성했다. 툭하면 중지되고 기다리고 감사 표시도 없고 확실한 언질도 없었지만, 가끔은 단조로움을 벗어나 뜻밖에 일이 풀리거나 판정승을 거두는 일도 일어날 때가 있었다.

위대한 레슬러 고지어스 조지(Gorgeous George)가 우리 고향에 왔을 때 그런 일이 일어났다. 50년대 중반이었는데 나는 주방위군 본부의 로비에서 공연을 하고 있었다. 재향군인 기념관인 그곳에서는 가축 쇼, 하키 게임, 서커스와 권투 시합, 순회 목사의 부흥회, 잼보리 대회 등의 큰 행사가 열렸다. 나는 거기서 슬림 윗트먼, 행크 스노우, 웹 피어스와 그밖의 많은 사람들을 보았다. 고지어스 조지는 1년에 한 번쯤 골리앗, 뱀파이어, 트위스터, 스트레인저, 본 크루셔, 홀리 테러, 난쟁이 레슬러들, 두 명의 여자 레슬러 등 자신의 단원들을 이끌고 왔다. 나는 그때 임시로 만든 무대 위에서 연주를 하고 있었고, 거친 행동을 하는 사람들이 한쪽에서 주먹질을 하고 있었다. 갑자기 문이 확 열리고 조지가 들어왔다. 그는 폭풍처럼 포효하고는 무대 뒤로 지나가지 않고 곧장 로비로 왔는데 기세가 등등해 보였다. 고지어스 조지가 전광석화같이 빠르고 활력이 넘치는 위용으로 당당하게 걸어오고 있었다. 그는 모피로 안을 댄 황금빛의 멋진 망토를 입고 긴 금발머리를 휘날리며 시종과 장미꽃을 든 여인들에게 둘러싸여 있었다. 그는 가설무대를 스치고 지나가면서 음악이 연주되는 곳을 향해 힐끗 눈길을 주었다. 걸음을 멈추지는 않았지만 그가 나를 보았는데 눈이 번쩍하고 빛났다. 윙크를 하면서 입으로는 '당신은 진짜 잘하고 있어요.' 라는 말을 하고 있는 것으로 보였다.

그가 정말 그렇게 말했는지 안 했는지는 중요하지 않았다. 그가 그렇게 말한 것을 내가 들었다고 생각하는 것이 중요했다. 나는 절대 잊지 않았다. 그것은 앞으로 내가 필요로 하는 인정과 격려였다. 가끔 필요한 것은 일을 할 때, 인정해 주는 것이다. 열심히 일하는데 아무도 그것을 알아보지 못하는 일이 허다하다. 조지는 강력한 정신을 알아보았다. 사람들은 그가 레슬링 선수로서만이 아니라 인간적으로도 훌륭한 사람이라고 말했다. 아마 그럴 것이다. 아마 나는 곧 재향군인회관의 로비에서 함께 연주하던 밴드를 잃게 될 것이다. 누군가 그들을 보고 데려갈 것이기 때문이다. 나의 조직을 만들어야 했다. 밴드를 유지할 수 있는 경제력을 갖출 때까지 밴드에 의지하지 않고 혼자 연주하고 노래하는 법을 배워야겠다는 생각을 하기 시작했다. 연줄과 증명서와는 관계가 없었지만 나는 잠시 기분이 좋아졌다. 고지어스 조지와 함께 길을 건너는 일은 정말 대단한 일이었다.

　클라우제비츠의 책은 구식으로 보였지만 실질적인 것이 많았고 그것을 읽음으로써 전통적인 생활과 환경의 압력에 대해 많은 것을 이해할 수 있었다. 정치가 도덕의 자리를 대신했고 정치는 잔인한 세력이라는 그의 주장은 장난으로 한 말이 아니었다. 그것을 믿어야 한다. 항복하지 않으면 죽는다. 정의에 대한 희망이나 허튼소리를 하지 말고, 신이 우리와 함께 있다거나 신이 우리를 돕는다고 춤을 추지 마라. 핵심을 언급하자. 도덕적인 질서는 없고 도덕은 정치와 공통점이 없다. 유리하거나 불리한 입장이 있을 뿐이다. 세상 이치가 그렇고 그것을 변화시키는 것은 없다. 무분별하고 혼란스러운 세상이므로 똑바로 보아야 한다. 클라우제비츠는 어떤 면에서 예언자였다. 그것을 깨닫지 못하면 그의 책에 있는 것들이 당신의 생각이 될 수 있다. 자신이 꿈꾸는 사람이라고 생각하는 사람은, 이것을 읽고 꿈을 꿀 수 없다는 것을 깨닫는다. 꿈꾸는 것은 위험하다. 클라우제비츠를 읽으면 자신의 생각을 덜 심각하게 받아들이게 된다.

로버트 그레이브스의 『하얀 여신(The White Goddess)』를 읽었다. 그러나 시의 여신에게 기원하는 것이 무엇인지 여전히 알 수 없었다. 기원하는 것과 함께 괴로움이 시작되는 것도 알지 못했다. 이삼 년 뒤 런던에서 로버트 그레이브스를 직접 만났고 우리는 함께 패딩턴 광장을 활기차게 걸었다. 그의 책에 대해서 묻고 싶었지만 내용이 잘 기억나지 않았다.

나는 프랑스 작가 발자크를 많이 좋아했는데 『럭 앤드 레더(Luck and Leather)』와 『사촌 퐁스(Le Cousin Pons)』를 읽었다. 발자크는 재미있는 사람이었다. 그의 철학은 기본적으로 순수한 유물론은 광기를 위한 처방이라고 말하는 평범하고 단순한 것이었다. 발자크에게 참된 지식은 오로지 미신에 있는 것으로 보인다. 그에게는 모든 것이 분석의 대상이었다. 당신의 에너지를 모아라. 그것이 인생의 비밀이다. 그와 함께하는 것은 재미있었다. 그는 수도승의 옷을 입고 끝없이 커피를 마신다. 잠을 너무 많이 자는 것 때문에 그는 괴로워했다. 이빨이 하나 빠졌을 때 그가 이렇게 말했다고 한다.

"이게 무슨 뜻이지?"

모든 것에 의문을 가졌다. 옷이 촛불에 닿아 불이 붙으면 그것이 좋은 징조인지를 궁금해 한다. 발자크는 유쾌한 사람이다.

〈개스라이트〉는 부유층을 위한 좌석이나 무대가 특히 잘 보이는 링 사이드 테이블은 없었지만 문을 열 때부터 문을 닫을 때까지 늘 사람들로 북적거렸다. 테이블에 앉아 있는 사람들, 서 있는 사람들, 벽돌이 그냥 드러나고 조명이 어둡고 파이프가 보이는데도 벽을 따라 사람들이 모여 있었다. 추운 겨울밤에도 들어가려는 사람들이 줄을 지어 출입구에 서 있었다. 안에는 항상 사람들이 너무 많아서 숨쉬기가 힘들었다. 〈개스라이트〉가 얼마나 많은 사람들을 수용할 수 있는지 알 수 없었지만 만 명은 넘는 것처럼 보였다. 소방서장들이 수시로 들락거렸고, 화재의 위험과 두려움과 무모함이 넘치는 곳이었다. 항상 누군가 무슨 일을 저질러 혼란에 빠뜨릴 수도 있다는 느낌을 주었다.

나는 20분 동안 포크송을 연주했는데 그 동안 무슨 일이 일어나는지 신경을 썼다. 홀 안은 더웠고 좁은 공간에 사람들이 너무 밀집해 있어서 연주 후에는 오래 꾸물거리고 있을 수가 없었다. 그래서 연주자들은 종종 비밀 장소인 위층 방에 머물렀는데 부엌 뒤로 나가서 작은 안뜰을 지나 추운 비상구를 통해 올라가게 되어 있었다. 위층 방에서는 항상 카드 게임이 벌어졌다. 밴 론크, 스투키, 롬니, 핼 워터스, 폴 클레이턴, 루크 파우스트, 렌 챈들러를 비롯한 여러 사람들이 밤새도록 포커판을 벌이곤 했다. 누구나 드나들 수 있는 그 방에는 작은 스피커가 있어서 지금 아래층에서 연주하는 사람을 알려주었고, 자기 차례가 되면 내려갈 수 있었다. 내기에 거는 돈은 대개 5센트, 10센트, 25센트였지만 가끔 20달러까지 판돈이 올라갈 때도 있었다. 나는 패가 두세 번 돌 때까지 페어가 되지 못하면 대개 카드를 엎었다. 챈들러가 내게 일러주었다.

"좋은 패가 들어온 척하며 상대를 속이는 걸 배워야 해. 그렇지 않으면 이길 수가 없다구. 가끔은 속은 체도 해야 된다니까. 그리고 상대방이 보기에 자넨 늘 패가 잘 들어오고 더러는 속이고 있다고 생각하게 되면 게임하는 데 유리하지."

아래층은 사람이 너무 많고 숨이 막혔으므로 나는 오래 머물지 않고 카드 방으로 올라가거나 옆의 〈케틀 오브 피시〉로 갔다. 그곳 역시 대개는 사람들로 붐볐다. 사람들이 빠르게 말하고 움직이는 가운데 상냥하게 구는 사람도 있고 방탕하게 구는 사람도 있었다. 검은 턱수염에 학자 티를 내는 사람, 근엄한 얼굴의 지식인, 주부 타입이 아닌 젊은 여성들이 한데 섞여 있었다. 불쑥 나타났다 돌아가는 사람들, 권총을 찬 랍비, 가슴에 큰 십자가상을 진 뻐드렁니의 젊은 여자 등 온갖 사람들이 내면적인 열정을 찾고 있었다. 내게는 모두가 절벽 꼭대기에 앉아 있는 것처럼 보였다. 어떤 사람들은 '역사를 만든 사람', '인종 간의 연결고리'라는 호칭을 가지고 있었다. 그들은 그런 사람이 되기를 원했다. 리처드 프레이요와 같은 코미디언들이 거기서 어슬렁거렸다. 의자에 앉아 창밖의 눈 덮인 거리와, 데이비드 암램, 그레고리 코르소, 테드 조앤스, 프레드 헬러맨 등 유명한 사람들이 지나가는 것을 볼 수 있었다.

어느 날 밤 보비 뉴위스(Bobby Newwirth)라는 이름의 남자가 두 명의 친구들과 같이 들어와서 적지 않은 소동을 일으켰다. 뉴위스와 나는 나중에 포크 페스티벌에서 다시 만나게 된다. 처음부터 뉴위스는 도전적인 기세였는데, 그의 자유를 가로막는 것은 없는 것 같았다. 그는 무엇엔가 지독한 혐오감을 가지고 있었다. 그와 이야기를 할 때는 정신을 바싹 차려야 했다. 애크론에서 온 뉴위스는 나와 나이가 같았는데 밴조를 연주했고 노래를 몇 곡 알고 있었다. 보스턴의 미술학교에서 그림을 배울 생각인 그는 봄에 가족들이 있는 오하이오의 집으로 돌아가겠다고 말했다. 그것은 습관적으로 하는 말이었고 나 역시 마찬가지이기도 했다. 그러나 나는 돌아갈 계획을 세우지 않았다. 나중에 우리는 상당히 친하게 지냈고 함께 여행을 다녔다. 잭 케루악이 『길 위에서』에서 닐 캐시디에게 불후의 명성을 안겨준 것처럼, 누군가 뉴위스에게도 같은 일을 해주어야 했다. 그는 그런 인물이었다. 그는 누구하고 이야기하든 그들의 지성이 형편없다고 느낄 때까지 이야기를 할 수 있었다. 그는 비난하고 혹평하고 불안하게 하는 말을 할 수 있었고, 무엇이든 자신의 방식으로 이야기할 수 있었다. 그가 무슨 생각을 하는지 아는 사람이 없었다. 뉴위스는 불독처럼 용맹한 사람이었지만 어떤 식으로도 나를 자극하지 않았다. 나는 그가 하는 일이 마음에 들었고 그를 좋아했다. 그는 재능이 있었지만 야망이 없었다. 우리는 같은 물건을 좋아하는 경우가 상당히 많았고, 주크박스에서도 같은 곡을 좋아했다.

주크박스는 주로 재즈 레코드를 틀어주었다. 주트 심스, 햄프턴 허위스, 스탄 게츠, 그리고 범블 비 슬림, 슬림 갤리어드, 퍼시 메이필드의 곡들 같은 일부 리듬-앤-블루스 음반들이었다. 비트족들은 포크 음악을 묵인은 하지만 실제로 좋아하지는 않았다. 그들은 오로지 모던 재즈, 비밥(즉흥 연주를 특색으로 하는 재즈 연주의 한 형태)만을 들었다. 나는 몇 번 동전을 넣고 주디 갈란드의 「떠나버린 사람(The Man That Got Away)」을 들었다. 그 노래는 놀라운 방법으로 늘 내게 뭔가 도움을 주었다. 이상한 생각들을 불러일으키지 않았고 들으면 그냥 멋있었다. 주디 갈란드는 미네소타주의 그랜드 라피드에서 왔는데 내가 살던 곳으로부터 약 32킬로미터 떨어진 곳이었다. 주디의 곡을 듣고 있노라면 옆집 여자의 노래를 듣고 있는 것 같았다. 그녀는 나보다 나이가 많았지만 엘튼 존의 노래 가사와 꼭 들어맞았다. "당신을 알고 싶었어요. 하지만 난 아이였을 뿐이에요."

해롤드 아렌(Harold Arlen)은 「떠나버린 사람」과 주디 갈란드의 또 다른 곡 「오버 더 레인보우(Over the Rainbow)」를 작사했다. 그는 인기곡들인 「밤의 블루스(Blues in the Night)」, 「폭풍우치는 날씨(Stormy Weather)」, 「비가 오나 해가 뜨나(Come Rain or Come Shine)」, 「행복하세요(Get Happy)」 등 많은 인기곡들을 썼다. 해롤드의 노래에서 나는 전원의 블루스와 포크 음악을 들을 수 있었다. 그 곡들에는 정서적인 친근감이 배어 있었고 그것을 느끼지 못할 수는 없었다. 우디 거스리의 곡들이 나의 우주를 지배했지만, 그 전에 내가 좋아했던 작사가는 행크 윌리엄스(Hank Williams)였다. 비록 행크를 가수로 생각하고 있었지만. 행크 스노우(Hank Snow)가 바로 그 다음을 차지했다. 하지만 해롤드 아렌의 달콤쌉쌀하고 고독하고 강렬한 세계를 절대 피할 수 없었다. 밴 론크는 이런 곡들을 노래하고 연주할 수 있었다. 나도 역시 쓸 수 있었지만 꿈도 꾸지 않았다. 작사는 내 각본에 없었다. 나의 미래에 없었다. 미래는 무엇일까? 미래는 단단한 벽이고, 약속된 장래도 없고, 위협적이지도 않다는 것, 모두 허튼소리였다. 확실한 것은 아무것도 없었다. 인생은 하찮은 것이 아니라는 보장도 없었다.

〈케틀 오브 피시〉에서는 누구를 맞닥뜨릴지 알 수 없다. 모든 사람이 대단한 사람처럼 보였고, 동시에 아무것도 아닌 사람처럼 보였다. 언젠가 나는 클레이턴과 다른 사람들 몇 명과 함께 테이블에 앉아서 와인을 마시고 있었다. 거기 있던 한 사내가 가끔 라디오 쇼의 음향효과를 반주로 넣었다. 라디오 쇼 프로그램은 미드웨스트에서 내 의식의 큰 부분을 차지했고, 영원히 청년으로 살 수 있을 것 같은 생각을 뒷받침했다. 「서스펜스(Suspense)」 시간에는 상상할 수 있는 가장 무섭게 삐걱거리는 문소리가 들렸다. 신경을 고문하고 복통을 일으키는 이야기가 매주 계속되었다. 「이너 생툼(Inner Sanctum)」은 공포와 유머가 뒤섞여 있었다. 「로운 레인저(Lone Ranger)」 시간에는 라디오에서 4륜마차와 박차 소리가 숨가쁘게 들렸다. 「더 쉐도우(The Shadow)」는 부유한 남자와 과학도가 세상의 잘못을 바로잡기 위해 나서고 「드래그넷(Dragnet)」은 베토벤의 심포니에서 인용한 듯이 들리는 음악적 테마를 가진 경찰 관련 쇼였다. 「콜게이트 코미디 아워(The Colgate Comedy Hour)」는 청취자를 계속 포복절도하게 만들었다.

너무 멀다고 느껴지는 곳은 없었다. 샌프란시스코에는 팰러딘이라는 사람이 한 호텔에 살고 있는데 누군가 그를 총잡이로 고용했다는 것이다. 나는 그 '돌'들이 보석이라는 것과, 악당들이 오픈카를 타고 도망쳤다는 것과, 나무를 숨기고 싶으면 아무도 찾을 수 없는 숲에 숨겨야 하는 것을 알았다. 나는 그런 속에서 자랐고, 그런 프로그램들을 들으면서 흥분으로 몸을 떨곤 했다. 그것들은 내게 세상이 어떻게 돌아가고 있다는 단서를 알려주었고, 백일몽에 기름을 부었으며, 한없이 상상력을 펼치게 만들었다. 라디오 프로그램들은 이상한 재주를 가지고 있었다.

백화점에 들어가기 전에 나는 이미 상상 속의 소비자였다. 라바 비누, 질레트 면도날을 사용했고, 머리에는 바이탈리스 남성용 헤어토닉을 발랐다. 변비약과 위산과다에 먹는 정제들을 복용했고 리온 박사의 치분을 사용했다. 나 자신만의 독특한 상표가 있었다. 법원의 업무는 너무 느리고 복잡해서 실무를 잘 보살필 수 없었다. 내 의견은 법은 좋지만 이번에는 내가 법이라는 것이다―죽은 사람은 스스로 변호할 수 없기 때문이다. 나는 그들을 변호하고 있었다. 라디오 쇼의 음향 효과를 내는 사람에게 전기의자 소리를 어떻게 내느냐고 물었을 때 그건 베이컨 지지는 소리라고 대답했다. 뼈가 부러지는 소리는 어떻게 내는

가? 그 사람은 라이프세이버 사탕을 꺼내더니 이빨 사이에 넣고 으지직 깨물었다.

내 자신의 노래를 쓰겠다는 생각이 언제 떠올랐는지는 말할 수 없지만, 포크송 가사와 공통점이 있거나 가깝다고 생각되는 것을 찾아낼 수 없었다. 나는 세상에 대해 느낀 것을 정의하기 위해 노래하고 있었다. 누구라도 점차 그렇게 될 수 있을 거라 생각한다. 어느 날 잠에서 깨어 노래를 써야겠다고 결심하지는 않는다. 자기 곡을 많이 가진 가수이고 매일 더 많은 것을 배우고 있다면 더욱 그렇다. 아직 존재하지 않는 것이 존재하도록 뭔가를 변화시키는 기회가 나타날 수 있고, 그것이 변화의 시작일 수 있다. 우리는 가끔 자신의 방법으로 일하기를 원하면서 안개 자욱한 커튼 뒤에 무엇이 있는지 직접 보고 싶어 한다. 사람들이 노래가 다가오는 것을 보고 맞아들이는 것 같지는 않다. 그만큼 그건 쉬운 일이 아니다. 우리는 삶보다 위대한 노래를 만들고 싶어 한다. 자신에게 일어났고 자신이 보았던 이상한 일들에 대해 이야기하기를 원한다. 그러기 위해서는 그것을 이해해야 하고 고유의 언어로 나타내야 한다. 옛 사람들이 노래를 부를 때 그 안에는 대단한 절실함이 들어 있었다. 가끔 노래를 들을 때 마음이 앞서서 뛴다. 사물에 대해 생각할 때도 비슷한 패턴을 볼 수 있다. 나는 노래를 '좋다' '나쁘다'로 보지 않고 오직 종류가 다른 좋은 노래들로 보았다.

어떤 노래는 실제 일어난 일일 수가 있다. 「나는 꿈에 조 힐을 보았네(I Dreamed I saw Joe Hill)」라는 노래를 들으면서 조 힐(Joe Hill)이 실제 인물이고 중요한 인물이라고 느꼈다. 그러나 그가 누구인지 확실히 몰랐으므로 민속학 센터에서 이지에게 물어보았다. 이지는 뒷방에서 조에 관한 팸플릿을 꺼내와서 읽어보라고 주었다. 내가 읽은 것은 추리 소설에나 나올 법한 이야기였다. 조 힐은 스웨덴 출신의 이민자로서 멕시코 전쟁에서도 싸웠던 사람이었다. 그는 소박하고 검소한 삶을 살았는데 1910년 노동조합을 조직했고, 자본주의의 임금 체제를 폐지하려고 했던 메시아적인 인물이었다. 그는 기계공이고 음악가인 동시에 시인이기도 했다. 사람들은 그를 노동자의 로버트 번스(Robert Burns, 평등하고 민주적인 공동체의 실현을 사회적 이상으로 삼았던 스코틀랜드의 민족 시인)라고 불렀다.

조는 「천국에서 파이를(Pie in the Sky)」이라는 노래를 썼는데 우디 거스리보다 선구자였다. 그것이 내가 알아낸 전부였다. 그는 살인에 대한 정황증거로 유죄선고를 받았고, 유타주의 형장에서 총살당했다. 그의 인생 스토리는 괴롭고도 난해하다. 미국 노동 계급의 투쟁분파인 세계 산업 노동자조합을 조직한 힐은 식품점 주인과 그의 아들이 터무니없이 비싼 값을 요구했다는 이유로 그들을 살해했다는 혐의를 받았다. 그의 유일한 변명은 "살인했다는 증거를 대라!"는 것이었다. 식료품상의 아들은 죽기 전에 누군가에게 한 발을 발사했는데 총알이 무엇을 맞혔는지 증거가 없었다. 조는 총상을 입었는데 죄를 씌우려는 것으로 보였다. 같은 날 밤 그 근방에서 다섯 사람이 총상을 입었고 같은 병원에서 치료를 받았다. 병원에서 나온 그들은 모두 사라졌다. 조는 범죄가 일어난 시간에 다른 곳에 있었다고 말했지만 어디에 누구와 함께 있었는지 말하지 않았다. 그는 자신의 생명을 구할 수 있는데도 자신의 무죄를 입증할 사람의 이름을 대지 않았다. 일반적으로 한 여자가 관련되었고 조는 그녀에게 피해를 주지 않으려 했다고 믿어진다. 일은 점점 기묘하고 복잡해졌다. 조의 친한 친구인 또 다른 사람이 다음날 사라졌다.

일이 몹시 꼬이고 있었다. 조는 전국적으로 광산 노동자, 도살장의 노동자, 간판장이, 대장장이, 미장이, 중기기관 수리공, 제철 노동자 등 모든 노동자들로부터 사랑을 받고 있었다. 그들의 직업이 무엇이든 힘을 결집시키고 모두의 권리를 위해 싸웠다. 그는 사회의 하층 계급, 혜택 받지 못하는 소외 계급, 낮은 보수를 받으며 혹사당하는 노동자들의 상황을 개선하기 위해 목숨을 걸고 싸웠다. 그의 이력을 보면 그의 인격이 뚜렷이 드러난다. 식료품점 점원에게 강도질과 살인을 할 타입이 아니라는 것을 곧 알게 된다. 잔돈 몇푼 때문에 그런 짓을 한다는 것은 불가능한 일이었다. 그가 살아온 모든 인생 여정이 명예와 공명정대함을 말하고 있었다. 그는 떠돌이 노동자이고 노동조합의 결성자이며 두 발로 뛰는 사람이었다. 그를 증오하는 정치가들과 기업가들에게 그는 고집스런 범죄자이고 사회의 적이었다. 그들은 몇 년 동안 조를 제거할 기회를 기다려왔다. 그는 재판이 시작되기도 전에 유죄 판결을 받았다.

그에 대한 기록은 놀라운 것이었다. 1915년에 노동자들과 노동조합이 있는 미국의 대도시들, 클리블랜드, 인디애나폴리스, 세인트루이스, 브루클린, 디트로이트, 그 외에 많은 도시에서 그를 위한 행진과 집회가 열려서 그가 얼마나 알려져 있고 사랑받는지를 보여주었다. 우드로 윌슨 대통령도 유타 주 관리들에게 사건을 다시 조사하도록 지시했지만 유타 주지사는 대통령을 모욕했다. 마지막 시간에 조는 이렇게 말했다.

"내 유골을 유타 주 아닌 곳에 뿌려 주시오."

그 후 얼마간의 시간이 지난 후 '조 힐'의 노래가 씌어졌다. 저항곡들이 불려지고 있었으므로 나도 몇 곡 들을 수 있었다. 리드벨리의 노래 「부르주아 블루스(Bourgeois Blues)」, 우디의 「지저스 크라이스트(Jesus Christ)」와 「러들로우 광산촌의 대학살(Ludlow Massacre)」, 「남부의 나무에 달린 이상한 과일(Strange Fruit)」, 빌리 홀리데이의 노래들이 모두 이것보다 좋았다. 저항곡들은 일차원적이고 설교조에서 벗어나지 않으면 쓰기가 어렵다. 작사가는 사람들에게 그들이 알지 못하는 면이 있다는 것을 보여주어야 한다. 「조 힐」은 친근하게 다가오는 곡은 아니었지만 노래에 활기를 불어넣을 수 있는 사람은 조였다. 조는 눈에 빛을 가지고 있었다.

만약 그 노래를 내가 썼다면 캐시 존스(Casey Jones)나 제스 제임스(Jesse James) 이상으로 그에게 불멸의 명성을 주었을 것이라는 공상을 펼쳤다. 그렇게 할 수 있었을 것이다. 나는 두 가지로 생각을 가다듬었다. 하나는 곡명을 「내 유골을 유타 주 아닌 곳에 뿌려 주오」로 하고, 이 라인을 후렴으로 만드는 것이다. 다른 하나는 「길고 검은 베일(Long Black Veil)」이란 곡처럼 무덤에서 말하는 남자…… 지하 세계로부터 들리는 노래를 만드는 것이었다. 어떤 여인에게 불명예를 주지 않기 위해 자신의 생명을 포기하는 남자, 말할 수 없기 때문에 누군가의 범죄를 위해 희생되어야 하는 남자를 노래하는 발라드이다. 더 깊이 생각할수록 「길고 검은 베일」은 조 힐 자신이 마지막에 썼던 노래처럼 보였다.

나는 조 힐을 위해 작곡하지 않았다. 나 같으면 이렇게 하겠다는 생각은 했지만 작곡은 하지 않았다. 내가 실제로 처음 쓴 곡은 우디 거스리를 위한 곡이었다.

갑작스러운 한파가 몰아쳤다. 대기는 청명하고 밤에는 푸른 안개가 자욱했다. 푸른 잔디에 누워 무르익은 여름의 냄새를 맡았던 게 언제였던가. 호수 위에서 반짝이는 여름 햇살, 검은 아스팔트 위를 나는 노랑나비를 본 것이 아주 오래 전의 일처럼 느껴졌다. 이른 시간에 맨해튼 7번가를 걷고 있으면, 자동차 뒷자리에서 자는 사람들을 가끔 볼 때가 있다. 뉴욕에 사는 사람도 잘 곳이 없는데 머물 곳이 있다는 것은 나에게 행운이었다. 나는 없는 것이 너무 많았고 확실한 정체성도 갖지 못하고 있었다.

"나는 떠돌이, 고향에서 멀리 떠나온 도박꾼."

이것이 나를 잘 요약한 말이었다.

뉴스에 의하면 79세의 피카소가 35세의 모델과 결혼했다고 한다. 와! 놀라운 일이다. 피카소는 복잡한 길거리에 서서 빈둥거린 게 아니었다. 그에게 인생은 아직 흘러간 것이 아니었다. 피카소는 미술계를 깨뜨리고 문을 활짝 열었다. 그는 혁명가였다. 나도 그렇게 되기를 원했다.

빌리지 12번가에 프랑스, 이탈리아, 독일 등의 외국 영화를 상영하는 예술영화 극장이 있었다. 위대한 포크 문서 보관자인 앨런 로맥스도 미국에서 벗어나고 싶으면 그리니치 빌리지에 가보라는 말을 했기 때문에 그런 영화관이 거기 있다는 것은 퍽 의미 있는 일이었다. 이탈리아 감독 펠리니의 영화를 두 편 보았다. 하나는 '길'이라는 의미의 「라 스트라다(La Strada)」였고, 다른 한 편은 「달콤한 인생(La Dolce Vita)」이었는데 한 남자가 영혼을 팔고 세속적인 것에 열중하는 비열한 사내가 되는 내용이었다. 보통 사람이 괴물 변종으로 바뀌는 것을 제외하고는 카니발 거울에 비친 인생 같았다. 다시 보지 못할 수도 있다

바람만이 아는 대답

고 생각하면서 열심히 보았다. 영화에 나오는 배우 에번 존스는 극작가이기도 했다. 몇 년 뒤 그가 쓴 연극의 공연을 위해 런던에 갔을 때 그를 만났는데 낯익어 보였다. 그의 얼굴을 잊지 않았던 것이다.

미국은 많이 변하고 있었다. 사회학자들은 TV가 치명적인 의도를 가지고 젊은이들의 정신과 상상력을 파괴하고 있으며 그들의 관심 분야를 타락시키고 있다고 말했다. 사실일 수도 있었다. 그러나 3분 동안 부르는 노래가 같은 일을 할 수도 있었다. 심포니와 오페라는 믿을 수 없을 정도로 길지만 청중들이 의미를 놓치거나 이해하지 못하는 일이 없어 보인다. 3분 지속되는 노래를 듣는 사람은 20분이나 10분 전의 것을 기억할 필요가 없다. 연결할 것이 없고 기억해야 할 것이 없다. 사실 내가 부르는 많은 곡들이 길다. 오페라나 심포니만큼은 아니지만 서정시처럼 긴 곡들이 있다. 「톰 조드(Tom Joad)」는 16행이고, 「바버라 앨런(Barbara Allen)」은 20행이다. 「아름다운 엘렌더(Fair Allender)」, 「로드 러블(Lord Lovell)」, 「매티 그로브스의 노래(Little Mattie Groves)」 그 밖의 여러 곡들이 아주 길지만 기억하거나 노래 부르는데 전혀 문제가 없었다.

나는 짧은 곡을 반복하려는 습관을 버렸다. 그리고 처음에 읽은 것을 기억할 수 있는지 보려고 점점 긴 시를 읽기 시작했다. 긴 시를 읽는 훈련을 했고 우울한 습관들을 던져버리고 자신을 안정시키는 법을 배웠다. 바이런 경의『돈 후안』을 처음부터 끝까지 집중해서 읽었다. 콜리지의『쿠빌라이 칸』도 읽었다. 나는 머릿속에 온갖 종류의 난해한 시들을 채워 넣기 시작했다. 오랫동안 빈 마차를 끌다가 이제 채우기 시작해서 더 세게 끌어야 하는 것처럼 보였다. 뒤쪽의 목초지에서 나오고 있는 것처럼 느꼈다. 다른 변화도 있었다. 내게 영향을 미쳤던 것들이 더 이상 영향을 주지 않았다. 사람들과 그들의 진의를 너무 걱정하지 않게 되었다. 접근하는 모든 낯선 사람을 경계할 필요를 느끼지 않았다.

레이는 내게 포크너의 소설을 읽으라고 말했다.

"포크너는 어렵지. 깊은 감정을 말로 표현하는 것은 어려운 일이야. 『자본론』을 쓰는 편이 더 쉬워."

레이는 아편을 피웠다. 버섯 모양의 오목한 대나무 파이프에 아편을 담아 피웠다. 아편쟁이들은 아편을 일단 끓였다. 벽돌 모양의 미가공 아편을 부엌에서 껌처럼 될 때까지 끓이고 또 끓인 다음 천에다 여과시켜서 물기를 뺐다. 부엌에는 고양이 오줌 같은 냄새가 진동했다. 그들은 아편을 오지항아리에 담아서 보관했다. 레이는 폐품 처리장에서 사는 멍청한 마약 중독자 같지는 않았다. 어느 모로 보나 정상인이 되려고 마약을 사용하는 사람 같지는 않았고, 가끔 사용하는 사람도 아니고, 중독된 것도 아니었다. 마약에 쓸 돈을 누군가로부터 빼앗는 그런 사람이 아니었다. 나는 레이에 대해 모르는 것이 아주 많았다. 그가 체포되었을 때 어떻게 석방되었는지도 몰랐다.

언젠가 클레이턴과 내가 늦게 들어왔을 때 레이는 큰 의자에서 잠이 들어 있었다. 환하게 비추는 전등불 밑에서 잠든 그의 얼굴에는 땀이 흘렀고 눈 밑은 움푹 들어가 있었다. 우리는 그냥 거기 서 있었다. 클레이턴은 키가 크고 검은 머리에 끝이 뾰족한 턱수염을 기르고 있었다. 화가 고갱을 닮은 모습이었다. 클레이턴은 깊은 한숨을 쉬며 그 모습을 영원히 담아 둘 것처럼 바라보더니 몸을 돌려 방을 나갔다.

레이는 다양한 옷차림을 했다. 가끔 날개 모양의 칼라가 달린 줄무늬 상의에 주름지고 끝이 좁은 바지를 입었다. 가끔은 스웨터에 골덴

바지를 입고 시골 사람들이 신는 장화를 신었다. 주유소 직원처럼 가슴받이가 있는 작업복을 입을 때도 많았다. 긴 코트, 무두질한 가죽, 낙타 털옷 등 갖가지 옷을 입었다.

뉴욕에 처음 온 지 몇 달이 지나지 않아 나는 잭 케루악이 『길 위에서』라는 책에서 그처럼 잘 설명했던 '불평이 많은' 히피나 비트족에 대한 관심을 잃어버렸다. 그 책은 나에게 성경과 같았다. 그러나 이제는 아니었다. 나는 여전히 잭의 펜으로부터 흘러나오는 숨막히도록 다이내믹한 시를 사랑했지만 그 책에 나오는 모리아티라는 인물은 그 자리에 어울리지 않고 목적도 없고 바보 같은 행위를 부추기는 사람처럼 보였다.

레이는 그런 사람이 아니었다. 이 세상에 자취를 남기려는 사람이 아니었다. 그런 그에게 특별한 것이 있었다. 잘못을 저지를 수 없는 사람의 얼굴이고, 사악하고 고약하게 보이거나 죄라고는 없어 보이는 얼굴인데, 눈에 살기를 띠고 있었다. 원할 때는 언제나 정복하고 명령할 수 있는 사람처럼 보였다. 레이는 대단히 신비로운 사람이었다.

좁은 통로를 지나 빅토리아풍의 방을 한두 개 지나면 또 다른 방이 나오는데 큰 창이 있는 넓은 방으로 뒤에 골목이 있었다. 그곳은 갖가지 종류의 장비들이 쌓여 있는 작업장이었다. 대부분의 물건들이 긴 목재 상판을 덮은 테이블과 슬레이트를 덮은 또 다른 테이블 위에 놓여 있었다. 구석에는 흰 칠을 한 나선형 덩굴 위에 철제 꽃들이 몇 송이 있었다. 온갖 종류의 도구들이 널려 있었다. 해머, 쇠톱, 스크루드라이버, 전기 펜치, 철사 절단기와 지렛대, 장도리, 끌, 톱니바퀴가 담긴 상자들이 역광을 받아 반짝거렸다. 땜질하는 장비와 스케치북, 물감 튜브들과 측정기, 전기 드릴, 방수용이나 불연성 물건들이 깡통에 담겨 있었다. 모든 것들이 잘 보였다. 소화기들도 많이 있었다. 레이를 경찰 관계자나 면허가 있는 총포 대장장이라고 생각할 수도 있을 정도였다. 다양한 총 부품들도 있었다. 권총, 크고 작은 프레임, 타우루스 목표추적 장치 권총, 소형 권총, 방아쇠 안전장치, 총신을 짧게 개조한 것들도 있었다. 루거, 브라우닝, 단동식의 네이비 권총 등 상표가 다른 총들이 발사할 준비를 마친 듯 반짝거렸다. 방안에 걸어 들어가면 잠들지 않는 눈이 감시하고 있는 것처럼 느껴진다. 기묘한 느낌이었다. 레이는 씩씩한 터프가이였다. 언젠가 나는 그에게 그런 물건들이 왜 여기 있으며 그것들로 뭘 했느냐고 물었다.

"전술적인 것이지."

그가 말했다. 나는 전에도 총들을 본 적이 있었다. 고향에 있는 옛날 여자친구 베키 대처의 아버지가 총을 많이 가지고 있었다. 주로 사슴을 잡는 라이플과 산탄총, 총신이 긴 권총도 있었는데 소름 끼치는 것들이었다.

베키는 아스팔트가 끝나는 마을 변두리의 통나무집에서 살았다. 그곳에 가는 것은 좀 위험했는데 그 노인이 심술궂다는 소문이 있었기 때문이었다. 베키의 어머니는 대지의 어머니처럼 아주 친절하다는 것이 또 재미있었다. 베키의 아버지는 갖은 풍상을 겪은 얼굴에 늘 면도도 하지 않고 사냥꾼 모자를 쓰고 손에는 굳은살이 박혀 있고 마구 싸우려는 사람이지만…… 일을 할 때는 친절했다. 일을 하지 않을 때는 조심하는 것이 좋았다. 그가 어떤 기분인지 모르기 때문이다. 그는 누군가 늘 자기를 이용해 먹는다고 생각하는 그런 사람이었다. 일하지 않으면 술을 마시고 몹시 취해 있기 때문에 상황이 나쁘게 바뀔 수도 있었다. 방안에 들어와서 이를 악물고 뭐라고 중얼거릴 때도 있었다. 한 번은 나와 내 친구를 좇아오던 그가 어두운 자갈길에서 엽총을 발사한 적도 있었다. 그러나 일을 할 때는 정신이 말짱해서 신중하게 행동했다. 내가 그 집에 가기를 좋아했던 이유는 풋사랑 외에도 지미 로저스(Jimmie Rodgers)의 음반이 있었기 때문이었다. 나는 블루 요들러(Blue Yodeler)가 "나는 테네시의 사기꾼이에요, 일할 필요가 없어요."라고 노래하는 것을 들으며 정신을 놓고 앉아 있곤 했다. 나 역시 일하지 않아도 되기를 원했다. 레이의 총들을 쳐다보면서 옛 여자친구를 생각했다. 베키가 무엇을 하고 있을지 궁금했다. 마지막으로 보았을 때 그녀는 서부로 간다고 했다. 사람들은 베키가 브리짓 바르도를 닮았다고 하는데 정말 그런 것 같았다.

 방에는 유쾌한 물건들도 있었다. 레밍턴 타자기, 백조의 곡선을 가진 섹소폰의 목부분, 모로코가죽 케이스 안에 들어 있는 휴대용 쌍안경이 있었다. 4볼트를 생산하는 작은 기계와 작은 모호크 테이프 레코더가 놀라웠고, 이상한 사진들, 어깨에 애완용 올빼미를 올려놓은 플로렌스의 나이팅게일, 캘리포니아로부터 온 야자나무 그림이 든 진기한 우편엽서들도 있었다.

 나는 캘리포니아에 가 본 적이 없었다. 그곳은 특별하고 매혹적인 레이스가 펼쳐지는 곳처럼 보였다. 영화가 그곳에서 만들어진다는 것과 로스앤젤레스에 〈애쉬 그로브〉라는 포크 클럽이 있다는 것을 알고 있었다. 민속학 센터에서 〈애쉬 그로브〉에서 열린 포크 쇼의 포스터를 보면서 나도 거기서 연주하는 꿈을 꾸곤 했다. 캘리포니아는 너무 멀어 보였다. 그곳에 간다는 것은 생각지도 못했다. 그러나 밝혀진 것처럼 나는 그곳에 갔을 뿐만 아니라 캘리포니아에 도착했을 때 내 노래와 명성이 나를 앞질러 가 있었다. 나는 콜럼버스 레코드사에서 녹음했고 산타 모니카 시립 대강당에서 연주했다. 그리고「탬버린 치는 사람(Mr. Tambourine Man)」을 녹음한 버즈(The Byrds),「내가 정말 원하는 것은(All I Really Want to Do)」을 녹음한 소니 앤 쉐어(Sonny and Cher),「당신이 찾는 사람은 내가 아니에요(It Ain't Me, Babe)」를 녹음한 터틀스(The Turtles),「다시 생각하지 마(Don't Think Twice)」(우리나라에서는 김광석이「두 바퀴로 가는 자동차」로 번안해서 부른 노래)를 발매한 글렌 캠벨(Glen Campbell),「포지티브리 4 스트리트(Positively 4th Street)」를 녹음한 자니 리버스(Johnny Rivers) 등 내 노래를 녹음한 연예인들을 모두 만났다.

내 노래를 여러 버전으로 녹음한 것들 중에서 자니 리버스의 곡이 가장 마음에 들었다. 우리는 도시의 같은 쪽에서 왔고, 같은 인용문을 읽었고, 같은 음악집단 출신이고, 같은 천의 옷을 입은 것이 분명했다. 자니의「포지티브리 4 스트리트」를 들었을 때 내가 부른 것보다 더 마음에 들었다.

나는 그것을 반복해서 들었다. 내 곡을 다른 가수가 녹음한 것을 들으면 대부분 어딘가 동떨어진 느낌을 주곤 했는데 리버스의 버전은 내가 곡을 해석했던 감정을 빠짐없이 가졌고 오히려 나를 능가하는 선율과 느낌과 태도를 가지고 있었다. 그것은 놀라운 일이 아니었다. 이미 그는 척 베리(Chuck Berry)의 두 곡「메이벨렌(Maybellene)」과「멤피스(Memphis)」에서도 같은 솜씨를 보여주었다. 자니가 내 곡을 부르는 것을 듣고 있으면 나와 마찬가지로 그의 인생도 외곬으로 빠져 있는 것이 분명해 보였다.

이삼 년이 지난 후 다시 그곳에 간 나는 방을 찬찬히 둘러보았다. 그리고 창 너머로 해가 지는 것을 바라보았다. 두꺼운 얼음이 비상 대피로에 쌓여 있었다. 좁은 통로를 내려다보고 다시 지붕 꼭대기를 올려다보았다. 눈이 내리기 시작해서 시멘트 길을 덮고 있었다. 새로운 인생을 살고 있었다면 어떻게 보였을까. 새로운 인생을 살기 위해 과거를 바꾸자는 것이 아니다. 현재 상황을 이해하고 과거로부터 자유롭기를 원했다. 나는 상황과 아이디어를 압축시키는 법을 배워야 했다. 도서관의 책을 모두 볼 수 없는 것처럼, 테이블 위에 널려 있는 것을 모두 볼 수 없었다. 상황을 제대로 이해할 수 있다면, 노래의 한 단락이나 한 행으로 바꿀 수 있을 것이다.

가끔 상황이 변해야 하고, 변하고 있는 것을 안다. 샘 쿡의 노래「변하게 될 거야(Change Is Gonna Come)」처럼 느끼기만 할 뿐 깊이 있게 알지 못할 수도 있다. 사소한 일들이 변화를 미리 암시하지만 깨닫지 못할 수 있다. 하지만 그때 무슨 일이 일어나서 미지의 세계로 뛰어들면서, 본능적으로 자유로운 것을 이해한다. 질문할 필요가 없이 이미 모든 것을 알고 있다. 마법처럼 빠르게 일어난 것 같지만, 실제로는 그렇지 않다. 둔한 굉음이 사라지고 그 순간이 온 것처럼, 눈이 활짝 열려서 갑자기 뭔가를 확신한 것이 아니다. 늘 낮에 일을 하던 사람이 어느 날 해가 일찍 지고 어두워지고 있다는 것과, 늦도록 일해 봐야 소용이 없다는 것을 깨닫는 것과 마찬가지다. 반사적으로 아는 일이다. 누군가 문을 확 열고 당신을 밀어 넣으면 당신은 다른 곳으로 가야 한다. 가끔 특별한 사람이 그것을 깨닫게 한다.

마이크 시거(Mike Seeger)는 내게 그런 영향을 미쳤다. 나는 최근에 그를 커밀라 애덤스(Camilla Adams)의 집에서 보았다. 커밀라는 검은 머리의 매혹적인 여인으로 에바 가드너처럼 보이는 풍만한 몸매를 가지고 있었다. 나는 그녀를 유명한 〈거디스 포크 시티〉에서 보곤 했다. 〈거디스〉는 빌리지의 가장자리 웨스트 브로드웨이 근처 머서 스트리트에 있었다. 〈블루 앤젤〉과 같은 업타운 타입의 클럽이었지만 다운타운에 있었다. 그곳은 주로 전국적으로 지명도가 있고 음반을 낸 포크 싱어들과 출연계약을 맺었는데 그곳에서 일하려면 노동조합 카드와 카바레 카드가 필요했다. 후트내니(Hootenanny, 포크송을 부르며 춤을 추는 사교적인 집회나 연주회) 나이츠라고 불리는 월요일 밤에는 무명의 포크 가수들이 연주할 수 있었다. 어느 월요일 밤 나는 거기서 커밀라를 만났다. 그때부터 나는 그녀를 조금씩 알게 되었다. 커밀라는 대개 사립 탐정처럼 보이는 남자들과 함께 있었다. 그녀는 뛰어난 미인이었고 조쉬 화이트(Josh White)와 시스코 휴스턴(Cisco Houston)과 가까운 친구였다. 시스코는 말기 질환을 앓고 있었는데 〈포크 시티〉에서 마지막 공연을 하고 있었고 나는 그의 음악을 들으러 갔다. 우디 거스리의 음반에 들어 있는 그의 곡과, 그 자신이 직접 낸 음반을 들었는데 모두 카우보이, 벌목꾼과 철도, 그리고 무법자를 노래한 발라드 곡들이었다. 그는 우디의 완벽한 상대역이었고 달래는 듯한 바리톤의 목소리를 가지고 있었다. 우디와 함께 널리 여행했고, 여러 도시에서 일했고, 음반을 만들었으며, 2차 대전 동안에는 상선을 타고 함께 바다로 나갔다. 시스코는 잘생긴 얼굴에 코밑수염을 기른 당당한 모습이었다. 그는 에롤 플린처럼 강을 오르내리는 배의 도박꾼처럼 보였다. 사람들은 그가 영화배우가 될 수도 있었다고 말한다. 그는 한때 머나 로이(Myrna Loy)의 상대역으로 영화에 출연하라는 제의를 받고 거절한 일이 있었다. 영화배우가 된 벌 이브스(Burl Ives)와 시스코는 대공황 시절에 이민자 수용소에서 함께 공연했다. 시스코는 또 CBS TV의 쇼에서 주역을 맡았지만 당시는 극단적인 반공주의가 득세하던 시기였으므로 방송에서는 그를 제외시켜야만 했다. 나는 그에 대해 모든 것을 알고 있었다. 시스코가 쉬는 시간에 그와 함께 앉아 있던 커밀라가 나를 소개하면서 젊은 포크 가수이고 우디의 곡을 많이 노래한다고 말했다. 시스코는 정중하고 품위가 있었는데 노래하는 것처럼 말했다. 그는 두말할 필요도 없이 많은 일들을 겪었고 위대한 업적을 성취한 사람이었다. 나는 그의 공연과 임종이 가까운 것을 지켜보았다. 커밀라는 그를 위해 환송회 비슷한 사교 모임을 주중에 가지면서 그 파티에 나를 초대했다. 그녀는 5번가의 워싱턴 스퀘어 파크 근처의 아파트 맨 위층에 살았는데 로마네스크 양식으로 지은 건물이었다.

당시에는 몰랐지만 그녀는 나중에 〈거디스 포크 시티〉의 주인 마이크 포코와 그의 동생 존에게 내가 2주간 존 리 후커의 상대역으로 출연하도록 영향을 미쳤다. 내가 미성년자였기 때문에 마이크가 대신 보호자로서 서명했다. 그는 내가 결코 가질 수 없었던 시실리인 아버지가 되었다. 나는 그때 잠시 사귀고 있던 델로레스 딕슨(Delores Dixon)과 함께 커밀라의 집에 갔다. 델로레스는 내가 가깝게 지내던 그룹 뉴 월드 싱어스의 가수였다. 그녀는 앨러배머 출신으로 전에는 리포터와 댄서로 일했다.

우리가 들어갔을 때 방은 이미 사람들로 가득 차 있었다. 자유분방한 보헤미안들로 나이 많은 사람들이 많았다. 방안은 향수와 담배냄새와 위스키 냄새와 사람들로 공기가 혼탁했다. 넓은 아파트는 빅토리아 풍의 아름다운 물건들로 장식되어 있었다. 멋진 램프들, 거실의 조각한 의자들, 플러시천의 벨벳 소파들, 따뜻한 벽난로가 각기 제자리에 놓여 있었다. 벽난로에 가까이 가자 핫도그와 마시멜로가 생각났다.

델로레스와 내가 그곳에 어울리지 않는다고 느끼지는 않았다. 나는 양가죽 재킷 아래 두꺼운 플란넬 셔츠를 입고 앞챙이 있는 모자를 쓰고 카키 바지에 오토바이용 장화를 신고 있었다. 델로레스는 드레스처럼 보이는 나이트가운 위에 긴 비버 털코트를 입고 있었다. 많은 사람들을 보았는데 머지않아 다시 만나게 될 사람들이었다. 당시 포크계를 지배하고 있던 그들은 모두 내게 냉담했고 별 관심을 보이지 않았다. 그들은 내가 노스캐롤라이나 산악지대에서 온 사람도 아니고 상업적이거나 국제적인 가수도 아니라는 것을 알고 있었다. 나는 그들에게 끼어들지 못했고 그들은 나를 어떻게 받아들여야 할지 몰랐다. 하지만 그때 피트 시거(Pete Seeger)가 안녕 하고 인사했다. 그는 위버스를 경영하는 해롤드 리벤탈과 함께 있었다. 해롤드는 낮고 쉰 목소리로 말했기 때문에 그가 말하는 것을 들으려면 가까이 몸을 굽혀야 했다. 그는 나중에 타운 홀에서 내 콘서트를 주최했다.

매 웨스트(Mae West)의 남자친구인 헨리 쉐리단이 거기 있었다. 매 웨스트는 나중에 내 곡을 녹음했다. 댄스 소품들에 레슬링과 야구 같은 스포츠 활동을 도입한 안무가, 주디스 듄과 같은 전위파 예술가들, 「블론드 코브라(Blond Cobra)」를 만든 전위영화 제작자 켄 제이콥스, 브레드 앤 퍼핏 극장의 피터 슈만, 그의 연극 「크리스마스 이야기」에서는 헤롯왕이 큰 시가를 피우고 세 얼굴의 가면을 쓴 꼭두각시가 동방의 세 박사를 연기했다. 포크웨이 레코드사를 설립한 모에 애쉬(Moe Asch), 영화 「반항적인 사람들(The Defiant Ones)」에서 쉐리프 맥스 뮬러를 연기했던 시어도어 바이켈도 있었다. 시어도어는 외국어로 포크송을 불렀던 뛰어난 배우였다. 이삼 년 뒤에 나는 시어도어와 피트 두 사람과 함께 유권자 대회에서 연주하기 위해 미시시피까지 여행했다.

그 집에서 해리 잭슨도 만났는데 〈포크 시티〉에서 이미 알았던 사람이었다. 해리는 와이오밍에서 온 카우보이 조각가, 화가, 가수였다. 그는 브룸 거리에 스튜디오를 가지고 있었고, 나중에 내가 앉아 있는 그림을 그렸다. 그는 이탈리아에도 스튜디오를 가지고 있었고 그곳 광장에 세워질 조각상을 만들었다. 그는 거칠고 무뚝뚝하고 그랜트 장군처럼 생겼지만 카우보이 노래를 불렀고 술을 많이 마셨다.

시스코는 여러 부류의 사람들과 어울렸다. 그 중에는 노동조합 창설자, 전현직 노조원들도 있었다. 최근에 AFL-CIO(미국 노동 총연맹 산업별회의) 최고 집행위원회가 1주일 동안 푸에르토리코에서 열렸는데 꽤 재미있는 일이 있었다. 노조 간부들이 럼주를 진탕 마시고 카지노와 나이트클럽에 드나들고, 호텔 수영장에서 실내 가운을 입고 어슬렁거리거나 파도타기를 하고, 할리우드 스타일의 선글라스를 쓰고 다이빙 보드에서 물구나무를 서는 사진이 찍힌 것이다. 그 사진들은 퇴폐적이라는 느낌을 주었다. 그들은 실업 문제를 극적으로 부각시키기 위해 워싱턴에서 가두 행진하는 문제를 토의하기 위해 모인 것이었는데 자신들이 사진 찍히는 것을 모르고 있었음이 틀림없었다.

커밀라의 집에 온 사람들은 그렇지 않았다. 그들은 예인선 선장이나, 헐렁한 바지를 입은 외야수, 혹은 부두 노동자처럼 보였다. 맥 맥켄지는 브루클린에서 부두노조를 설립한 사람이었다. 나는 맥과 그의 아내를 만났는데 그녀는 전에 마사 그레이엄의 무용수였다. 그들은 28번가에 살았다. 나는 그들의 집에 초대를 받았고…… 거실 소파에서 잠을 잤다. 예술계의 사람들 중에는 암스테르담, 파리, 스톡홀름에서 일어나는 일들을 이야기하는 사람들도 있었다. 로빈 휘틀러라는 무법자가 느린 춤동작으로 지나갔다. 그녀에게 "무슨 일이에요?"라고 묻자

"근사한 저녁을 먹으러 여기 왔어요."라고 대답했다. 몇 년 뒤에 휘틀로는 주택 파손 및 무단침입 절도죄로 체포되었는데 자신이 예술가이고 그 행동은 공연 예술이었다고 변명했다. 믿을 수 없게도 그녀에 대한 고소가 취하되었다.

포크 잡지 《싱 아웃(Sing Out!)》의 편집자 어윈 실버도 거기 있었다. 몇 년 뒤에 그는 내가 포크계를 무시했다고 공개적으로 비난했다. 나는 어윈을 좋아했지만 좋아한다는 말을 할 수 없었다. 마일스 데이비스(Miles Davis)가 「비치스 브루(Bitches Brew)」라는 앨범을 냈을 때, 모던 재즈의 규칙을 따르지 않은 작품이라고 비슷한 비난을 받았다. 모던 재즈는 대중적인 시장에 진출하기 직전이었는데 마일스의 음반이 나왔고 그 기회를 잃어버렸다. 마일스는 재즈업계의 비난을 받고 꼼짝 못했다. 나는 마일스가 당황했다고는 상상할 수 없었다. 라틴계의 예술가들 역시 그 규칙을 깨뜨리고 있었다. 주앙 질베르토, 로베르토 메네스칼과 카를로스 리라 같은 연주자들도 삼바 특성이 만연한 드럼으로부터 독립해서 멜로디가 변한 새로운 형태의 브라질 음악을 만들고 그것을 보사노바라고 불렀다. 내가 하고자 했던 것은 단순한 포크의 변화를 받아들이고, 새로운 이미지와 저항적인 태도를 덧붙이고, 기발한 문구를 사용하고, 은유와 새로운 관습을 결합시켜 전에 들어보지 못했던 다른 음악으로 발전시키는 것이었다. 실버는 나를 비난하는 편지에서 마치 자신과 두세 사람만이 현실 세계에 대한 열쇠를 가진 것처럼 그 음악을 혹평했다. 그러나 나는 내가 무엇을 하는지 알고 있었고, 다른 사람들 때문에 후퇴하거나 멈추지는 않았다.

커밀라의 집에는 브로드웨이와 오프 브로드웨이 배우들이 있었다. 가슴을 설레게 하는 여배우 다이애나 샌즈도 있었다. 나는 남몰래 그녀를 사랑하고 있었다. 리 헤이에스, 에릭 달링, 소니 테리, 브라우니 맥지, 로건 잉글리시 등 많은 음악인들과 가수들이 있었다. 에릭은 루프탑 싱어스라는 그룹을 막 결성했는데 그들은 곧 거스 캐넌의 「처신 잘하세요(Walk Right In)」를 녹음했고 그 곡은 차트에 올랐다. 로건은 〈포크 시티〉에서 나와 알고 지내던 사이였다. 켄터키 출신의 로건은 검은 목도리를 두르고 밴조를 연주했는데, 「땅 속의 두더지(Mole in the Ground)」, 「잿빛 독수리(Grey Eagle)」처럼 배스컴 라마 룬스포드의 곡을 연주하는 전문가였다. 로건은 심리학 교수 같았고 훌륭한 연주자였지만 독창성이 그의 긴 양복에 있는 것은 아니었다. 그에게는 뭔가 공식적이고 정통적인 면이 있었는데 눈을 반짝이며 옛 음악에 대한 열정을 불태웠다. 로건은 혈색 좋은 얼굴에 항상 술잔을 들고 나를 로버트라고 불렀다. 해리 벨라폰테(Harry Belafonte)를 위해 기타를 연주했던 밀리어드 토머스(Millard Thomas)도 있었다. 해리는 최고의 발라드 가수였고 모든 사람이 그것을 인정하고 있었다. 환상적인 가수 해리는 연인들과 노예들, 쇠사슬에 묶인 죄수들, 성자와 죄인들과 어린이들에 대한 노래를 불렀다. 그의 레퍼토리는 「늙은 노새 제리(Jerry the Mule)」, 「죽어야 할 선장(Tol' My Captain)」, 「사랑하는 코라(Darling Cora)」, 「존 헨리(John Henry)」, 「죄인의 기도(Sinner's Prayer)」와 같은 옛날 포크송들이었고, 많은 청중들을 매료시켰던 카리브 해의 포크송들은 킹스턴 트리오보다 더 넓은 층의 청중들을 끌어당기고 있었다. 해리는 리드벨리와 우디 거스리로부터 직접 노래를 배웠다. RCA에서 녹음했고 그의 음반 「벨라폰테의 캐리비언 모음곡(Belafonte Sings of the Caribbean)」은 100만 장 이상 팔렸다. 그는 영화배우이기도 했지만 엘비스와는 달랐다. 마론 브란도나 로드 스타이거에 버금가는 진정한 터프가이였다. 스크린에서 인상적이고 강렬한 연기를 보여주는 그는 소년 같은 미소와 강한 적개심을 동시에 가지고 있었다. 영화 「내일에 대한 가능성(Odds Against Tomorrow)」을 보면 그가 배우라는 것과 해리 벨라폰테라는 것을 잊게 만든다. 그의 존재와 영향력은 너무나도 컸다. 해리는 연주자로서 모든 청중 기록을 깨뜨렸다. 그는 청중이 가득 찬 카네기 홀에서 공연한 다음날 의류센터 노동조합 집회에 나타날 수 있는 사람이었다. 해리에게 청중은 아무런 차이가 없었다. 사람들은 어디 있든 사람들이었다. 그는 이상을 가지고 있었고, 누구든 인류를 구성하는 한 요소라고 느끼게 만들었다. 해리처럼 많은 노선을 가로지르는 연기자도 없었다. 그는 철강 노동자든 심포니 후원자든 혹은 유행을 좇는 사춘기 소녀나 어린이든, 모든 사람에게 호소하는 힘을 가지고 있었다. 보기 드문 능력을 가진 사람이었다. 어디선가 그는 텔레비전에 나가는 것을 좋아하지 않는다고 말했다. 자신의 음악이 작은 스크린에 충분히 표현된다고 생각하지 않기 때문이라는 것이다. 그의 생각이 옳을 수도 있었다. 그에 대한 것은 모두 대단했다. 포크 순수주의자들과 문제가 있었지만 쓸모없는 것을 무시할 수 있는 해리는 고민하지 않고 모든 포크싱어들은 해설자라고 말했다. 누군가 오해를 풀기 위해 그를 불러낸 것처럼 그는 공개적으로 말했다. 자기는 팝송을 싫어하며 잡동사니라고 생각한다는 말까지 했다. 나는 모든 면에서 해리와 공감할 수 있었다. 가끔 그는 세계적으로 유명한 나이트클럽 〈코파카바나〉의 입구에서 피부색 때문에 입장을 금지당하고, 신문에 대서특필되곤 했다. 그것이 사람을 감정적으로 어떻게 만드는지 궁금하다. 놀랍게도, 정말 믿을 수 없게도 나는 프로로서 첫 녹음을 해리와 함께했다. 「미드나이트 스페셜(Midnight

Special)」이라는 그의 앨범 중 한 곡의 녹음에 하모니카를 연주한 것이다. 이상하게도 그 녹음날짜는 오랫동안 내 마음에 또렷이 남아 있었다. 자신의 세션도 잊기를 잘하는 나로서는 신기한 일이었다. 벨라폰테와 함께 있으면 특별히 고양되는 것처럼 느꼈다. 그는 고지어스 조지가 내게 미쳤던 것과 같은 영향력을 발휘했다. 해리는 위대함이 빛을 발하는 보기 드문 인물로서, 그 위대함이 우리에게 미치기를 희망한다. 그는 존경을 불러일으키는 사람이었다. 그는 쉬운 길을 택하지 않는 그런 사람이었다.

밤이 깊어 델로레스와 같이 그곳을 떠날 때쯤에, 나는 갑자기 마이크 시거가 그 방에 있는 것을 알았다. 그때까지 그가 있는 것을 알아차리지 못했던 것이다. 그가 테이블로 걸어오고 있었다. 나는 정신이 번쩍 났고 기분이 달라졌다. 그가 이스트 10번가의 학교에서 뉴 로스트 시티 램블러스와 연주하는 것을 본 일이 있었다. 그는 특이한 사람으로서 기괴한 느낌을 주었다. 마이크는 누구와도 비교할 수 없는 사람이었다. 그는 공작이고 길을 잃은 기사라고 할 수 있었다. 포크 음악을 하는 사람으로서 최고의 모범이었다. 드라큘라의 검은 가슴을 찌를 수 있는 사람, 핏줄 속에 기사도 정신이 흐르는 공상가, 평등주의자, 혁명가였다. 복귀한 군주처럼 그는 교회를 정화하기 위해서 왔다. 아무 근거도 없이 그가 큰일을 한다고 상상할 수는 없었다. 나는 또 3번가에 있는 앨런 로맥스의 건물 맨 위층에서 그가 연주하는 것을 들었다.

로맥스는 한 달에 두 번 파티를 열고 포크싱어들을 데려다가 연주회를 열었다. 진짜 파티나 콘서트는 아니었고 그런 것을 뭐라고 부르는지 모르지만…… 밤의 모임이라고나 할까? 로스코 홀콤, 클래런스 애쉴리, 덕 보그스, 미시피 존 허트, 로버트 피트 윌리엄스, 또는 돈 스토버와 릴리 브라더스도 볼 수 있었다. 가끔 로맥스는 주교도소에서 진짜 철도 작업반 죄수들을 뉴욕의 연주실로 데리고 와서 흑인 노동가를 부르게 했다. 이 모임에 초대되는 사람들은 주로 지역의 의사, 시의 고위인사, 인류학자들이었지만 단골로 참석하는 사람들도 있었다.

그곳에 한두 번 간 일이 있었는데 마이크가 램블러스 없이 연주하는 것을 보았다. 그는 「5마일을 쫓아서(The Five Mile Chase)」, 「위대한 미시시피(Mighty Mississippi)」, 「클로드 앨런 블루스(Claude Allen Blues)」, 그리고 두세 곡을 더 불렀다. 그는 밴조, 바이올린, 만돌린, 자동 하프, 기타, 하모니카까지 노래가 필요로 하는 악기는 무엇이든 연주했다. 마이크는 사람의 감정을 꿰뚫었다. 긴장하고 무표정한 얼굴로 텔레파시를 발산하는 그는 눈처럼 흰 셔츠를 입고 소매에 은빛 띠를 매고 흘러간 곡들을 다양하게 연주했다. 그는 델타 블루스, 랙타임, 음유시인의 노래, 흑인이나 아일랜드의 유쾌하고 빠른 탭댄스곡, 스코틀랜드 고지 사람들의 경쾌한 춤곡, 찬송가와 복음성가 등의 표현양식에 통달해 있었다. 모든 장르의 음악이 거기 있다는 것과 그를 가까이에서 본다는 것은 내게 충격이었다. 모든 곡을 훌륭하게 연주했다는 말이 아니라, 가능하면 그 곡에 가장 잘 어울리는 연주를 했다는 것이다. 나는 그의 곡을 듣는 데 너무나 몰두해서 자신을 의식하지 못했다. 내가 공부해야 하는 것을 마이크는 이미 그의 유전자, 유전적 구조 속에 가지고 있었다. 그가 태어나기도 전에 음악이 그의 피에 흐르고 있었다. 아무나 이런 음악을 배울 수 있는 것은 아니었다.

나는 정신적인 사고방식을 바꿔야 하고⋯⋯ 전에는 인정하지 않던 가능성을 믿어야 하며, 나의 창조성이 매우 편협하고 조종이 가능한 정도라는 것과⋯⋯ 상황이 너무 익숙해서 내가 방향을 잃어버릴 수도 있겠다는 생각이 떠올랐다.

나는 가사와 멜로디와 전조轉調를 연구하면서 올바른 방향으로 열심히 공부하고 있었지만, 그 지식을 실제로 이용하기 위해서는 내 남은 평생이 걸릴 수도 있다는 것과, 마이크는 전혀 그럴 필요가 없다는 것을 이제 깨달았다. 그는 그런 수준에 있었다. 너무 뛰어났으므로 다른 사람은 이 세상에서 그를 뛰어넘을 수 없었다. 그만큼 잘하기 위해서는 다름 아닌 그가 되어야 했다. 포크송들은 삶의 진실이 애매하고, 삶은 다소 거짓이라고 얼버무린다. 그러나 정확히 말하면 우리는 그것을 원한다. 다른 방법으로 편안한 삶을 살 수 없기 때문이다. 포크송은 천 개의 얼굴을 가지고 있고 그것을 연주하려면 그들 모두를 만나야 한다. 포크송은 다양한 의미를 가질 수 있고, 연주하는 사람과 듣는 사람에 따라 순간적으로 다르게 보일 수 있다.

나는 마이크가 알지 못하는, 나 자신의 포크송을 작곡해야겠다는 생각이 떠올랐다. 획기적인 생각이었다. 그때까지 몇 군데에서 연주를 했고, 내가 갈 길을 안다고 생각하고 있었다. 그런데 그게 아니라는 생각이 들었다. 우리는 어두운 방의 문을 열면서 그 안에 무엇이 있는지, 어디에 놓여 있는지 안다고 생각한다. 그러나 실제로 안에 들어갈 때까지 알지 못한다. 나는 로맥스의 연주회에 갈 때까지 영적 체험이 녹아 있는 공연을 보았다고 말할 수 없었다. 곰곰이 생각한 나는 어떻게 하겠다는 준비를 갖춘 건 아니지만, 아무튼 내가 계속 음악 연주를 원한다면, 자신을 더 바치는 것이 필요하다는 것을 깨달았다. 관심을 두어야 할 많은 일들을 간과해야겠지만 상관없었다. 그것들은 전적으로 효과가 없는 것일 수도 있었다. 나는 지도를 가지고 있었고, 필요하면 자유롭게 그릴 수도 있었다. 이제 나는 그것을 던져버려야 한다는 것을 알았다. 오늘, 오늘 밤은 아니라도 조만간 그렇게 해야 할 것이다.

커밀라의 아파트에서 모에가 마이크와 잡담을 하고 있었다. 모에의 음반은 램블러스의 모든 음반보다 더 내 관심을 끌었던 것이었다. 모에가 그 음반에 서명을 해서 준다면 내 꿈이 이루어지는 것이다. 떠날 시간이 되었으므로 델로레스와 나는 시스코에게 작별인사를 했다. 그리고 우디 거스리를 문병갔었다는 말을 했다. 시스코는 미소를 지으며 우디는 뭘 속이거나 숨기려고 한 적이 없는 사람이라고 말하면서 다음에 우디의 병원에 가면 자기 안부를 전해달라고 말했다. 나는 알았다고 대답하고 계단을 내려와서 밖으로 나왔다.

델로레스와 나는 건물 바깥에서 신화 속의 동물들이 조각된 로마네스크 양식의 기둥들을 올려다보았다. 몹시 추운 날씨였다. 우리는 두 손을 주머니에 넣고 그곳을 떠나 6번가를 향했다. 나는 거리를 지나가는 사람들을 쳐다보았다. 언젠가 T. S. 엘리엇은 사람들이 걸어다니는 곳에서 시를 썼다. 반대방향에서 오는 사람은 달리기를 하는 것처럼 가까워졌다. 그날 밤은 엘리엇이 시를 쓴 날 같았다. 그 다음에도 자주 그런 날이 오곤 했다. 니체는 『선과 악을 넘어서』에서 인생의 시작에서 늙은 느낌에 대해 이야기하는데…… 나 역시 그처럼 느꼈다. 몇 주일 뒤에 시스코가 사망했다는 소식을 누군가에게서 들었다.

미국은 변하고 있었다. 나는 운명적인 느낌을 가지고 있었고, 그 변화에 올라타서 달리고 있었다. 뉴욕은 어느 곳보다도 좋은 곳이었다. 나의 의식도 바뀌기 시작해서, 변화하고 뻗어나갔다. 확실한 것은 포크송 작곡을 원한다면 새로운 원형과 타버리지 않을 철학적인 정체성이 필요하다는 것이었다. 그것은 나름대로 밖으로부터 와야만 했다.

바람만이 아는 대답

가끔 폴 클레이턴과 레이는 밤을 새며 이야기를 나눴다. 그들은 뉴욕시를 세계의 수도라고 불렀다. 두 사람은 테이블에 앉아서…… 뒤로 기대거나 앞으로 숙인 채 커피를 마시고 브랜디 잔을 비웠다. 밴 론크의 좋은 친구인 클레이턴은 매사추세츠 주 뉴 베드포드, 고래잡이가 본업인 도시 출신이었으므로 바닷가 오두막에 대한 노래를 많이 불렀다. 청교도 선조를 두었는데 일부 친척들은 초기 버지니아에 이주한 가문 출신이었다. 클레이턴도 샬로트 빌 교외에 통나무집을 가지고 있었고 가끔 그곳에 가곤 했다. 나중에 우리들도 그곳에 가서 일주일 정도 산속에서 머물렀다. 전기나 급배수 시설이 전혀 없는 곳이었고 밤에는 등유 램프가 반사거울과 함께 밤을 밝혔다.

버지니아로부터 온 레이의 선조들은 남북전쟁 때 양쪽에서 싸웠다. 나는 벽에 등을 기대고 눈을 감았다. 그들의 목소리가 다른 세계에서 말하는 것처럼 내 머리로 흘러들었다. 그들은 개와 낚시와 산불, 사랑과 군주제, 그리고 남북전쟁에 대한 이야기를 했다. 레이는 뉴욕시는 남북전쟁에서 승리했고 두각을 나타낸 도시라고 말했다. 나쁜 쪽이 패배했고 링컨이 있든 없든 노예제도는 악습이므로 사라졌을 거라고도 말했다. 나는 레이가 말하는 것을 듣고 이해할 수 없는 부분이 있었지만, 그가 그렇게 말했다면 그것으로 그만이었다.

그날 늦게 잠에서 깨어보니 집에는 아무도 없었다. 나는 아래층으로 내려가서 노래하는 친구 마크 스포엘스트라를 만나러 나갔다. 우리는 블리커 가에 네덜란드 사람이 운영하는 작은 다방에서 만나자는 약속을 했었다. 혐오스럽지만 편리한 곳으로 네덜란드 사람은 시베리아의 미친 수도사 라스푸틴을 닮았다. 그는 가게에 임대차 계약서를 걸어놓았다. 주로 재즈를 들려주었는데 세실 테일러가 많이 연주했다. 나도 세실과 함께 연주한 일이 한 번 있었다. 우리는 구식 포크송 「바다는 넓은데(The Water Is Wide)」를 불렀다. 세실은 마음이 내키면 피아노를 멋있게 연주할 수 있었다. 나는 또 거기서 빌리 히긴스, 돈 쉐리와 함께 노래를 불렀다. 마크와 나는 〈거디스 포크 시티〉까지 걸어가서 거기서 사회를 보던 미시시피 가스펠 블루스 가수 브라더 존 셀러스와 함께 몇 곡을 맞춰볼 계획을 가지고 있었다.

나는 커민 거리의 주유소, 이발소, 세탁소, 철물점 등을 지나면서 마크와 약속한 장소로 향하고 있었다. 카페를 하나하나 지날 때마다 라디오 소리가 다르게 들렸다. 눈이 쌓인 거리는 지저분했고 슬픔과 가솔린 냄새가 가득했다. 다방과 포크뮤직을 연주하는 싸구려 카페들이 모여 있는 곳은 불과 몇 블록에 불과하지만 수 마일을 가야 하는 것처럼 보였다.

내가 도착했을 때 스포엘스트라는 이미 와 있었다. 네덜란드 사람은 자기 가게의 현관에 죽어 있었다. 눈과 얼음 위에는 빨간 핏자국들이 얼룩져 있었다. 그 건물의 소유주인 노인이 그를 기다렸다가 칼로 찔렀다고 한다. 네덜란드인은 털모자를 쓰고 긴 갈색 코트를 입고 장화를 신고 푸른빛이 감도는 회색빛 하늘을 올려다보며 현관계단 위에 누워 있었다. 사건은 그가 임대료 지불을 거절하고 노인에게 안하무인으로 굴었던 것에서 비롯되었다. 여러 번 그는 노인을 힘으로 밀어냈고, 자그마한 노인은 모욕을 당한 데다 수입도 빼앗겼다. 칼이 네덜란드인의 두꺼운 갈색 오버코트를 뚫고 들어가려면 기술과 솜씨가 필요했을 것이다. 노인은 마술사 후디니처럼 공중으로 몸을 날렸음에 틀림없었다. 길고 가느다란 갈색 머리털과 턱수염이 하얀 네덜란드 사람이 누워 있는 모습이 게티스버그에 쓰러진 용병처럼 보였다. 열려 있는 문으로 노인이 두 명의 경찰관에게 둘러싸여 앉아 있는 것이 보였다. 노인의 얼굴은 기묘하고 보기 흉했는데 색깔을 넣은 접착제를 더덕더덕 바른 것 같았다. 생기가 없이 멍한 눈을 뜨고 자신이 어디 있는지 모르는 것 같았다.

사람들이 두세 명 지나가고 있었지만 시체를 들여다보지도 않았다. 스포엘스트라와 나는 설리번 가를 향해 걸음을 옮겼다.

"안됐군. 정말 끔찍한 일이야. 하지만 어쩌겠어?"

스포엘스트라는 아무 대답도 기대하지 않는 사람처럼 말했다.

"정말 그래."

내가 말했다. 하지만 나는 그다지 안됐다는 생각이 들지 않았다. 오직 머릿속에 맴도는 것은 불쾌하고 메슥거린다는 것과 다시는 그곳에 가지 않겠다는 생각뿐이었다.

어쨌거나 현장을 본 것은 내 마음에 큰 충격을 주었다. 전날 밤에 들은 이야기 때문인지도 몰랐다. 그것은 남북전쟁의 어떤 이미지를 상기시켰다. 남북전쟁이라는 대변동에 대해 나는 얼마나 알고 있는가? 별로 아는 것이 없는 것 같았다. 내가 자란 곳에서는 큰 전투가 일어나지 않았다. 챈슬러 빌, 불 런스, 프레데릭스버그, 또는 피치트리 크리크스에서도 전투는 없었다. 내가 아는 것이라곤 남북전쟁이 주州의 권리 때문에 싸웠고 노예제도를 폐지시켰다는 것이다. 이상하게 보이겠지만 호기심이 발동한 나는 누구보다도 정치적인 관심이 많은 밴 론크에게 주권리에 대해 물었다. 밴 론크는 하루 종일이라도 그가 확실히 파악하고 있었던 사회주의 천국과 정치적인 이상향과 부르주아 민주주의와 트로츠키파와 마르크스주의자들과 인터내셔널 노동자 서열에 관해 이야기할 수 있는 사람이었다. 하지만 주의 권리에 대해서는 아는 게 없었다.

"남북전쟁은 노예를 해방시키기 위해 싸운 거야. 이해 못할 건 없잖아."

그가 말했다. 그러나 밴 론크는 그가 나름대로 사물을 보는 방식을 잊지 않았다.

"이거 봐, 남부의 엘리트 남작들이 노예를 해방시켜 줬어도 노예들에게 아무 도움이 되지 않았을 거라구. 그래도 우리는 거기까지 쳐들어가서 그들을 몰살시켰을 테지만. 그걸 제국주의라고 부르는 거야."

밴 론크는 마르크스적 관점을 가지고 있었다.

"그것은 경쟁적인 두 경제 시스템 사이의 큰 싸움이었어."

밴 론크의 한 가지 특징은 절대 모호하거나 단조롭게 이야기하지 않는다는 것이었다. 우리는 같은 타입의 노래를 불렀다. 그 곡들은 오리지널 가수들이 거의 외계인의 언어를 더듬거리는 것처럼 불렀던 곡들이었다. 나는 그 가사가 백년 전에 있었던 남부 11개 주의 연방 탈퇴와 함께 일어난 유혈 사태와 묶여 있는 대의명분이나 이상과 관련이 있다고 느끼기 시작했다. 갑자기 그것이 그렇게 먼 과거의 일로 보이지 않았다.

언젠가 고향집에 전화를 걸었을 때 아버지는 내게 어디 있느냐고 물었다. 나는 세계의 수도 뉴욕시에 있다고 말했다. 아버지는 이렇게 말했다.

"재미있는 농담이구나."

하지만 농담이 아니었다. 뉴욕시는 사물을 끌어들이는 힘을 가진 자석이었다. 자석을 제거하면 모든 것은 산산조각날 것이다.

레이는 제리 리 루이스나 복음 전도자 빌리 그레이엄처럼 매끄럽고 굽슬굽슬한 금발머리를 가지고 있었다. 전도사들에게 흔히 볼 수 있는 머리였다. 초기의 로큰롤 가수들이 흉내내고, 유행하게 된 머리였다. 그는 설교자가 아닌데도 설교하는 법을 알고 있었고 재미있게 설교할 수 있었다. 그는 농부들에게 설교한다면 고랑에 사랑의 씨앗을 뿌리고 구원의 수확을 거두라는 설교를 하겠다고 말했다. 사업가들에게도 설교할 수 있었다. 아마 이렇게 말했을 것이다.

"형제자매 여러분, 죄 가운데서 장사하는 것은 이익을 얻지 못합니다! 영원한 생명은 사고파는 것이 아닙니다."

그는 누구에게나 설교할 수 있었다. 레이는 남부 사람이었고 그것을 숨기려 하지 않았다. 하지만 노동조합에 반대하는 것만큼 노예제도에도 반대했다.

"노예제도는 처음부터 금지되어야 했어. 그건 극악무도한 일이었지. 노예 노동력 때문에 자유노동자들이 적절한 생계를 유지하지 못하게 되는 거야. 그건 없어져야 돼."

레이는 실용주의자였다. 가끔 그는 심장이나 영혼이 없는 것처럼 보였다.

아파트에는 대여섯 개의 방이 있었다. 어떤 방에는 책상 뚜껑을 집어넣게 생긴 아주 멋진 책상이 있었다. 튼튼하게 보이는 그 오크나무 책상은 절대 부서지지 않을 것처럼 보였다. 비밀 서랍들도 달려 있었다. 벽난로 선반 위에는 양면으로 볼 수 있는 시계, 숨겨진 서랍을 여는 기계 장치인 님프와 미네르바 여신이 양각된 원형 장식, 패널 위쪽에는 금도금한 청동 장식과 수학과 천문학의 상징들이 보였다. 믿을 수가 없었다. 책상에 앉은 나는 종이 한 장을 꺼내서 사촌인 레니에게 급히 편지를 썼다. 레니와 나는 자라면서 매우 가깝게 지냈다. 우리는 같은 자전거를 탔는데 코스터 브레이크(페달을 거꾸로 밟아서 세우는 자전거용 제동기)가 달린 슈윈스 자전거였다. 가끔 레니는 내가 다른 곳에서 연주할 때 함께 가기도 했다. 무대에서 입는 의상이 화려하게 보이도록 내 셔츠에 수를 놓아 주기도 했고 바지 양 옆에 리본을 위에서 아래까지 꿰매주기도 했다.

레니가 내게 특히 이웃 도시에서 연주할 때 왜 다른 이름을 사용하는지 물은 적이 있었다. 사람들이 내가 누구인지 알기를 원하지 않느냐고 물었다.

"엘스턴 건이 누구야? 그건 네가 아니잖아?"

"응, 이제 알게 될 거야."

엘스턴 건이라는 이름은 잠시 사용했을 뿐이다. 나는 집을 떠나자마자 로버트 앨런이라는 이름을 쓰기 시작했다. 나라는 존재는 부모님이 이름을 붙여준 사람이었다. 로버트 앨런은 스코틀랜드 왕의 이름처럼 들렸고, 나는 그 이름이 마음에 들었다. 거기에는 나의 정체성이 없었다. 나중에 나는 《다운비트》라는 잡지에서 데이비드 앨런(Allyn)이란 이름의 색소폰 주자에 관한 기사를 보고 약간 당황했다. 나는 그 음악가가 앨런의 철자를 Allen에서 Allyn으로 고친 것이 아닌가 하고 생각했는데 그 이유를 알 것 같았다. Allyn이 더 이색적이고 더 신비스럽게 보였다. 나 역시 그렇게 하려고 Allen 대신 Allyn으로 했다. 그런데 얼마 후 우연히 딜런 토머스의 시를 보았다. 딜런과 앨런은 비슷하게 들렸다. 로버트 딜런. 로버트 앨런. 쉽게 결정할 수가 없었다. D가 더 강하게 다가왔지만 로버트 딜런은 로버트 앨런만큼 멋있게 보이거나 들리지 않았다. 사람들은 항상 나를 로버트나 보비라고 불렀지만 보비

바람만이 아는 대답

딜런은 너무 겁이 많은 것처럼 들렸고, 게다가 벌써 보비 다린, 보비 비, 보비 리델, 보비 닐리 등 보비라는 이름이 너무 많았다. 밥 딜런이라면 밥 앨런보다 낫게 보이고 좋게 들리는 것 같았다. 트윈 시티에서 처음 이름을 물어왔을 때, 거의 본능적으로 자연스럽게 '밥 딜런'이라고 간단히 말했다.

이제 사람들이 나를 밥이라고 부르는 것에 익숙해져야 했다. 전에는 그렇게 불린 적이 없었으므로 밥이라고 부르면 대답하는 데 시간이 걸렸다. 나를 보비 짐머만으로 부르면 곧 새 이름을 알려주었다. 산 버나디노 에인절스의 초기 회장 중 한 사람이 보비 짐머만이었다. 그는 1964년 베이스 레이크 경주에서 사망했다. 그의 자전거에서 머플러가 떨어졌고, 그것을 찾으려고 유턴했다가 그 자리에서 사망했다. 그 사람은 사라졌다. 그것이 그의 종말이었다.

나는 레니에게 편지를 다 쓰고 보비라고 서명했다. 그래야 내가 보낸 것을 알기 때문이었다. 철자는 중요하다. 만약 로버트 딜론(Dillon)이나 로버트 앨런(Allyn) 사이에서 선택해야 한다면 로버트 앨런(Allyn)을 고르겠다. 인쇄했을 때 더 좋게 보이기 때문이다. 밥 앨런이란 이름은 중고차 판매원처럼 들려서 사용하지 않았다. 나는 딜런(Dylan)이 언젠가 딜론(Dillon)이었음에 틀림없고 그가 철자를 바꿨을 거라고 생각했지만 그것을 증명할 방법은 없었다.

보비라는 이름을 가진 사람들 이야기를 하자면, 나의 옛 친구이고 동료 연주자인 보비 비(Bobby Vee)는 「내 사랑을 돌봐줘요(Take Good Care of My Baby)」라는 신곡을 발표했는데 차트에 올라 있었다. 보비 비는 노스다코타의 파고 출신으로 내 고향에서 그리 멀지 않은 곳에서 자랐다. 1959년 여름 그가 지역의 레코드사에서 낸 「수지 베이비

(Suzie Baby)」라는 음반이 히트하고 있었다. 그의 밴드는 쉐도우라고 불렸다. 나는 거기 편승했고, 그가 어느 교회의 지하실에서 재즈 연주회를 가질 때 나는 피아노 연주자로 그룹에 들어가겠다고 말했다. 그와 함께 두세 번 연주했지만 사실 그는 피아노 주자가 필요하지 않았다. 그가 연주하는 홀에 어울리는 피아노를 발견하기도 힘들었다.

우리가 가는 방향은 이렇게 달랐지만 보비 비와 나는 공통점이 많았다. 같은 음악적인 과거를 가지고 있었고 같은 시기에 같은 장소에서 출발했다. 그 역시 미드웨스트 출신이었고 할리우드에 진출하는 데 성공했다. 보비는 금속성의 선명한 음색을 가졌는데, 유일하게 더 깊은 음색을 가진 버디 홀리의 맑은 목소리만큼이나 그 역시 낭랑한 소리를 냈다. 내가 보비 비를 만났을 당시 그는 록과 컨트리 음악의 요소를 지닌 위대한 로커빌리 가수였는데, 이제는 다른 분야로 전환해서 팝 스타가 되었다. 그는 리버티 레코드사에서 녹음을 했고 톱 40위에 올라 있었다. 비틀스가 미국에 상륙했을 때도 비틀스와 나란히 히트곡을 차트에 올리고 있었다. 「내 사랑을 돌봐줘요」는 전에 히트한 곡들처럼 멋있었다.

나는 그를 다시 만나고 싶었다. 그래서 기차를 타고 프랫버시 에비뉴의 브루클린 파라마운트 극장으로 갔다. 그는 쉐릴스, 대니와 주니어, 잭키 윌슨, 벤 E. 킹, 맥신 브라운을 비롯한 몇 사람들과 함께 모습을 드러냈다. 그는 무리 중에 최고로 보였다. 짧은 시간에 그에게 너무 많은 일들이 일어난 것처럼 보였다. 나를 보러 나온 보비는 전처럼 세상 물정에 밝았고 반짝이는 실크 양복에 폭이 좁은 넥타이를 매고 있었다. 나를 본 그는 놀라지도 않았고 순수하게 기쁜 듯이 보였다. 우리는 잠시 동안 이야기를 했다. 그는 뉴욕에 대해 궁금해하며 여기 있는 것에 비해 뉴욕에 있는 것은 어떠냐고 물었다.

"많이 걸어야 해. 발을 잘 보호해야지 뭐."

나는 그렇게 대답했다. 포크 클럽에서 연주하고 있다고 말했지만, 그 연주가 어떤 것인지 그에게 알리는 것은 불가능했다. 그의 평가 기준은 오직 킹스턴 트리오, 브라더스 포와 같은 연주자들이었을 테니까 말이다. 그는 팝의 세계에서 군중을 기쁘게 하는 사람이 되었다. 나 자신은 팝송에 반대하지 않지만 팝의 정의는 변하고 있었고 전만큼 근사하게 보이지 않았다. 나는 「노래가 없다면(Without a Song)」, 「올드 맨 리버(Old Man River)」(미시시피강의 별칭), 「스타더스트(Stardust)」 등 수백 곡을 좋아했다. 내가 가장 좋아하는 곡은 「문 리버(Moon River)」였는데 자면서도 그 노래를 부를 수 있었다. 나의 헉클베리 친구가 14번가의 모퉁이에서 나를 기다리고 있는지도 몰랐다. 또 프랭크 시내트라의 경이로운 곡 「썰물(Ebb Tide)」을 많이 들었다. 들을 때마다 경외심으로 가득 차는 곡이었다. 노랫말이 정말 마음에 들고 신비로웠다. 프랭크가 그 곡을 부를 때 그의 목소리에서 죽음, 신과 우주, 그밖의 모든 것을 들을 수 있었다. 다른 곡들도 있었지만 그 곡만큼 많이 듣지는 않았다.

보비와 같이 서 있던 나는 내 욕심만 생각하고 그의 시간을 빼앗고 싶지 않았다. 그래서 작별인사를 하고 극장의 옆 통로를 내려와서 바깥으로 나왔다. 건물 밖에는 추위 속에서도 그를 기다리는 어린 소녀들이 모여 있었다. 나는 그들을 헤치고 택시와 자가용들이 붐비는 곳을 지나 천천히 얼어붙은 길을 걸어 지하철역으로 돌아갔다. 그 후 30년 동안 보비 비를 다시 만나지 못했다. 상황이 많이 달라졌지만 나는 항상 그를 형제로 생각했다. 어디서든 그의 이름을 볼 때마다 그가 방안에 있는 것 같았다.

그리니치 빌리지에는 포크클럽, 바, 그리고 다방이 많았다. 그곳에서 연주하는 우리들은 모두 구식 포크송, 시골풍의 블루스와 춤곡을 연주했다. 톰 팩스턴(Tom Paxton)과 렌 챈들러(Len Chandler)처럼 자신의 곡을 작곡하는 사람은 두세 명에 불과했다. 그들은 새 가사에 구식 멜로디를 붙였다. 렌과 톰 두 사람 모두 어떤 수녀가 결혼을 했다거나, 고등학교 교사가 브루클린 다리에서 뛰어내렸다거나, 관광객들이 주유소를 강탈했다거나, 브로드웨이 미녀가 흠씬 매를 맞고 눈 속에 버려졌다든가 하는 혼란스럽고 이상한 일을 신문에서 본 기사를 중심으로 노래를 만들었다. 렌은 여러 사건 가운데서 어떤 관점을 발견하고 노래를 만들었다. 톰의 가장 유명한 곡 「못다한 일(Last Thing on My Mind)」도 낭만적인 발라드였지만 사건을 기초로 해서 만들어진 곡이었다. 나는 두어 곡을 써서 내 레퍼토리에 끼워 넣긴 했지만 실제로 그 곡이 다른 곳에서 불릴 것으로는 생각하지 않았다.

어쨌든 나는 화젯거리를 노래한 곡들을 많이 불렀다. 실제 사건을 다룬 곡들은 항상 화제에 오르내렸다. 그런 곡들은 대개 어떤 견해를 가지고 있었고, 사람들은 그것을 가치 있는 것으로 받아들일 수 있었다. 그런데 작사가는 정확해야 할 필요 없이 무슨 말이나 할 수 있었던 반면, 듣는 사람은 그것을 믿으려고 했다.

「제시 제임스 발라드」를 작곡한 빌리 거쉐이드는 제시가 부자의 금품을 강탈해서 가난한 사람에게 주고 '더러운 겁쟁이'의 총에 맞았다는 것을 믿도록 만든다. 노래에 나오는 제시는 은행을 털어서 그 돈을 빈민들에게 주고 마지막에는 친구에게 배신당한다. 모든 설명으로 보아 로빈 훗과 같은 인물을 노래하는 것 같지만 제임스는 잔인한 살인자였다. 하지만 빌리 거쉐이드는 마지막 말을 가지고 그것을 반전시킨다.

사건을 다룬 곡들은 저항 노래가 아니었다. '저항 가수'라는 말이 없었고 '싱어-송라이터'라는 말도 존재하지 않았다. 연주자거나, 혹은 연주자가 아닌 것, 둘 중 하나인 것처럼 포크 가수거나 혹은 아니거나였다. 사람들은 '반체제 곡'이란 말을 사용했지만 그것도 드물었다. 나중에 나는 스스로를 저항 가수라고 생각하지 않는다는 것과, 실수가 있었다는 것을 설명하려고 노력했다. 나는 우디 거스리의 곡들이 반대하고 있다고 생각하는 것 이상 내가 저항한다고 생각하지 않았다. 나는 우디를 저항 가수로 생각하지 않았다. 그가 저항 가수라면 슬리피 존 에스테스와 젤리 롤 모턴도 저항 가수였다. 정기적으로 많이 들었던 것은 반란에 대한 곡들이었고 나는 노래를 들으면서 감동했다. 클랜시 형제들인 톰, 패디, 리앰과 그들의 친구 토미 매켐도 항상 그런 노래를 불렀다.

나는 리앰과 친구가 되었다. 근무시간 후에는 허드슨가에 있는 백마 선술집에 가기 시작했다. 그곳은 주로 유럽 각국에서 온 사람들이 모이는 아일랜드인의 바였다. 그들은 술을 마실 때 부르는 곡들과, 컨트리 발라드, 마음을 흔드는 저항적인 곡들을 지붕이 들썩거릴 정도로 밤새 불러댔다. 그 곡들은 실제로 멋있었다. 언어는 눈부시고 도전적이었다. 노랫말에는 동작이 많았고 대단히 활기찼다. 가수는 항상 눈에 즐거운 빛을 띠고 노래를 불렀다. 나는 이런 노래들을 좋아했고 오랜 세월이 지난 후에도 마음속으로 그 노래들을 들을 수 있었다. 단순하고 아름답고 매혹적인 발라드의 멜로디에도 가까운 곳에 반란이 기다리고 있었다. 그것을 피할 수는 없었다. 나의 레퍼토리에도 그와 같은 곡들이 있었다. 아름다운 것이 갑자기 뒤집히고 큰 낫을 들고 망토를 걸친 해골이 나타났다. 반란은 나에게 더 큰 소리로 말했고 반도들은 활기차고 낭만적이고 명예로웠다.

나는 내가 변화를 원하는지도 모른다고 생각하기 시작했다. 아일랜드의 풍경은 미국의 풍경과 너무 많이 달랐으므로 나는 설형문자로 쓴 명판, 길을 밝혀줄 고대의 성배를 찾아야 했다. 나는 어떤 곡을 작곡하고 싶다는 생각에 사로잡혔지만 아직 그 방법을 알 수 없었다.

나는 뭐든 빨리 했다. 생각하고, 먹고, 말하고, 걷는 것도 빨랐다. 심지어 노래도 빨리 불렀다. 말하고 싶은 것을 작곡하려면 마음을 침착하게 진정시키는 것이 필요했다.

나는 찾고 있던 가사를 정확히 쓸 수가 없었다. 그러나 뉴욕 공공도서관에 드나들면서 원칙을 찾기 시작했다. 도서관의 대리석 바닥과 벽, 둥근 천장의 공허하고 거대한 동굴 같은 방 안으로 들어가면, 그 기념비적인 건물은 승리와 영광의 빛을 발한다. 나는 1855년부터 1865년까지 일상생활을 알아보기 위해 2층의 한 열람실에서 마이크로필름으로 신문 기사를 읽기 시작했다. 당시의 언어나 미사여구로 호기심을 자극하는 이슈에는 그다지 관심이 없었다. 《시카고 트리뷴》, 《브루클린 데일리 타임스》, 《펜실베이니아 프리맨》, 《멤피스 데일리 이글》, 《사바나 데일리 헤럴드》와 《신시내티 엔콰이어러》 같은 신문들을 읽었다. 다른 세계처럼 느껴지지는 않았지만, 노예제도만이 유일한 관심사이고 긴박한 일은 아니라는 것이 지금과 같았다. 개혁 운동, 도박 반대 연맹, 증가하는 범죄, 아동 노동, 절제, 노예 임금을 주는 공장, 충성

서약과 신앙부흥운동에 대한 기사들이 실려 있었다. 신문 자체가 폭발할 수 있고, 번갯불이 번쩍이며 모든 사람이 사라질 것 같은 느낌을 받았다. 모든 사람이 같은 신을 활용하고, 같은 성경과 법과 문학을 인용했다. 버지니아 농장의 노예 감시인들이 자신의 아이를 낳아 팔았다고 비난을 받는 기사가 있었고 북부의 도시들은 불만과 부채가 많고 통제가 되지 않는 것처럼 보였다. 농장을 가진 상류계급은 도시국가처럼 농장을 경영했다. 그들은 엘리트 집단이 모든 재화를 지배했던 로마 공화국처럼 제재소, 제분소, 양조장, 상점 등을 소유하고 있었다. 모든 계층의 사람이 다른 계층의 저항을 받았다……. 기독교적인 경건함과 불가사의한 정신 철학이 그들을 투쟁하게 만들었다. 보스턴의 저명한 노예 폐지론자이며 열렬한 웅변가인 윌리엄 로이드 개리슨은 신문사를 소유하고 있었다. 멤피스와 뉴올리언스에서 폭동이 일어났다. 뉴욕에서도 폭동이 일어나서 메트로폴리탄 오페라 하우스 밖에서 200명이 사망했다. 한 영국 배우가 미국인의 자리를 차지했기 때문이었다. 노예 노동에 반대하는 사람들이 신시내티, 버펄로, 클리블랜드에서 군중들을 선동하면서 남부 주들이 지배하도록 놔두면 북부의 공장주들은 노예들을 자유노동자로 고용하게 될 것이라고 주장했는데 이것 역시 폭동을 일으켰다. 1850년대 말 등장한 링컨은 북부 언론에 비비나 기린으로 인용되었고 그를 만화로 그린 많은 풍자화들이 있었다. 당시 그를 중요하게 여기는 사람은 없었다. 그가 지금처럼 존경받는 존재가 될 거라고 상상하는 일은 불가능했다. 지리적·종교적 이상에 의해 연합했던 사람들이 어떻게 남과 북으로 갈라져서 그처럼 무서운 적이 될 수 있었는지 알 수 없었다.

얼마 후에는 그것이 단지 어두운 나날, 분열, 악에는 악으로 대적하는 감정의 문화, 궤도를 벗어나고 있는 인류 공동의 운명 외에는 아무 것도 아니라는 것을 알게 되었는데 그것은 하나의 긴 장송곡이었다. 그런데 그 주제에는 높은 추상적인 관념, 많은 서사시, 최신정보에 밝은 사람들, 반드시 선할 필요가 없는 기고만장한 사람들처럼 불완전한 사람들이 속해 있었다. 오랫동안 한 가지 생각에 만족하는 사람은 없다. 신고전주의 미덕을 발견하기도 어렵다. 기사도와 명예에 대한 모든 미사여구는 뒤에 추가되었음이 틀림없다. 남부 여성들에게 일어났던 일도 수치스러운 일이었다. 그들 대부분이 아이들과 함께 농장에 버려져서 굶어 죽었다. 보호받지 못하고 스스로 꾸려나가도록 악천후 속에 남겨졌던 것이다. 고난은 끝이 없었고 형벌은 영원할 것 같았다. 주제가 너무 비현실적이고, 필요 이상 복잡하고 동시에 믿음이 두터운 체하는 것들이었다. 시간의 개념에도 차이가 있었다. 남부 사람들은 해가 뜨는 아침과 정오와 일몰, 봄과 여름이 오고 가는 것에 따라 인생을 살아간다. 북부에서는 시계에 의지해서 살아가며 공장은 휘파람과 종소리에 따라 움직인다. 북부 사람들은 '정각'에 맞춰야 했다. 어떤 면에서 남북전쟁은 두 종류의 시간을 두고 일어난 싸움이라고 할 수 있었다. 포트 섬터에서 첫 탄환이 발사되었을 때 노예 폐지론은 쟁점으로 보이지도 않았다. 이 모든 것이 오싹한 느낌을 주었다. 내가 지금 살고 있는 시대는 그 시대를 닮지 않았지만, 불가사의하고 전통적인 면에서 닮은 구석이 있었다. 조금이 아니라 많이 닮았다. 넓은 스펙트럼 위에 내가 살고 있는 사회가 있었고, 삶의 기본적인 심리상태는 전적으로 그 사회의 한 부분을 이루고 있었다. 복잡한 인간 본성을 향해 빛을 비추면 그것을 충분히 볼 수 있었다. 그 뒤쪽에서 미국이 십자가를 들고 죽었다가 부활했다. 합성된 가짜는 없었다. 그 혐오스러운 진실이 내가 쓰려는 모든 것을 둘러싸고 있는 원형이 될 터였다.

나는 이런 것들을 머리에 들어갈 수 있는 만큼 잔뜩 밀어 넣었다. 그리고 보이지 않도록 마음속에 따로 간직했다. 훗날 그것을 찾으러 트럭을 보낼 수 있을 것이라고 상상했다.

빌리지에 잘못된 것은 없어 보였다. 인생은 복잡하지 않았고, 누구나 기회를 찾고 있었다. 기회를 잡고 사라진 사람들도 있었고 그렇지 못한 사람들도 있었다. 나에게도 기회가 오고 있었지만 아직은 아니었다.

오하이오 출신의 렌 챈들러는 정규 음악 훈련을 받은 사람으로 〈개스라이트〉에서 함께 연주하면서 우리는 친구가 되었다. 공연하는 사이에 주로 카드를 하는 방에 머물거나 가끔은 6번가 근처의 메트로 식당에 가기도 했다. 렌은 교육을 받았고 삶에 대해 진지한 사람이었다. 그는 아내와 함께 혜택받지 못하는 도심지 어린이들을 위한 학교를 시작하기 위해 일하고 있었다. 그는 화제가 되는 사건들을 노래로 만들었는데 신문에서 영감을 얻곤 했다. 보통 구식 멜로디에 새로운 가사를 붙였지만 가끔 자신의 멜로디를 창작하기도 했다.

그의 노래 중에 가장 흥미로운 곡은 콜로라도에서 어린이들을 가득 태우고 절벽 아래로 달린 부주의한 학교버스 기사에 관한 것이었다. 그 곡은 독특한 멜로디를 가지고 있었는데 나는 그 멜로디를 너무 좋아했기 때문에 그에 대한 가사를 썼다. 렌은 신경 쓰지 않는 것 같았다. 우리는 커피를 마시며 카운터 뒤에 버려진 일간지들을 집어서 무슨 자료가 될 만한 것이 없을까 하고 훑어보았다. 뉴욕 도서관에서 신문을 본 후, 이런 신문들은 내게 거의 다 진부하고 초라해 보였다.

프랑스가 사하라 사막에서 원자폭탄을 실험했다는 기사가 있었다.

프랑스는 백 년 동안 북부 베트남을 식민지로 지배한 후 호치민에 의해 쫓겨난 바 있었다. 호치민은 프랑스인들에게 진저리를 쳤다. 수도 하노이를 '매춘굴이 여기저기 널린 동양의 파리'로 바꾸어 놓은 프랑스인들을 쫓아낸 호치민은 이제 불가리아와 체코슬로바키아로부터 보급품을 받으려 하고 있었다. 프랑스인들은 오랫동안 베트남을 약탈해 왔었다. 언론은 하노이가 지저분하고 활기가 없고, 볼품없는 중국식 재킷을 입은 사람들은 남자인지 여자인지 알 수 없으며, 모든 사람들이 자전거를 타고 하루 세 번 미용체조를 한다고 보도했다. 신문은 그곳이 마치 이상한 장소인 것처럼 보도했다. 베트남인들은 개화되어야 했을지도 모른다. 미국인들을 그곳에 보내야 했을 수도 있고.

어쨌거나 프랑스는 이제 원자력 시대에 진입하고 있었다. 그런데 프랑스인, 미국인, 러시아인과 그밖의 많은 사람들이 핵무기를 금지하자는 운동을 일으켰다. 그런데 이 운동을 비난하는 자들이 있었다. 저명한 정신의학자들은 비난하는 사람들 가운데 일부는 세속적인 최후의 심판을 기다리고 있는 사람들로서 핵무기가 금지되면 최후의 심판에서 구원받을 것이라는 위로의 감정을 박탈당하기 때문에 비난하는 것이라고 말했다. 렌과 나는 이 이야기를 믿을 수 없었다. 신문에는 변덕스러운 라틴계 명사들에 대한 공포, 꽃에 대한 공포, 어둠과 고도에 대한 공포, 다리를 건너는 것에 대한 공포, 뱀과 구름에 대한 공포, 늙는 것에 대한 공포 등 현대의 새로운 공포에 대한 기사들이 있었다. 내가 몹시 두려워하는 것은 내 기타의 가락이 맞지 않는 것이었다. 여자들은 현재의 상태에 이의를 제기했다. 뉴스를 통해 여자들은 그들이 동등한 권리가 필요하고 그럴 자격이 있다고 목소리를 높이고 있었다. 그들이 막상 그 권리를 가졌을 때 너무 남자 같다는 비난을 받았다. 스물한 살이 되었을 때 '여자'라고 불리기를 원하는 여자들도 있었다. '여성판매원'으로 불리는 것을 원하지 않는 소녀나 여자들도 있었다. 교회에서도 상황이 흔들리고 있었다. 일부 백인 목사들은 그냥 평범하게 '목사'라고 불리기를 원했다.

의미론과 꼬리표들은 사람을 미치게 만들 수도 있었다. 한 남자의 내면적인 이야기는 다음과 같다. 만약 성공하기를 원한다면 거칠고 억센 개인주의자가 되어야 하지만 어떤 조정을 거쳐야 한다. 그런 다음 순응하는 것이 필요하다. 거칠고 억센 개인주의자로부터 눈 깜빡할 사이에 체제순응적인 사람이 되는 것이다.

렌과 나는 이런 이야기가 바보 같다고 생각했다. 현실은 그렇게 단순하지 않으며 사람들은 누구나 자신이 거두어들일 것을 가지고 있었다. 장 주네의 연극 「발코니」가 빌리지에서 공연되고 있었다. 그 연극은 세상을 혼돈이 지배하는 거대한 매음굴로 그리고 있는데 남자는 무의미한 우주에 혼자 버려져 있다. 강하게 몰입시키는 연극을 보면서 나는 남북전쟁 시대를 떠올렸다. 그 연극은 백년 전에도 씌어질 수 있는 것이었다. 내가 쓰는 곡들도 그와 같이 될 수 있었다. 내 곡은 현대의 세태를 따르지 않을 수도 있었다. 나는 아직 많은 곡들을 쓰지 않고 있었지만 렌은 작곡을 하고 있었다. 주위의 모든 것은 불합리해 보였다. 직장에는 의식적인 광기가 있었다. 옷을 담은 쇼핑백을 들고 카아라일 호텔의 회전문을 들어가고 나오는 재키 케네디의 사진들도 불안하게 보였다. 빌트모아 바로 가까이에서 쿠바 혁명 평의회가 열리고 있었다. 쿠바 정부는 망명 중이었다. 그들은 최근에 기자회견을 열어 대전차 로켓포와 무반동총과 폭파전문가가 필요하다는 것과 이런 일들은 돈이 든다고 말했다. 충분한 기부금을 모을 수 있다면, 그들은 옛

쿠바, 농장의 나라, 사탕수수, 쌀, 담배, 총독의 나라로 돌아갈 수 있었다. 스포츠 페이지에는 뉴욕 레인저스가 시카고 블랙호크에 2대 1로 승리했다는 기사가 있었다. 빅 헤드필드가 두 골 모두 득점했다. 키가 큰 우리의 부통령 린든 존슨도 대단한 인물이었다. 그는 미국 첩보부에 화를 벌컥 내면서 그를 둘러싸지 말 것과, 미행하거나 주변에 사람을 배치하는 일을 중지하라고 말했다. 존슨은 자신의 주장을 확실히 하기 위해 그들을 밀어붙였다. 그는 단순하고 현실적으로 보였던 컨트리 뮤직 가수 텍스 리터를 생각나게 만들었다. 존슨은 대통령이 되었을 때 대국민 연설에서 "승리는 우리 손에(We Shall Overcome)"라는 표현을 사용했다. "승리는 우리 손에"는 1960년대에 본격화된, 주로 흑인의 기본권을 보장하라는 민권운동의 영적인 행진곡이었고, 오랫동안 학대받는 사람들을 위한 정치 운동의 슬로건이었다. 존슨은 그 아이디어를 없애기보다는 자신에게 어울리게 해석했다. 그는 보이는 것처럼 어수룩한 사람이 아니었다. 당시의 지배적인 통념은 누구나 무엇이든 할 수 있으며, 달에도 갈 수 있다는 것이었다. 광고문구나 신문 기사를 보면 자신의 한계를 무시하고 도전함으로써 원하는 것은 무엇이든 얻을 수 있었다. 우유부단한 사람도 리더가 되고 바바리아 지방에서 입는 가죽 반바지를 입을 수 있었다. 가정주부도 라인스톤 선글라스를 쓰고 성적 매력이 넘치는 여자가 될 수 있었다. 머리가 둔하다고? 걱정할 게 없다―지성을 가진 천재가 될 수 있으니까. 늙었다면, 젊어질 수 있었다. 무엇이든 가능했다. 거의 자아에 대한 전쟁 같았다. 예술계도 거꾸로 변하고 있었다. 추상화와 무조無調음악이 무대를 강타하면서 인식할 수 있는 진실을 엉망으로 만들었다. 고야가 새로운 예술의 파도를 조종하려고 했다면 바다에서 실종되었을 것이다. 렌과 나는 이 모든 것들이 무슨 가치를 지녔는지 있는 그대로 지켜보았다.

뉴스에 자주 등장하는 사람으로 카라일 체스먼이란 범인이 있었다. 경광등 강도라고 불리는 악명 높은 강간범이었다. 젊은 여자들을 강간한 죄로 유죄 선고를 받은 후 캘리포니아 사형수 감방에 머물고 있었다. 그는 독창적인 방법을 범죄에 사용했는데, 번쩍이는 경광등을 자동차 위에 달고, 젊은 여자들을 길가에 불러세웠다. 그리고 그들을 숲으로 끌어들여 돈을 빼앗고 강간했다. 그는 계속 항소하면서 상당 기간 사형수 감방에 있었지만 마지막 항소가 기각되었고 가스실로 가게 되었다. 체스먼 사건은 유명한 재판이 되었고 각계 저명인사들이 그에게 관심을 갖기 시작했다. 노먼 메일러, 레이 브래드버리, 올더스 헉슬리, 로버트 프로스트, 심지어 엘리노어 루즈벨트도 그의 구명을 요구했다. 사형을 반대하는 한 단체가 렌에게 체스먼에 관한 노래를 만들어 달라고 요청했다.

"젊은 여자들을 강간한 떠돌이를 어떻게 노래로 만들지? 어디에 각도를 두어야 할까?"

그는 실제로 상상력에 자극을 받은 것처럼 내게 물었다.

"글쎄, 잘 모르겠어, 렌. 천천히 해나가야 하는 거 아닐까…… 경광등으로 시작할 수도 있겠지."

렌은 그 곡을 만들지 않았지만 누군가 작곡했던 것 같다. 렌에게 있어서 특기할 만한 점은 겁이 없다는 것이었다. 그는 바보짓을 용인하지 않았고 그를 말릴 수 있는 사람은 없었다. 미식축구의 라인베커처럼 체격이 좋은 그는 멍청한 인간을 차이나타운까지 걷어찰 수도 있고 코뼈를 부러뜨릴 수도 있었다. 경제학과 과학을 공부해서 그 방면에 정통했다. 렌은 명석하고 선의에 가득 찬 사람으로 사회 전체가 한 고독한 인생에 의해 영향을 받을 수 있다고 믿는 사람이었다.

　작곡을 하는 외에 그는 또 물불을 가리지 않는 사람이었다. 어느 추운 겨울밤, 나는 그가 모는 베스타 모터스쿠터 뒤에 앉아 있었다. 그는 전속력으로 브루클린 다리를 건넜고 나는 간이 오그라드는 것 같았다. 세찬 바람 속에 얼음으로 덮인 강철 위를 미끄러지듯 질주하는 스쿠터에서 언제고 떨어질 수 있다는 두려움이 나를 옥죄었다. 밤거리에서 와락 스치고 지나가는 차량의 불빛들이 나를 겁나게 했다. 달리는 내내 나는 잔뜩 긴장하고 있었지만, 렌이 조금도 흐트러짐이 없이 침착하게 주위를 살피며 스쿠터를 몰고 있다는 것을 느낄 수 있었다. 의심할 것도 없이 하늘은 그의 편이었다. 그런 느낌을 줄 수 있는 사람은 몇 사람 되지 않는다.

　나는 밴 론크와 함께 있지 않을 때는 주로 레이에게 갔다. 가끔 새벽 직전에 어두운 층계를 올라가서 조심스럽게 문을 닫았다. 그리고 지하 납골실에 들어가는 것처럼 소파 침대 속으로 몸을 밀어 넣었다. 레이는 마음에 뭔가를 담아두는 사람이 아니었다. 자신이 생각하는 것과 표현하는 법을 알고 있었고 삶에서 실수를 허용하지 않았다. 일상적인 일들의 영향을 받지 않았고 현실을 확실히 파악하고 있는 것으로 보였다. 사소한 일에 매달리지 않았다. 시편을 인용했고 침대 곁에 권총을 놓고 잠을 잤다. 레이는 가끔 상황이 너무 날을 세우고 있다고 말했다. 언젠가는 케네디 대통령이 가톨릭 신자이기 때문에 임기를 마치지 못할 것이라고 말했다. 나는 그 말을 듣고 교황이 유대인의 왕이라고 말했던 우리 할머니를 생각했다. 할머니는 덜루스의 복층식 아파트 꼭대기층에서 살았다. 뒷방 창문으로 슈피리어 호수가 내려다보였다. 호수에는 음산한 예감이 드는 대형 화물선과 바지선들이 멀리 보였고 경적 소리가 좌우로 퍼져나갔다. 할머니는 한쪽 다리가 없는 재봉사였다. 이따금 주말이면 부모님은 아이언 레인지에서 덜루스까지 차를 몰고 가서 이삼 일 동안 할머니에게 나를 맡기곤 했다. 할머니는 성격이 어두웠고 파이프 담배를 피웠다. 우리 가족이 할머니와 다른 점은 피부가 더 밝고 살결이 희다는 것이었다. 할머니의 목소리에는 잊혀지지 않는 악센트가 있었고 얼굴은 늘 반쯤 절망한 표정이었다. 할머니에게 인생은 만만한 것이 아니었다. 할머니는 러시아 남부의 항구 오데사에서 미국으로 왔는데 그곳은 덜루스와 다를 게 없는 도시였고 온도와 기후와 바닷가의 경치가 비슷했다.

원래 할머니는 터키의 항구 트라브존에서 흑해를 건넜다. 고대 그리스인들은 흑해를 에욱시네(Euxine)라고 불렀다. 바이런이 쓴 『돈 후안』에도 나오는 곳이었다. 할머니의 가족은 아르메니아 국경 근처의 터키 마을 커기즈만으로부터 왔고 성이 커기즈였다. 할아버지의 부모도 같은 지역에서 왔는데 주로 신발을 만들고 가죽 제품을 만들었다.

할머니의 선조들은 콘스탄티노플에도 살았다. 십대 소년이었을 때 나는 리치 발렌스의 노래 「터키의 마을에서(In a Turkish Town)」라는 곡의 "신비스러운 터키, 높이 빛나는 별들" 이라는 가사를 노래하곤 했는데 「라 밤바(La Bamba)」보다 내게 더 어울리는 것처럼 보였다. 리치의 「라 밤바」는 모든 사람들이 불렀는데 그 이유를 알 수 없었다. 어머니는 넬리 터크라는 이름의 친구도 있었다. 그녀는 내가 자라는 동안 늘 어머니 가까이에 있었다.

레이의 집에는 리치 발렌스의 「터키의 마을에서」 같은 음반은 없었다. 주로 고전 음악과 재즈 밴드의 음악이 있었다. 레이는 이혼하는 악덕 변호사로부터 그의 음반 전부를 사들였다. 바흐의 푸가, 베를리오즈의 교향곡, 헨델의 메시아, 쇼팽의 A장조 폴로네이즈 등과 마드리갈과 종교적인 소품들, 바이올린 콘체르토, 거장 피아니스트들이 연주한 교향시, 폴카 춤곡처럼 들리는 현악 세레나데의 음반도 있었다. 폴카 춤곡은 늘상 내 피를 고동치게 만들었다. 그것은 내가 처음 들은 크고 활기찬 음악이었다. 토요일 밤이면 선술집은 폴카 밴드의 연주로 떠들썩했다. 나는 또 프란츠 리스트의 음반들도 좋아했는데 피아노 한 대가 완전한 오케스트라처럼 소리를 낼 수 있다는 것이 정말 놀라웠다. 한번은 베토벤의 비창 소나타 음반을 전축에 올려놓았다. 가락이 아름다웠다. 하지만 그때 트림 소리가 들리는 것 같았고, 음악이 생체 기능을 통해서 내는 소리로 들렸다. 아주 기묘했고 거의 풍자처럼 들렸다. 음반의 커버를 읽은 나는 베토벤이 신동이었고, 아버지에게 착취당했으며, 평생 동안 사람을 믿지 않았다는 것을 알게 되었다. 그렇더라도 베토벤은 교향곡을 작곡하는 일을 중단하지 않았다.

나는 재즈와 비밥 음반을 많이 들었다. 조지 러셀이나 자니 콜, 레드 갈란드, 돈 바이에스, 로란드 커크, 빌 에번스의 곡을 들었는데, 에번스는 리드벨리의 곡 「엘라 스피드(Ella Speed)」를 녹음했다. 나는 멜로디와 구조를 인식하려고 노력했다. 어떤 재즈 류와 포크 음악 사이에는 많은 유사점들이 있었다. 듀크 엘링턴의 「문신을 한 신부(Tattoo Bride)」, 「어 드럼 이스 어 우먼(A Drum Is a Woman)」, 「여행자가 보는 것은(Tourist Point of View)」, 「기쁨에 겨워(Jump for Joy)」는 모두 세련된 포크 음악으로 들렸다. 음악의 세계는 매일 점점 커지고 있었다. 디지 길레스피, 패츠 나바로, 아트 파머의 음반들과, 찰리 크리스틴과 베니 굿맨의 놀라운 음반들도 있었다. 빨리 잠이 깨려면 디지 길레스피의 「영구차를 타고(Swing Low Sweet Cadillac)」나 「우산 쓴 남자(Umbrella Man)」를 들었다. 찰리 파커의 「온실(Hot House)」도 잠을 깨기에 좋은 음반이었다. 파커가 연주하는 것을 듣고 본 사람은 주변의 두세 사람이었고 그는 인생의 어떤 비밀스런 정수를 그들에게 전한 것처럼 보였다. 몽크의 「내 사랑 루비(Ruby, My Dear)」는 또 다른 곡이었다. 몽크는 베이스 존 오르와, 드러머 프랭키 던롭과 함께 3번가의 〈블루 노트〉에서 연주했다.

그는 가끔 오후에 반쯤 먹다 만 커다란 샌드위치를 피아노 위에 올려놓은 채 혼자서 피아노를 치곤 했다. 어느 날 오후 나는 그의 연주를 듣기 위해 거기 들렀다가 포크 음악을 연주한다고 그에게 말했다.

"우리는 모두 포크 음악을 연주하지."

그가 말했다. 몽크는 빈둥거리며 시간을 보낼 때도 다이내믹한 자신의 우주 안에 있었다. 그때도 그는 마법의 그림자들을 불러냈다.

나는 모던 재즈를 대단히 좋아했고 클럽에서 듣는 것도 좋아했지만…… 쫓아가거나 몰입하지는 않았다. 모던 재즈에는 독특한 의미를 지닌 보통의 가사가 없었다. 나는 표준영어로 평이하고 단순한 가사를 듣는 것이 필요했다. 포크송들은 대부분 직접 말을 했다. 토니 베넷은 표준영어로 노래했다. 그가 부른 「토니 베넷의 히트송 모음(Hit Songs of Tony Bennett)」과 「섬의 한가운데서(In the Middle of an Island)」, 「내가 부자가 되는 건 당신에게 달렸어요(Rags to Riches)」가 들어 있는 음반과 행크 윌리엄스의 「냉정한 마음(Cold, Cold Heart)」은 늘 가까이 두고 들었다.

내가 처음 행크의 곡을 들은 것은 내슈빌에서 방송되는 토요일밤 라디오 쇼 「그랜드 올드 오프리」시간이었다. 그 프로그램의 사회를 보고 있던 로이 어큐프를 아나운서는 '컨트리 음악의 왕'이라고 불렀다. 누군가 늘 '테네시의 다음 총독'으로 소개되었고, 개먹이 광고가 나왔고, 노령연금에 대한 광고가 이어졌다. 행크는 개집에서 사는 것에 대한 곡 「떠나야 해(Move It On Over)」를 노래했고 나는 그 곡이 정말 재미있다는 생각을 했다. 그는 또 「주께서 오셔서 그의 자녀들을 모으실 때(When God Comes and Gathers His Jewels)」와 「주를 위해 살고 있나요(Are You Walking and a-Talking for the Lord)」와 같은 영가도 불렀다. 그의 목소리의 울림이 피뢰침처럼 나를 통과했다. 나는 그의 「우린 정말 사랑하고 있어요(Baby, We're Really in Love)」, 「홍키 통킨(Honky Tonkin)」, 「파괴된 도로(Lost Highway)」를 간신히 찾아내서 그 곡들을 끝없이 연주했다.

사람들은 그를 남부 오지의 거칠고 무식한 가수라고 '힐빌리 싱어'로 불렀지만 나는 무엇이 그렇다는 건지 알 수 없었다. 내 생각에는 호머와 제스로가 더 힐빌리에 가까웠다. 행크는 흑인이 아니었고 촌뜨기 같은 면도 없었다. 젊은 나이에도 나는 그의 진가를 알 수 있었다. 나는 경험하지 않아도 행크가 노래하는 것을 알 수 있었다. 미국울새가 우는 것을 본 적이 없지만 상상할 수 있었고 그 상상은 나를 슬프게 만들었다. 그가 "소문이 온 마을에 퍼졌어"라고 노래하면 뭔지 모르지만 소문이 퍼진 것을 느낄 수 있었다. 나는 처음 춤출 기회를 얻었을 때 신발이 닳도록 춤을 추었다. 나중에 행크가 새해 첫날 자동차의 뒷좌석에서 죽은 것을 알았다. 나는 손가락을 십자형으로 포개어 기도하며 사실이 아니기를 바랐다. 그러나 사실이었다. 거목이 쓰러진 것 같았다. 행크의 사망 소식은 큰 충격이었다. 대기권 바깥의 침묵이 그렇게 컸던 적이 없었다. 하지만 직관적으로 나는 그의 목소리가 사라지지 않을 것임을 알았다. 아름다운 혼의 소리처럼.

　오랜 후에 나는 행크가 심각한 척추 질환으로 평생 동안 극심한 고통 속에 살았다는 것과 그 통증이 고문처럼 괴로웠다는 것을 알게 되었다. 그런 것을 고려해 볼 때 그의 음반을 들을 수 있다는 것은 더욱 놀라운 일이었다. 그는 중력의 법칙을 무시한 것 같았다. 「방랑자 루크(Luke the Drifter)」라는 음반은 닳도록 들었다. 산상수훈의 팔복처럼 행크가 노래하고 우화를 낭송한 음반이었다. 나는 온종일 「방랑자 루크」를 들었고, 나 자신도 정처 없이 떠돌면서 인간의 선성善性에 대한 확신을 갖게 되었다. 행크의 노래를 들을 때는 모든 동작을 중지했다. 아주 작은 속삭임도 그를 모독하는 것처럼 생각되었다.

　시간이 지나면서 나는 행크의 곡들에 시를 작곡하는 원형이 있다는 것을 깨닫게 되었다. 건축학적으로 볼 때 대리석 기둥들이 그 자리에 있어야 한다고 말하는 것과 같았다. 노랫말에서도 모든 음절이 분할되어 완벽하게 수학적인 느낌을 주었다. 그의 음반을 들음으로써 작곡의 구조에 대해 많은 것을 배울 수 있었다. 나는 많이 들었고, 들은 것을 내 자신의 일부로 만들었다. 몇 년 뒤에 《뉴욕타임스》의 포크 및 재즈 비평가 로버트 쉘턴은 내 공연을 평하면서 이렇게 말했.

　"성가대의 소년대원과 비트족을 절충한 것 같고…… 그는 말하려는 것을 제외하고는 작곡의 모든 규칙을 깨뜨렸다."

　쉘턴이 알든 모르든 그것은 행크의 규칙이었다. 나는 그 규칙을 깨뜨리려는 뜻은 없었다. 내가 표현하려고 했던 것은 그 범주를 넘는 것이었다.

　어느 날 밤, 오데타와 밥 깁슨의 매니저인 앨버트 그로스맨(Albert

Grossman)이 밴 론크와 이야기를 하러 〈개스라이트〉에 들어왔다. 그가 카페에 들어섰을 때 그를 당장 알아볼 수 있었다. 그는 영화 「말타의 매(The Maltese Falcon)」에 출연한 시드니 그린스트리트처럼 보였는데 늘 입는 고급스러운 양복에 넥타이를 맨 당당한 풍채로 테이블에 앉았다. 그는 말할 때 전쟁터의 드럼을 울리는 것처럼 목소리가 컸다. 그러나 목소리가 큰 만큼 말을 많이 하지는 않았다.

시카고 출신의 그로스맨은 연예계에 배경이 없었지만 그것이 방해가 되지는 않았다. 그는 시카고에서 평범한 가게를 운영한 것이 아니었다. 시카고에 나이트클럽을 소유하고 있던 그는 암흑가의 두목들과 여러 가지 문제를 해결해야 하고 시의 규정들을 지켜야 했다. 그는 콜트 45구경 권총을 지니고 다녔다. 그는 교양 없는 시골뜨기가 아니었다. 당시 결성하고 있던 최고의 포크그룹에서 밴 론크가 연주할 수 있는지 가능성을 타진하러 온 것이었다. 그로스맨은 그 그룹이 곧장 정상에 오를 수 있다는 것과 엄청난 인기 그룹이 될 것을 의심하지 않았는데, 환상을 품은 것은 아니었다.

결과적으로 밴 론크는 그 기회를 양보했다. 그것은 그가 마실 잔이 아니었다. 노엘 스투키가 그 제의를 받아들였는데 그로스맨은 스투키의 이름을 폴로 바꾸고 자신이 만든 그룹을 피터, 폴 앤 메리(Peter, Paul and Mary)라고 이름 지었다. 나는 오래 전에 미니애폴리스에서 피터를 만난 일이 있었다. 당시 그는 마을에 들어온 댄스 그룹의 기타리스트였다. 메리는 내가 처음 빌리지에 갔을 때부터 알게 된 사람이었다.

그로스맨이 나를 그 그룹에 들어오라고 했으면 일이 재미있게 되었을 것이다. 내 이름 역시 폴로 바꿔야 했을 테니까 말이다. 그로스맨이 가끔 내가 연주하는 것을 들었지만 나를 어떻게 생각하는지 알 수 없었다. 어쨌든 아직은 때가 아니었다. 나는 아직 내가 되고 싶은 시인 음악가가 아니었고 그로스맨은 나를 지원할 마음이 없었다. 그러나 결국 지원하게 될 것이었다.

정오경에 잠을 깨니 스테이크와 양파 굽는 냄새가 났다. 클로에가 스토브 앞에 서 있었고 팬에서 지글거리는 소리가 났다. 그녀는 빨간 프란넬 셔츠 위에 일본 기모노를 입고 있었다. 냄새가 콧구멍을 자극했다. 안면 보호용 마스크가 필요하다는 생각이 들었다.

나는 좀더 일찍 우디 거스리를 만나러 갈 계획이었는데 내가 일어났을 때는 날씨가 너무 사나웠다. 우디를 정기적으로 방문하려고 했지만 이제 그 일이 점점 힘들어지고 있었다. 우디는 뉴저지 모리스타운의 그레이스톤 병원에 있었다. 나는 대개 포트 오소리티 터미널에서 버스를 타고 1시간 반쯤 가서, 거기서부터 병원까지 8백 미터를 걸어갔다. 병원의 음침하고 위협적인 화강암 건물은 중세의 요새처럼 보였다. 우디는 언제나 담배, 그 중에서도 로리 담배를 가져왔느냐고 물었다. 나는 보통 오후에 그의 노래를 연주했다. 이따금 그는 「레인저스 커맨드(Rangers Command)」, 「도레미(Do Re Me)」, 「모래폭풍 블루스(Dust Bowl Blues)」, 「프리티 보이 플로이드(Pretty Boy Floyd)」, 그가 영화 「분노의 포도」를 본 후 작곡한 「톰 조드(Tom Joad)」와 같은 지정곡을 부탁하기도 했다. 나는 이 곡들을 모두 알고 있었을 뿐만 아니라 더 많은 곡을 알고 있었다. 우디는 그 병원에서 환대를 받지 못하고 있었다. 그곳은 특히 진정한 미국인의 정신을 나타내는 목소리의 주인공이 누군가를 만나기에는 어울리지 않는 곳이었다.

그 병원은 사실 영적 희망을 주는 양호시설이 아니었다. 환자들의 울부짖는 소리가 복도에서 들릴 것 같았다. 대부분의 환자들은 어울리지 않는 줄무늬 환자복을 입고 내가 우디의 곡을 연주하는 동안에도 목적도 없이 줄을 지어 들락거렸다. 한 남자가 끊임없이 무릎을 꿇고 머리를 숙였다. 그리고 일어났다가 다시 엎드렸다. 거미에게 쫓기고 있다고 생각하는 또 다른 남자는 양손으로 팔과 다리를 찰싹찰싹 치면서 빙글빙글 원을 돌았다. 자신이 대통령이라고 상상하는 사람은 미국인의 전형적인 모자, 별무늬 테를 두른 실크 모자를 쓰고 있었다. 환자들은 눈과 혀를 굴리고 공기의 냄새를 킁킁거리며 맡았다. 한 남자는 계속 입술을 핥았다. 흰 가운을 입은 간병인의 설명에 따르면 그 남자는 아침 식사로 공산주의자들을 먹는다고 했다. 끔찍한 환경이었지만 우디 거스리는 주변에 신경을 쓰지 않았다. 대개 남자 간호사가 그를 데리고 나와서 나를 만나게 했다. 그리고 나와 함께 시간을 보낸 후 데리고 들어갔다. 그 경험은 나를 냉정하게 만들고 심리적으로 뭔가 빠져나가는 느낌을 주었다.

내가 병원을 찾아간 어느 날, 우디는 자기가 작사해서 멜로디를 붙이지 않은 시와 노래 가사가 들어 있다는 상자 이야기를 했다. 그 상자들이 코니아일랜드의 자기 집 지하실에 있으니 내 마음대로 하라는 것이었다. 원하는 것이 있으면 자기 아내 마지를 만나서 내가 거기 간 이유를 설명하라고 말했다. 그녀가 상자를 열어 줄 거라고 말하면서 집을 찾는 방법을 알려주었다.

다음날 나는 웨스트 4번가 역에서 지하철을 타고 그가 말한 대로 브루클린의 마지막 정거장까지 가서 내렸다. 그리고 찾기 쉽다는 그의 집을 찾아 나섰다. 그가 설명한 대로 들판을 가로질러 집들이 줄지어서 있는 것을 보았다. 그리고 오직 집을 찾으려는 생각만으로 늪지를 가로질러 그 집을 향했다. 무릎까지 물에 빠졌지만 계속 걸어갔다. 빛을 쳐다보고 앞으로 나가긴 했지만 실제로 다른 길은 보지 못했다. 들판의 끝까지 갔을 때는 무릎 아래가 흠뻑 젖었고 얼어서 뻣뻣했다. 발은 거의 감각이 없었지만 그 집을 찾아가서 문을 두드렸다. 보모가 문을 빠끔이 열고 우디의 아내 마지는 집에 없다고 말했다. 우디의 아들 아를로가 보모에게 나를 들어오게 했다. 나중에 아를로는 혼자 힘으로 가수와 작곡가가 되었다. 당시 그는 아마 열 살이나 열두 살쯤 된 것 같았는데 지하실에 있는 원고에 대해서는 아무것도 몰랐다. 나는 아이에게 강요하고 싶지 않았고 보모가 곤란해 하고 있었으므로 몸을 녹일 만큼만 있다가 얼른 작별 인사를 했다. 그리고 흠뻑 젖은 장화를 신은 채 지하철역을 향해 늪지를 터벅터벅 걸었다.

40년이 지난 후, 그 가사들은 빌리 브래그와 윌코 그룹의 손에 넘어갔다. 그들은 가사에 멜로디를 붙이고 노래를 완전히 살려서 녹음했다. 모두 우디의 딸 노라가 지휘했다. 이 연주자들은 내가 브루클린까지 갔을 때 태어나지도 않았을 것이다.

오늘은 우디를 보러 가지 말아야겠다고 생각하며 클로에의 부엌에 앉아 있었다. 울부짖는 소리를 내던 바람이 쌩 하고 창문을 흔들었다. 거리를 내다보니 눈이 하얀 먼지처럼 흩날리고 있었다. 강을 향한 거리 위쪽에 모피 코트를 입은 금발의 여인이 두꺼운 오버코트를 입고 절름거리며 걷는 남자와 함께 있는 것이 보였다. 나는 잠시 그들을 지켜보다가 벽에 있는 달력을 쳐다보았다.

3월이 사자처럼 달려오고 있었다. 나는 녹음실에 들어가려면, 포크 음반 회사와 계약하려면 어떻게 해야 되는지, 내가 그 일에 가까이 가고는 있는지 다시 한번 궁금한 생각이 들었다. 실내에는 모던 재즈 4중창이 부르는 「헐뜯는 사람은 행복하지 않아요(No Happiness for Slater)」 음반이 돌아가고 있었다.

클로에의 취미 중 하나는 낡은 구두에 멋진 버클을 다는 것이었다. 그녀가 내 구두에도 그런 것을 달고 싶다고 제안했다.

"그 튼튼하고 무거운 작업화에 버클을 달 수 있는데."

나는 고맙지만 버클은 필요 없다고 말했다.

"넌 마음을 바꾸려면 48시간이 필요하다니까."

나는 마음을 바꾸려고 하지 않았다. 가끔 클로에는 내게 엄마 같은 충고를 하려고 들었다. 특히 이성에 관해…… 사람들은 자신의 문제에 몰두하며 자신보다 다른 사람을 더 걱정하지는 않는다. 아파트는 틀어박혀 있기에 더없이 좋은 곳이었다.

언젠가 나는 라디오에서 말콤 X가 말하는 것을 들었다. 그는 돼지고기나 햄을 먹지 말아야 하는 이유에 대해 강의하고 있었다. 실제로 돼지 한 마리는 3분의 1이 고양이, 3분의 1은 쥐, 3분의 1은 개라고 말하면서 더러우니까 먹지 말아야 한다고 말했다. 사람을 난처하게 하는 일들은 재미있다. 약 10년 뒤에 나는 내슈빌 교외에 있는 자니 캐쉬(Johnny Cash)의 집에서 저녁식사를 하고 있었다. 자니 미첼, 그레이엄 내쉬, 하알란 하워드, 크리스 크리스토퍼슨, 믹키 뉴베리와 그밖에 여러 작곡가들이 있었다. 조와 재닛 카터도 거기 있었다. 조와 재닛은 A.P.와 사라 카터의 아들과 딸이고 자니의 아내 준 카터의 사촌들이었다. 그들은 컨트리뮤직의 왕족이나 마찬가지라고 할 수 있었다.

큰 벽난로에서 장작이 탁탁 소리를 내며 활활 타고 있었다. 저녁식사 후에 모두 시골풍의 거실에 둘러앉았다. 목재 들보가 높은 방이었고 넓은 판유리 창문으로 호수가 보였다. 우리는 둥글게 앉아서 각자 한 곡을 연주하고 기타를 다음 사람에게 넘겨주었다. 대개 이런 논평들을 했다.

"당신 정말 끝내주는군."

"이 사람, 불과 몇 줄에 할 말을 다 하는군."

"그 노래에는 역사가 담겨 있어."

"그 곡에 자신을 전부 담았군."

주로 찬사가 이어졌다. 나는 「레이, 레이디, 레이((Lay, Lady, Lay)」를 연주한 후 그에 대한 반응을 예상하면서 기타를 그레이엄 내슈에게 넘겼다. 오래 기다릴 필요가 없었다.

"자넨 돼지고기를 먹지 않는군, 그렇지?"

조 카터가 물었다. 그것이 그의 논평이었다. 나는 대답하기 전에 잠시 뜸을 들이고는 대답했다.

"아, 예, 먹지 않습니다."

크리스토퍼슨은 침을 꼴깍 삼켰다. 조가 물었다.

"왜 안 먹는가?"

말콤 X의 말이 떠오른 것은 그때였다.

"글쎄요. 좀 개인적인 문제긴 한데요. 저는 돼지고기를 먹지 않습니다. 그건 쥐가 3분의 1, 고양이가 3분의 1, 개가 3분의 1이기 때문이에요. 순수한 돼지고기의 제맛이 나지 않아요."

순간 어색한 침묵이 흘렀다. 자니 캐슈는 거의 몸을 구부렸다. 크리스토퍼슨은 단지 머리를 흔들었다. 조 카터는 상당히 괴짜였다.

아파트에 카터 가족의 음반은 없었다. 클로에는 스테이크와 양파를 접시에 놓으면서 말했다.

"먹어, 맛있을 거야."

그녀는 아주 멋있었다. 머리부터 발끝까지 새 유행을 좇았고, 몰타의 새끼 고양이, 진짜 독사, 항상 정곡을 찌르는 사람이었다. 담배를 얼마나 피우는지 정확히는 모르지만 아무튼 많이 피웠다. 그녀는 사물의 본질에 대해 나름대로의 생각을 가지고 있었다. 언젠가 죽음은 남의 흉내를 내는 것이고 출생은 사생활에 대한 침입이라고 말했다. 당신은 어떻게 생각하지? 그녀가 그런 것들을 물으면 대꾸할 말이 없었다. 그녀의 잘못을 증명할 수 있을 것 같지 않았다. 그녀는 뉴욕시에 전혀 겁을 내지 않았다. "이 도시의 원숭이 떼들"이라고 내뱉곤 했다. 그녀와 이야기를 하면 곧장 아이디어를 얻는다. 나는 코트를 입고 모자를 쓰고 기타를 내놓고 짐을 꾸렸다. 클로에는 내가 사방으로 돌아다니는 것을 알고 있었다. 그리고 이런 말을 하곤 했다.

"아마도 언젠가 네 이름이 들불처럼 전국에 퍼지게 될 거야. 돈을 많이 벌면 나한테 뭐 좀 사줘."

나는 문을 닫고 복도로 나왔다. 그리고 나선형 계단을 내려와 대리석이 깔린 아래층으로 갔다. 좁은 안뜰의 통로를 통해서 나왔는데 벽에서 표백제 냄새가 났다. 천천히 격자 모양의 철제 대문을 나섰다. 스카프를 휘날리며 보도로 올라선 나는 밴 담 거리를 향해 걷기 시작했다. 모퉁이를 지나는데 꽃을 가득 실은 마차가 보였다. 꽃들은 모두 비닐로 덮여 있었고 마부는 보이지 않았다. 도시에는 그런 마차들이 많았다.

내 머릿속에는 항상 그랬듯이 포크송이 연주되고 있었다. 포크송은 전위적인 이야기들이었다. 무슨 일이 일어나고 있느냐고 물으면, '가필드 씨가 총에 맞아서 죽었어. 네가 할 수 있는 일은 아무것도 없어.'

바람만이 아는 대답 115

이런 식이었다. 가필드 씨가 누구냐고 물어볼 필요도 없이 그저 고개를 끄덕이면 알고 있는 것이었다. 모든 것이 단순하고, 화려하고 공식적인 느낌을 갖게 만드는 것으로 보였다.

뉴욕시는 춥고 모호하고 불가사의한 세계의 수도였다. 7번가에 월트 휘트먼이 살면서 작업하던 건물이 있었다. 나는 잠시 멈춰 서서 그가 참된 영혼의 노래를 부르는 모습과 계속 출판을 위해 애쓰는 모습을 떠올렸다. 3번가에 있는 포우의 집 밖에서도 잠시 서서 애도하는 마음으로 창문을 올려다보았다.

뉴욕은 사람의 이름이나 모습이 새겨지지 않은 블록이 없었고, 그것을 편견 없이 보여주고 있었다. 모든 것이 항상 새롭고, 항상 변하고 있었다. 길 위에 사람들도 같은 사람이 아니었다.

나는 허드슨에서 스프링으로 가면서 벽돌과 쓰레기 깡통이 쌓인 곳을 지나 커피숍으로 들어갔다. 카운터의 웨이트리스는 몸에 꼭 맞는 스웨이드 블라우스를 입고 있었다. 통통하게 살찐 몸의 곡선이 그대로 드러나 보였다. 그녀는 담청색 머리에 스카프를 쓰고 있었는데 날카로운 푸른 눈을 가지고 있었고 눈썹이 아주 또렷했다. 나는 그녀가 내게 장미꽃을 달아주었으면 싶었다. 그녀는 뜨거운 김이 나는 커피를 따랐고 나는 등을 돌린 채 길거리로 난 창문을 향해 앉았다. 도시 전체가 내 앞에서 흔들리고 있었고, 나는 모든 것에 대해 선명한 생각을 가지고 있었다. 미래는 걱정할 게 없었다. 그것은 아주 가까이 있었다.

3

새로운 아침

미드웨스트
에서 아버지의 장례를 마치고 우드스톡으로 돌아왔다. 집의 테이블 위에는 아치볼드 맥클리쉬(Archibald MacLeish)로부터 온 편지가 나를 기다리고 있었다. 맥클리쉬는 미국의 계관시인의 한 사람이었다. 대초원과 도시의 시인 칼 샌드버그, 명상의 시인 로버트 프로스트와는 또 다른 시인이었다. 맥클리쉬는 밤의 행성들과 빠르게 도는 지구의 시인이었다. 예이츠, 브라우닝, 쉘리, 이 세 사람은 20세기 미국의 풍경을 정의했던 거인들이었다. 그들은 모든 것을 긴 안목으로 보았다. 그들의 시를 모르는 사람일지라도 이름은 알 것이다.

 지난 주일은 모든 것이 고갈되는 것처럼 힘이 들었다. 상상도 할 수 없었던 일, 아버지 장례를 위해 고향에 갔었다. 자라면서 아버지에게 느꼈던 문화적이고 세대적인 차이는 목소리와 특징 없고 부자연스러운 말투 외에는 극복할 수가 없었다. 단순하고 직선적으로 말하는 아버지는 선생님이 내가 예술가의 소질을 가지고 있다고 말했을 때 이렇게 말했다.

"예술가란 그림 그리는 작자 아닌가요?"

나는 늘 자동차, 새, 나부끼는 잎새 등 뭔가 움직이는 것을 뒤쫓고 있었던 것 같다. 그게 뭐든 나를 좀더 밝은 장소, 강 하류의 어떤 미지의 땅으로 인도할 수 있는 것으로 여겼다. 나는 내가 살고 있는 파괴된 세상에 대해 어떤 사회가 바람직한 사회인지 아무런 견해도 갖고 있지 않았다.

집을 떠날 때 나는 황량한 대서양으로 출항하는 콜럼버스라고 할 수 있었다. 나는 떠났고 지구의 끝, 바다의 끝까지 갔다가, 이제 반쯤 윤기가 흐르는 얼굴로 턱수염도 한 움큼 기른 채 처음 출발했던 스페인 여왕의 왕궁으로 돌아온 것이다.

"어떻게 된 거야?"

조문을 표하려고 왔던 동네 사람 하나가 내 얼굴을 가리키며 말했다. 짧은 시간 그곳에 머물렀다. 허튼소리, 예전과 같은 상황, 어리석은 바보들, 모든 것이 원상태로 돌아갔지만 뭔가 다른 것도 있었다. 아버지는 세상에서 최고의 남자였고 나보다 백 배나 더 가치 있는 사람이었을 수도 있었다. 그런데 아버지는 나를 이해하지 못했다. 아버지가 살던 마을과 내가 사는 마을이 같지 않았다. 변한 것은 우리가 전보다 공통점을 더 가졌다는 것이다. 나도 세 아이의 아버지가 되어 있었다. 아버지에게 말하고 싶고 함께 하고 싶었던 것들이 많았다. 그리고 이제 아버지에게 많은 것을 해 드릴 수 있는 입장이었다.

아치의 편지는 그가 스티븐 빈센트 베넷의 단편소설을 근거로 「스크래치(Scratch)」란 희곡을 쓰고 있는데 그 연극을 위한 노래를 작곡하는 문제로 나를 만나고 싶다는 내용이었다. 맥클리쉬는 「JB」라는 연극으로 브로드웨이의 토니상을 수상한 바 있었다. 아내와 나는 그를 만나기 위해 매사추세츠 주의 콘웨이까지 차를 몰았다. 그것은 멋있고 세련된 일처럼 보였다. 맥클리쉬는 심오한 시들을 썼고 신을 믿지 않는 불안정한 사람이었다. 그는 찰스 황제나 멕시코의 몬테주마, 정복자 코르테스와 같은 역사적인 인물들에게 시인의 부드러운 손길을 대서 그들을 사람들 앞에 데리고 온다. 그는 태양과 위대한 하늘을 찬양했다. 내가 그를 보러 가는 일은 당연한 일이었다.

그날의 사건들, 모든 문화적 우상들이 내 영혼을 가두고 구역질나게 만들고 있었다. 총에 맞은 민권운동가들과 정치지도자들, 바리케이드 설치, 정부의 일제단속, 거리를 발칵 뒤집은 과격파 학생들의 시위, 시위 참가자들과 맞선 경찰과 노조원들, 분노의 불길이 끓어올랐고, 공동체 반대와, 거짓말과 소음과 자유연애와 안티 통화제도 운동 등이 그날 일어난 굵직한 사건들이었다.

나는 그것들을 모두 초월하기로 결심했다. 이제 가족이 있는 사람이었고 그런 집단에 끼고 싶지 않았다.

맥클리쉬의 집은 고풍스러운 마을을 지나서 조용한 산자락에 자리 잡고 있었다. 붉은 빛이 선명한 단풍잎들이 보도에 잔뜩 쌓여 있었다. 보행자용 작은 인도교를 건너면 나무 그늘에 덮인 정자가 나왔다. 맥클리쉬의 작업실은 개축된 석조 건물로서 현대식 설비를 갖춘 부엌이 딸려 있었다. 관리인이 우리를 안으로 인도했고 그의 아내가 테이블로 차를 내왔다. 그녀는 따뜻한 인사말을 건네고 자리를 떴다. 아내가 그녀와 함께 나갔다. 나는 방을 둘러보았다. 구석에 원예용 장화가 있었고 책상과 벽에 사진들이 진열되어 있었다. 바구니에 담긴 꽃과 제라

뉴과 회색 잎새를 가진 꽃들의 사진, 흰 식탁보와 은제 식기와 밝은 벽난로, 창문 밖으로는 울창한 숲이 보이는 사진들이 있었다.

나는 사진에서 맥클리쉬의 지난 모습을 발견했다. 어린 소년이 안장을 얹은 조랑말을 탄 옆에 보닛 모자를 쓴 여인이 고삐를 잡고 있는 스냅사진이 있었다. 다른 사진들, 하버드 대학교에서 수석을 차지한 아치, 예일 대학교에서 찍은 사진, 1차 세계대전 때 포병 대위 복장을 한 아치, 에펠탑 앞에서 일행들과 함께 서 있는 아치, 의회 도서관에서 근무하는 아치, 경제 잡지 《포춘》의 편집이사들과 함께 앉아서 찍은 사진들도 있었다. 퓰리처상을 수상하는 또 다른 사진도 있었다. 보스턴 변호사들과 같이 찍은 사진도 있었다. 나는 그가 자갈이 깔린 길을 걸어오는 소리를 들었다. 방에 들어온 그는 내 앞으로 와서 손을 내밀었다.

아치는 어느 모로 보나 공무원이나 주지사, 또는 지배자의 분위기를 풍기고 있었다. 가문 좋은 사람 특유의 자신감과 과감하게 처신하는 신사의 풍모를 지니고 있었다. 그는 곧장 일에 대한 이야기를 시작했다. 이미 편지에서 밝혔던 몇 가지 일에 대해 다시 이야기했다. 그는 편지에서 T. S. 엘리엇과 에즈라 파운드가 대위의 망루에서 싸우는 것을 상징적으로 배치한 내 노래의 몇 줄에 대한 이야기를 한 적이 있었다.

"파운드와 엘리엇은 너무 학자풍이지요, 그렇지 않습니까?"

그가 말했다. 내가 파운드에 대해 아는 것이라고는 그가 2차 대전 중에 나치 동조자였다는 것과 이탈리아에서 반미 방송을 했다는 것 정도였다. 나는 그의 작품을 읽지 않았다. 그러나 T. S. 엘리엇은 좋아했다. 그의 작품은 읽을 가치가 있었다. 아치가 말했다.

"난 그 두 사람을 모두 알아요. 엄격한 사람들이지요. 우리는 그들을 자세히 논해야 합니다. 당신이 대위의 망루에서 그들이 싸우고 있다고 했을 때 그 말뜻을 이해했습니다."

맥클리쉬는 대화를 이끌어가면서 『붉은 무공 훈장』을 쓴 소설가 스티븐 크레인에 대해 놀라운 이야기를 했다. 크레인이 항상 패배자의 편에 서는 감상적인 취재기자라는 것과, 잡지에 싸구려 술집과 하숙집들이 즐비한 뉴욕의 바우어리가 이야기를 썼다는 이야기였다. 그는 한때 그를 비난하는 풍속사범 단속반원을 법정에 세우기 위해 단속반원에게 돈을 빼앗긴 창녀를 변호하는 기사를 쓴 일도 있다는 것이다. 크레인은 칵테일파티나 극장의 개막식에 가지 않았다. 그는 전쟁을 취재하러 쿠바로 갔다. 술을 많이 마셨던 그는 결국 스물여덟 살에 결핵으로 사망했다. 맥클리쉬는 크레인에 대해 우연히 아는 것 이상을 알고 있었고, 크레인이 자신을 위해 일하는 사람이었다는 것과, 내가 그 책을 읽어봐야 할 거라고 말했다. 그것은 마치 크레인이 문학의 로버트 존슨(Robert Johnson, 기타리스트이며 미시시피 델타 블루스의 왕)이라고 말하는 것처럼 들렸다. 지미 로저스 역시 결핵으로 사망했다. 나는 그들이 마주친 일이 있었는지 궁금했다.

아치는 한 소년이 전쟁에 나가는 노래 「존 브라운」이라는 내 곡을 좋아한다고 말했다.

"이 소년에 관한 노래와 같은 곡을 찾을 수가 없어요. 정말 그리스 희곡 이상이에요, 안 그래요? 어머니들에 관한 노랜데. 온갖 종류의 어머니들… 생물학적 어머니, 명예로서의 어머니… 모든 어머니들을 하나로 감싸는 거죠."

그런 생각을 해본 적은 없지만 그의 말을 들으니 그런 것 같았다. 그는 내 노래의 가사 한 줄을 언급했다. '대문 뒤에 숨어 있는 선'을 말하면서 내가 정말 선을 그런 식으로 보느냐고 물었다. 나는 가끔 그렇게 보인다고 대답했다. 기회가 되면 그에게 히피와 긴스버그, 코르소와 케루악을 어떻게 생각하느냐고 물으려고 했지만, 공허한 질문인 것처럼 보였다. 그는 내게 사포나 소크라테스를 읽었는지 물었고 나는 아니라고 대답했다. 그러자 그는 단테와 존 던에 대해서도 같은 질문을 했다. 나는 많이는 읽지 않았다고 말했다. 그는 그들에 대해 기억할 것은 항상 자신이 들어갔던 곳에서 나오는 것이라고 말했다.

맥클리쉬는 나를 중요한 시인으로 여기고 있으며 내 작품이 다음 세대를 위한 시금석이 되리라는 것과, 내가 전후 철기시대 시인이지만 지나간 시대로부터 뭔가 형이상학적인 것을 물려받은 것으로 보인다고 말했다. 그는 내 노래가 사회와 관련됐기 때문에 올바로 이해하고 있었다. 우리는 많은 특징을 공유하고 있었고, 그가 좋아하지 않는 것들은 나도 좋아하지 않았다. 그는 잠시 실례한다며 방을 나갔다. 창밖을 내다보았다. 오후의 태양이 눈부신 빛을 던지며 부서지고 있었다. 산토끼 한 마리가 나타나서 장작더미 옆에 흩어져 있는 조각들을 재빨리 지나갔다. 그가 돌아와서 하던 이야기를 계속했다. 그는 『일리아드』를 쓴 호머가 맹인 발라드 가수였으며 그의 이름은 '인질'을 의미한다고 말했다. 또 예술과 선전활동 사이에는 차이가 있고 그 영향력도 다르다고 말했다. 프랑스 시인 프랑수와 비용의 시를 읽었느냐는 질문에 읽었다고 대답하자 내 작품에 그의 영향이 묻어 있다는 느낌을 받았다고 말했다. 아치는 무운시, 압운시, 애가체의 시, 5행 속요, 그리고 14행의 소네트에 대한 이야기를 했다. 그는 나에게 꿈을 좇기 위해 어떤 희생을 했느냐고 물었다. 사물의 가치는 가격에 의해 평가될 수 없지만, 그것을 얻기 위해 치른 대가에 의해 평가될 수 있다고 말했다. 만약 어떤 것을 얻기 위해 신념이나 가족을 희생했다면, 그 가치는 너무 높아서 절대로 닳아 없어지지 않을 것이라고 말했다. 웨스트 포인트에서 더글러스 맥아더와 같은 반에서 공부했던 맥클리쉬는 맥아더에 대한 이야기도 많이 했다. 미켈란젤로에 대한 이야기도 했는데 미켈란젤로는 친구도 없었고 친구를 원하지도 않았으며 아무에게도 말을 하지 않았다는 것이다. 아치는 어렸을 때 일어났으나 잊고 있던 일들을 많이 이야기했다. 금융업자 J. P. 모건에 대한 이야기도 했는데 그는 세기 초에 미국을 소유하고 있던 여섯 내지 여덟 사람 중 하나였다고 말했다. 모건은 '미국은 내게 충분하다.'고 말했고, 어떤 상원의원이 만약 마음을 바꾸면 소유한 것을 반환해야 한다고 말했다. 사람의 정신을 그렇게 평가하는 것은 절대 안 될 일이었다.

맥클리쉬는 나의 소년시절 영웅은 누구였느냐고 물었다.

"로빈 훗과 용을 죽인 세인트 조지였어요." 내가 대답했다.

"그들의 나쁜 면은 알려고 하지 않았겠군요."

그가 껄껄 웃었다. 그는 자신의 초기 시들의 의미를 많이 잊었고, 한 편의 진정한 시가 자신의 스타일을 만들었으며, 두세 편의 걸작이 세월을 넘어서 존속한다고 말했다. 내가 작곡해 주기를 원하는 희곡이 그의 책상 위에 놓여 있었다. 그는 연극의 몇 장면에 어울리는 곡을 원했다. 그는 큰 소리로 대사를 읽기 시작했다. 그리고 노래 제목으로 「밤의 아버지」, 「붉은 손」, 「더 낮은 세계」 등을 제시했다.

나는 진지하게 경청한 후 직관적으로 이 작업은 내게 맞지 않는다는 것을 깨달았다. 대본을 몇 줄 더 들은 후 우리의 운명이 섞일 수 없다는 것을 알았다. 이 연극은 편집증과 범죄행위와 공포의 세계를 어둡게 그리고 있었다. 원자력 시대가 등장하고, 배신의 냄새가 강하게 풍겼다. 실제로 말하거나 추가할 것은 많지 않았다. 연극은 인류가 결과적으로 자신의 피에 엎어져 죽는다고 말하고 있었다. 맥클리쉬의 연극은 종말론적 메시지 이상의 것을 전달하고 있었다. 말하자면 인간의 임무는 지구를 파괴하는 것이라고 말하고 있었다. 맥클리쉬는 불길을 통해 뭔가 신호를 보내고 있었다. 연극은 뭔가 신호를 보내는 것인데 나는 그것을 알고 싶다는 생각이 들지 않았다. 그러나 맥클리쉬에게 연극이 표현하고자 하는 것에 대해 생각해 보겠다고 말했다.

1968년 비틀스는 인도에 있었다. 미국은 분노에 휩싸여 있었다. 대학생들이 주차된 자동차를 파괴하고 차문을 산산이 부수었다. 베트남 전쟁은 국민들을 깊은 우울증에 빠지게 만들었다. 도시가 화염에 휩싸였고, 곤봉이 난무했다. 보수 노조원들이 학생들에게 야구 방망이를 휘둘렀다. 멕시코에서 온 수상한 떠돌이 약장수 가짜 돈 후안이 새로운 자의식 열기를 일으켰고, 새로운 단계의 자각과 생명의 힘을 벌채용 칼처럼 휘두르고 있었다. 그에 대한 책들이 서가를 휩쓸었다. LSD(환각제) 복용이 절정에 달했고, 환각제는 사람들의 판타지를 만족시켜 주고 있었다. 새로운 세계관이 사회를 변화시켰고 모든 것이 빠르게 이동하고 있었다. 스트로브 섬광, 자외선이나 적외선처럼 불가시광선, 환각 상태가 미래를 흔들고 있었다. 학생들이 국립대학들을 장악하려 했고 반전 활동가들은 정책을 바꾸라고 요구했다. 마오쩌둥주의자, 마르크스주의자, 카스트로 지지자들과, 체 게바라에 대한 책을 읽은 좌익 대학생들이 경제를 몰락시키려고 했다. 케루악이 물러나고 조직적인 언론이 광란의 불을 부채질하면서 상황을 자극하고 있었다. 뉴스를 보면 전국이 불타고 있는 것처럼 생각되었다. 매일 다른 도시에서 새로운 소요가 일어난 것으로 보였고, 모든 것이 위험과 변화의 와중에 있었다. 미국의 밀림들이 개간되고 있었다. 전통적으로 흑백에 길들어 있던 것들이 이제 강렬하고 밝은 빛으로 폭발하고 있었다.

나는 모터사이클 사고로 부상을 당했지만 회복되었다. 사실, 과도한 경쟁에서 벗어나고 싶었다. 아이들을 가진 것이 내 삶을 변화시켰고, 현재 일어나고 있는 일과 사람들로부터 나를 분리시켰다. 실제로 가족 외에는 관심이 가는 것이 없었고, 다른 안경을 통해 상황을 보고 있었다. 케네디 형제, 킹 목사, 말콤 X…… 등이 총격으로 쓰러지는 끔찍한 사건도, 지도자가 총을 맞고 쓰러진 것이라기보다는 오히려 상처받은 가족을 남겨둔 아버지가 쓰러진 것으로 보였다. 나는 자유와 독립의 나라 미국에서 태어나고 자랐으므로 항상 평등과 자유의 가치와 이상을 소중히 여기고 있었다. 그런 이상을 가지고 우리 아이들을 양육하기로 결심했다.

몇 년 전 위버스의 멤버인 로니 길버트(Ronnie Gilbert)는 뉴포트 포크 페스티벌에서 나를 소개하면서 이렇게 말했다.

"자, 여기 그가 있습니다…… 그를 가지세요, 여러분은 그를 잘 압니다. 그는 여러분의 것입니다."

나는 그 소개하는 말에 들어 있는 불길한 조짐을 느끼지 못했다. 엘비스도 그런 식의 소개는 받은 적이 없었다. '그를 가져라, 여러분의 것'이라니! 무슨 미친 소리인가! 나라는 사람은 그때나 지금이나 누구에게 속해 본 일이 없다. 내게는 이 세상 누구보다도 사랑하는 아내와 아이들이 있었다. 나는 그들을 지키고 먹여 살리기 위해 노력하고 있었는데 잘난 체하는 인간들이 언론에서 나를 대변자라느니 심지어 시대의 양심이라느니 하면서 사람들을 속이고 있었다. 웃기는 일이었다.

내가 한 일이라곤 새로운 현실을 있는 그대로, 솔직하고 강하게 표현하는 노래를 부른 것뿐이었다. 나는 내가 대변하게 되어 있다는 세대와 공통적인 것이 별로 없고 잘 알지도 못했다. 불과 10년 전에 고향을 떠났고 누구에게도 큰 소리로 내 의견을 외친 일이 없었다. 앞날의 내 운명은 삶이 인도하는 대로 가게 되어 있었고, 무슨 문명을 대표하는 일과는 아무런 상관이 없었다. 솔직히 이런 상황이었다. 나는 하멜른의 피리부는 사나이보다는 목동에 가까웠다.

사람들은 명성과 부가 권력으로 바뀐다고 생각한다. 그리고 그것이 영광과 명예와 행복을 가져온다고 생각한다. 그럴 수도 있을 것이다. 하지만 이따금 그렇지 않을 수도 있다. 나는 자신이 상처받기 쉬운 상태로, 보호해야 할 가족과 함께 우드스톡에서 꼼짝 못하고 있다는 것을 깨달았다. 하지만 언론에는 내가 엉뚱한 인물로 그려지고 있었다. 거짓말이 얼마나 심한지 놀라웠다. 세상은 로마 제국으로 쳐들어갈 대군을 인도하기 위해 늘 희생양을 필요로 하고 있는 것처럼 보인다. 그러나 미국은 로마 제국이 아니고 누군가 그것을 자청하고 나서야만 했다. 나는 실제로 눈물 때문에 잘 보이지 않는 눈으로 어슴푸레한 안개를 응시하며 지적인 몽롱함 속에 떠도는 노래를 작곡하는 포크 뮤지션 이상의 사람이 아니었다. 그런데 엉뚱한 일들이 일어나서 나를 괴롭히고 있었다. 나는 기적을 일으키는 설교자가 아니었다. 이 상황은 사람을 미치게 만드는 것이었다.

초기에 우드스톡은 우리에게 매우 호의적이었다. 나는 실제로 이사하기 오래 전에 집을 보아 두었다. 언젠가 시라큐스에서 공연을 마치고 돌아오는 길에 우드스톡을 지나면서 그곳에 대한 이야기를 했다.

매니저는 자기가 시골집을 사려고 알아보고 있다고 말했다. 도시를 통과하던 우리는 매니저가 좋다고 하는 집을 보았고, 그는 당장 그 집을 샀다. 나도 나중에 집을 한 채 샀는데 그것이 지금 침입자들이 밤낮없이 들어오기 시작하는 이 집이었다. 긴장감이 고조되었고 평화가 깃들기는 어려웠다. 한때 우리 집은 조용한 안식처였지만 이제는 아니었다. 우리 집을 찾아오는 길이 50개 주의 낙오자와 갱들과 마약 중독자들이 보는 도로지도에 표시된 것이 틀림없었다. 멀리 캘리포니아에서도 부랑자들이 순례하러 왔고 폭력배들이 밤새 침입을 시도했다. 처음에는 단지 집 없는 방랑자들이 불법으로 들어오는 정도였고 큰 손실은 없는 것으로 보였지만 점점 그게 아니었다. 저항운동의 왕자를 찾는 과격한 악당들이 도착하기 시작했고, 셀 수 없이 많은 사람들, 괴상한 모습의 계집아이들, 누더기를 걸친 초라한 사람들, 빈둥거리는 부랑자들이 파티를 하려고 우리 집 식품저장실에 침입했다. 포크싱어인 친구 피터 라파지가 수동으로 장전하는 콜트 연발총을 두 자루 주었다. 나도 자동장전식 윈체스터 라이플총을 마련했지만 이것들로 무엇을 할 수 있을지 생각하면 끔찍했다. 당국자들과 경찰서장은 (우드스톡에는 3명의 경관이 있었다) 우발적이든 경고로 쏘았든 누가 총에 맞으면 유치장에 가는 사람은 나라고 말했다. 그뿐만 아니라 우리 집 지붕에서 장화를 신은 발로 느릿느릿 돌아다니는 사람이 떨어지기라도 하는 날엔 내가 법정에 설 수도 있다는 것이었다. 너무 불안했다. 나는 그자들을 불지르고 싶었다. 이 불청객들, 도깨비들, 불법침입자들, 선동자들은 모두 우리의 가정생활을 파괴했고, 내가 그들을 쫓아내지 못하는 것이나 그들이 밀어붙이는 것 모두가 마음에 들지 않았다. 우리는 매일 긴장 속에 살고 있었다. 제대로 되는 것이 없었고 세상은 부조리했다.

나는 코너로 몰리고 있었다. 가깝고 친한 사람들도 좋은 방책을 내놓지 못했다.

한번은 극도의 광란이 벌어지고 있었고 나는 로비 로버트슨과 함께 차를 타고 있었다. 그는 나중에 더 밴드의 기타 연주자가 되었다. 나는 태양계의 다른 별에서 사는 것이 낫겠다고 느꼈다. 그가 말했다.

"자네 어디로 옮길 생각이야?"

"뭘 옮겨?"

"전체 음악 무대 말이야."

전체 음악 무대라고! 차창이 조금 내려와 있었다. 나머지 창문을 다 내리자 갑작스런 바람이 얼굴에 부딪혔다. 그리고 마치 음모를 꾸미는 것처럼 그가 한 말이 사라지기를 기다렸다. 멀리 갈 곳이 없었다. 남들은 무슨 꿈을 꾸고 사는지 모르지만 내가 꿈꾸는 것은 아홉시부터 다섯시까지 일하고 나무가 양쪽에 늘어선 집에 하얀 말뚝 울타리를 치고 뒷마당에는 붉은 장미가 피는 집에서 사는 것이었다. 그것이면 충분했고 그것이 나의 가장 깊은 꿈이었다. 얼마 뒤에 나는 사생활을 팔 수 있지만 되살 수는 없다는 것을 배웠다. 우드스톡은 악몽과 혼돈의 장소로 변했다. 이제 새롭고 밝은 희망을 찾아 서둘러 그곳을 나올 때였고 우리는 그렇게 했다. 내 신분을 감추려는 생각에서 잠시 뉴욕으로 이사했지만 별로 나을 것이 없었고 도리어 상황이 악화되었다. 시위자들은 우리 집을 찾아냈고 노래를 부르고 고함을 치면서 집 앞을 오르락내리락 행진했다. 그들은 내게 이 시대의 양심으로서의 임무를 회피하지 말고, 밖으로 나와서 그들을 어디론가 인도하라고 요구했다. 한번은 시의 허가를 받아 거리를 차단하고 우리 집을 횃불로 둘러쌌다. 시위자들은 고함을 지르며 으르렁거렸다. 이웃 사람들은 우리를 증오했다.

이웃 사람들에게 나는 마법의 왕궁에 전시된 무슨 전시품처럼 보였을 것이다. 그들은 나를 움츠러든 자라 모가지나 밀림의 거대한 쥐처럼 쳐다보았다. 나는 신경 쓰지 않는 척했다.

결국 우리는 두세 군데 다른 곳을 알아보며 서부로 이사하려고 했다. 그러나 곧 기자들이 내가 무슨 비밀이나 죄를 고백하는 게 아닐까 하고 주변을 어슬렁거리기 시작했다. 이사한다고 해도 우리 주소가 지역 신문에 날 것이고 그러면 같은 일이 되풀이될 것이다. 기자들은 집에 들어와서 뭘 발견할 것인가? 쌓여 있는 장난감들, 밀고 당기는 장난감, 어린이용 테이블과 의자, 비어 있는 큰 상자들, 과학 도구상자들, 퍼즐과 장난감 드럼 등이 잔뜩 있는 것을 발견할 것이다. 나는 아무도 집에 들여놓지 않으려고 했다. 집안에서 지켜야 할 규칙은 많지 않았다. 아이들은 부엌에서 농구를 하고 싶으면 농구를 하고, 냄비나 프라이팬을 가지고 놀고 싶어 하면 그것들을 바닥에 꺼내 주면 되었다. 우리 집은 바깥은 물론 안에도 혼란스러웠다.

존 바에즈가 나에 대한 저항 노래를 녹음한 음반이 점점 히트하고 있었다. 나와서 책임을 지고 대중을 이끌고 대변인이 되라고 나를 자극하는 노래였다. 그 곡은 공익사업 발표처럼 라디오에서 흘러나왔다. 언론은 가만 있지 않았다. 때때로 나는 스스로 인터뷰를 제의해서 문을 때려 부수는 일을 예방해야 했다. 대개 질문은 이렇게 시작되었다.

"현재 일어나는 일들을 더 이야기할 수 있을까요?"

"물론입니다. 어떤 문제죠?"

기자들은 질문을 퍼부었고 나는 어떤 주의나 누구의 대변인이 아니고 음악가일 뿐이라고 반복해서 말했다. 그들은 버번위스키를 마셨거나 소량의 마약을 복용한 증거라도 있는 게 아닐까 하고 내 눈을 들여다보았다. 그들이 무슨 생각을 하는지 알 수 없었다. 그 다음날 〈자신이 대변인임을 부인하는 대변인〉이라는 헤드라인을 단 기사가 시중에 나돌았다. 나는 누군가가 개들에게 던진 고기 한 점처럼 느껴졌다. 《뉴욕타임스》는 내 노래를 엉터리로 해석해서 신문에 실었다. 《에스콰이어》 잡지는 나와 말콤 X, 케네디, 그리고 카스트로의 얼굴로 네 얼굴의 괴물을 만들어 표지를 장식했다. 도대체 그게 무슨 의미란 말인가? 나는 세상 끝에 있는 것 같았다. 누가 어떤 건전한 안내나 충고를 해도 받아들일 수가 없었다. 아내는 나와 결혼할 때 자신이 어떤 일에 휘말리게 될지 전혀 알지 못했다. 실제로 나도 모르고 있었다. 이제 우리는 이겨낼 수 없는 상태에 있었다.

분명 내 가사는 전에 없는 진한 감동을 주었지만, 내 노래가 단지 가사만이 의미가 있는 것이라면 위대한 로큰롤 기타리스트 듀앤 에디가 내 곡을 기악곡으로 녹음한 것은 어떻게 된 일인가? 음악인들은 내 곡이 가사 이상의 의미를 가지고 있다는 것을 늘 알고 있었다. 하지만 대부분의 사람들은 음악가가 아니다. 내가 할 일은 마음을 돌려서 외부 세력에 대한 비난을 그만두는 것이었다. 나 자신을 닦으며 짐을 내려놓아야 했다. 그런데 혼자 있는 시간을 가질 수가 없었다. 나는 반체제 문화가 무엇인지 충분히 보았다. 내 가사가 멋대로 추정되고, 그 의미가 논쟁에 휘말려 타락하고, 내가 반군의 대형, 저항운동의 대사제, 비국교도의 총책, 불순종의 대가, 식객의 리더, 배교의 황제, 무정부 상태의 대주교, 얼빠진 사나이로 공식 선정된 것에 진저리가 났다. 도대체 무슨 이야기를 하고 있는 것인가? 아무튼 사람들은 끔찍한 호칭들을 붙이고 싶어 한다. 모두가 무법자를 암시하는 말들이었다.

해거드(Merle Haggard)가 "…나는 달리고 있어요, 고속도로는 내 집이죠."라고 노래한 것처럼 여기저기 옮겨 다니는 일은 힘들었다. 그가 가족들을 데리고 나서야 했는지 모르지만 나는 가족들과 함께 가야 했다. 내 경우는 다른 사람들과는 조금 달랐다. 우리 뒤는 화염에 휩싸여 있었다. 언론은 그들의 판단을 거두어들이는 데 급할 것이 없었고 나는 가만히 있을 수 없었다. 정면대결해서 내 이미지를 개조하고 인식을 바꿔야 했다. 이런 종류의 응급상황을 해결하기 위해서는 아무런 규칙이 없었다. 이것은 처음 당하는 일이었고 이런 식으로 생각하는 일에 길들어 있지 않았다. 나는 부서진 기차의 시동을 걸면서 지금까지와 다른 인상을 주기 위해 상궤에서 벗어난 신호를 보내야만 했다.

처음에는 단지 사소한 일들, 부분적인 일들만 할 수 있었다. 실제로 전술이 필요했다. 위스키 병을 들고 머리에 술을 붓거나 백화점에서 술에 취한 행동을 하는 뜻밖의 일들은 내가 떠난 뒤 모든 사람들이 쑥덕거릴 것을 알고 하는 행동이었다. 나는 그 소식이 퍼지기를 바랐다. 내게 가장 중요한 일은 가족이 휴식할 수 있는 공간을 확보하는 일이었다. 우리 가족이 속한 전체 스펙트럼이 못 쓰게 될 수 있었다. 외부에서 보는 내 이미지가 좀더 혼란스럽고 평범한 것이어야 했다. 그렇게 사는 것은 힘들었다. 온갖 신경을 써야 하는 일이기 때문이다. 처음 제거해야 할 것은 나에게 소중한 어떤 형태의 예술적인 자기표현이었다. 예술은 삶 다음으로 중요한 것이므로 선택의 여지가 없었다. 아무튼 나는 더 이상 예술에 대한 굶주림을 가지고 있지 않았다. 창조는 경험과 관찰과 상상력과 깊은 관계가 있는데 이 중요한 요소들 가운데 하나라도 빠지면 일을 할 수가 없었다. 이제 내가 뭇사람들의 주목을 받지 않고 뭔가 하는 것은 불가능했다. 모퉁이에 있는 가게에 가도 누군가 나를 발견하면 살짝 나가서 전화를 찾는다. 우드스톡에서는 마당에 나가기라도 하면 차가 한 대 달려오고 조수석에서 뛰어내린 사람이 내 쪽을 가리키고 떠난 후 한 떼의 구경꾼들이 언덕을 내려오곤 했다. 가끔 레스토랑에서 나를 알아 본 손님 한 사람이 카운터의 직원에게 가서 나를 가리키며 속삭였다. 당시 얼굴은 이름만큼 널리 알려지지 않은 상태였다.

"그 사람이 저쪽에 있어요."

직원은 누군가에게 알려주고 그 소식은 테이블에서 테이블로 전해졌다. 번개가 식당을 친 것처럼 사람들은 목을 길게 빼고 씹고 있던 음식을 뱉고 서로 쳐다보며 말한다.

"그 사람?"

"저기 저 쪽 테이블에 아이들을 잔뜩 데리고 앉아 있는 저 사람 말이야?"

산을 옮기는 것만큼 힘들다고 할 수 있을까. 우리 집은 계속 두들겨 맞았고 갈가마귀들은 끊임없이 대문에서 불길하게 까악까악 울었다. 나는 어떤 종류의 연금술이 사람의 반응을 미지근하고 무관심하고 냉담하게 만드는 향수를 만들 수 있는지 알고 싶었고, 그 향수를 조금 얻고 싶었다. 나쁜 결과를 의도하는 것은 전혀 아니었고 그것을 좋아하지도 않았다. 나는 어떤 세대의 건배를 제의하는 사회자가 아니었으므로 그 생각을 뿌리째 뽑아내는 것이 필요했다. 내가 사랑하는 사람들과 나의 자유를 단단히 지켜야 했다. 낭비할 시간이 없었고 공격받는 것도 싫었다. 쓰레기 같은 이 식사는 버터와 버섯과 섞여야 했고 그렇게 하려면 먼 길을 가야 했다. 어디선가 멀리서 시작해야 했다.

나는 예루살렘으로 가서 성직자들이 쓰는 스컬캡을 쓰고 통곡의 벽에서 사진을 찍었다. 그 사진은 즉시 세계로 전송되었고 모든 훌륭하고 성가신 인간들이 하룻밤 사이에 나를 시온주의자로 만들었다. 이 일이 약간 도움이 되었다. 집으로 돌아온 나는 재빨리 컨트리웨스턴으로 보이는 곡을 녹음했는데, 노래가 상당히 억제되고 사회적으로 받아들여지도록 했다. 음악 언론은 그것을 어떻게 생각해야 할지 몰랐다. 나는 다른 목소리를 사용했다. 사람들은 머리를 긁었다. 음반회사와 함께 내가 음악을 그만두고 대학교, 로드아일랜드 디자인 학교에 갈 것이라는 소문을 내기 시작했다. 이 소문은 결국 컬럼니스트들에게로 흘러들어갔다.

"그는 한 달도 견디지 못할걸."

어떤 사람들이 말했다. 기자들이 신문에서 묻기 시작했다.

"도대체 이 친구에게 무슨 일이 일어난 것일까?"

그들도 무너질 수 있었다. 나를 파악하려고 노력하는 기사들, 내가 모종의 정신적인 고통으로 괴로워하고 있다는 것과 끝없이 알아보아야 할 존재라는 이야기들이 신문에 실렸다. 모두 내게 도움이 되는 것으로 보였다. 더블 앨범을 하나 냈는데 거기서 나는 생각할 수 있는 모든 것을 벽에 던졌고, 붙잡고 있는 것이 무엇이든 풀어놓았으며, 붙어 있지 않은 것들도 퍼냈다. 나는 우드스톡과 알타몬트(1969년 8월 사랑과 평화의 축제로 기록되는 우드스톡 페스티벌과, 12월에 북 캘리포니아 알타몬트 자동차 경기장에서 열린 폭력과 끔찍한 사건들로 얼룩진 추악한 페스티벌) 페스티벌에도 참가하지 않았다. 결국 나는 체호프의 단편소설에 근거한 앨범을 녹음했고, 비평가들은 그것이 자서전적이라고 생각했다. 상관없었다. 나는 영화에서 카우보이 옷을 입고 전속력으로 말을 달리는 역을 했다. 많은 것이 필요 없었다. 나는 내가 순진하다고 생각했다.

소설가 허먼 멜빌은 『모비 딕』 이후 크게 주목을 받지 못했다. 비평가들은 그가 문학적인 한계를 넘었다고 생각했고 『모비 딕』을 추천했다. 그러나 사망할 무렵 그는 많이 잊혀지고 있었다.

비평가들이 내 작품을 잊어버릴 때 나에게도 같은 일이 일어나리라는 것과 대중이 나를 잊어버릴 거라는 생각이 들었다. 얼마나 어이없는 일인가? 결국 나는 요란한 투어, 집시 순회공연으로 돌아가서 타이어와 신발과 기타줄처럼 이데올로기를 바꾸면서 음악과 정면으로 맞서야 했다. 어떤 차이가 있는가? 나 자신의 정체성이 손상되지 않는 한 누구에게 아무것도 빚진 것이 없었다. 나는 누군가를 위해 어둠 속으로 더 깊이 들어가지 않으려고 했다. 그러나 이미 어둠 속에서 살고 있었다. 가족은 나에게 빛이고 나는 모든 것을 희생해서 그 빛을 지켜야 했다. 그들을 위해 헌신해야 하며 처음과 마지막 그리고 모든 것이 그들 안에 있었다. 세상에 무엇을 빚졌는가? 아무것도 빚지지 않았다. 단 한 가지도. 언론은? 나는 사람들이 언론을 속인 것이라 생각했다.

대중의 눈을 의식한 나는 가능하면 목가적이고 평범한 생활을 꾸려갔다. 실제로 그것이 내가 가장 좋아하는 일들이었다. 리틀 리그 시합, 생일 파티, 아이들을 학교에 데려다 주는 일, 캠핑 여행, 보트 타기, 뗏목 타기, 카누, 낚시…… 등이 모두 중요했다. 나는 로열티를 받아 생활을 해나갔다. 실제로 내 이미지에 어떤 변화가 왔다고는 감지할 수 없었다. 전에는 가끔 작곡을 하고 연주를 했다. 그 곡들은 대부분 독창적이고 영향력이 있었다. 다시 그렇게 할 것인지 알 수 없었고 신경쓰지 않았다.

언젠가 토니 커티스는 내게 세상의 소문은 본래 심심풀이에서 나온 것이고 사라질 것이라고 말했다. 더 이상 적절한 말일 수가 없었다. 과거의 이미지가 천천히 사라지고 시간이 흐른 다음 나는 더 이상 악의적인 영향력 아래 있지 않은 것을 발견했다. 결과적으로 시대착오적인 다른 호칭이 강요되었다. 더 크게 보이긴 했지만 덜 심각하게 들렸다. '전설', '상징', '수수께끼 같은 인물'(나는 유럽인의 복장을 한 부처를 좋아했다)이라는 말을 들었지만 모두 참을 만했다. 이런 말들은 무해하고 진부해서 그런 호칭을 가지고도 여기저기 돌아다니기가 쉬웠다. '예언자', '메시아', '구세주'라는 말은 사람을 미치게 하는 호칭이었다.

아치볼드 맥클리쉬의 연극 「스크래치(Scratch)」에는 두 명의 인물이 등장하는데 그 중 한 사람의 이름이 연극의 타이틀이었다. 스크래치는 이런 대사를 한다.

"나는 세상에 악이 있다는 것을 안다. 선의 반대나 불완전한 선이 아니라 선 자체와 무관한 어떤 본질적인 악이다. 내가 악을 가지고 있고, 악에 대해 듣는 한 그것을 모르고 살 수는 없다. 나는 정확히 안다. 세상에는 악을 의도하고 악을 목적으로 하는 사람이 있다는 것을…… 강력한 국가들이 갑자기 뚜렷한 원인도 없이…… 무너진다. 자녀들은 적의를 품고 여자들은 여자라는 감각을 잃어버리고 가족이 해체된다."

여기서부터 대사가 좀 달라졌다. 연극을 위한 작곡은 무리한 일이 아니었고 그 작품을 위해 작곡할 수 있는지 알아보려고 나는 이미 두 곡을 작곡해 놓았다. 나는 항상 무대를 좋아했고 연극 무대는 더 좋아했다. 그것은 최고의 직업으로 보였다. 무대가 무도장이거나 포장한 인도 위나 먼지 나는 시골길이거나 배우의 연기는 항상 영원한 '현재'에서 행해졌다.

내가 처음 공개적인 무대에 섰던 것은 고향의 학교 강당에서였다.

강당은 작은 음악 무대가 아니라 이스트코스트 광산 자금으로 건축된 건물로서 카네기 홀처럼 커튼, 소도구, 뚜껑문, 그리고 무대 바로 앞에 악단석을 갖추고 있는 전문적인 콘서트홀이었다. 나의 첫 출연 작품은 그리스도의 마지막 날들을 묘사한 종교 드라마, 「블랙 힐즈의 수난극 (Black Hills Passion Play of South Dakota)」이었다. 이 연극은 크리스마스 시즌이면 항상 주연을 맡은 전문 배우들, 비둘기 상자들, 당나귀 한 마리, 낙타 한 마리, 그리고 소도구 한 트럭과 함께 마을에 들어왔다. 그리고 늘 엑스트라가 필요한 부분이 있었다. 어느 해 나는 창을 들고 헬멧을 쓰고 가슴받이를 댄 로마병사역을 했다. 대사라고는 한 마디도 없는 역이지만 그건 중요하지 않았다. 나는 스타라도 된 것 같았다. 의상이 마음에 들었고 기분은 붕 뜬 것 같았다…… 로마병사로서 지구의 중심에 선 무적의 사나이처럼 느꼈다. 지금 생각해보면 한없이 오래 전에 있었던 엄청난 몸부림이었다.

지금 나는 그때처럼 무적이라고 느끼지 않는다. 교만인지도 모르지만 만족한다고 할 수는 없다. 사방이 둘러싸여서 보이는 것은 오직 나의 부엌이었다. 머핀과 핫도그, 국수, 크림을 부은 콘플레이크가 있었다. 콘 푸딩을 만들기 위해 넓은 대접에 밀가루를 휘젓고 계란을 섞고, 기저귀를 갈고, 젖병에 우유를 탔다. 어쨌든 이웃에게 방해되지 않게 움직이고 개를 산책시키는 틈틈이 피아노로 갔고 주어진 제목으로 연극에 들어갈 곡들을 작곡했다. 연극은 파괴적인 진실을 전하고 있었지만, 나는 그것으로부터 멀리 떨어져 있으려고 했다. 진실은 내게 가장 어울리지 않는 일이었고, 우리 집에 진실을 들이고 싶지 않았다. 오이디푸스는 진실을 찾으러 나가서 그것을 발견했을 때, 진실이 그를 파멸시켰다. 그것은 잔인하고 무서웠다. 진실은 감당하기가 어렵다. 나는 양쪽으로 말을 하고 당신은 서 있는 쪽에 따라 다른 말을 듣는다. 나는 만약 진실에 걸려 넘어지면 앉아서 그것을 진정시키고자 했다. 주초에 뉴욕에 가서 연극 프로듀서 스튜어트 오스트로우(Stewart Ostrow)를 만났다. 나는 작곡한 곡들을 가지고 뉴욕의 브릴 빌딩에 있는 그의 사무실에 가서 그것들을 녹음했고 그는 아세테이트 음반에 녹음한 것을 아치에게 보냈다.

뉴욕에 있는 동안 나는 아내와 함께 록펠러센터의 맨 위층에 있는 레인보우 룸으로 프랭크 시내트라 주니어를 만나러 갔다. 그는 오케스트라의 반주로 노래를 부르고 있었다. 왜 히피 순회여행에 그는 되고 누구는 안 되는가? 시비 거는 사람도 없고 좇는 사람도 없다는 것이 이유이다. 나는 우리가 거의 같은 나이이고 동시대를 살고 있다고 생각한다. 아무튼 프랭크는 멋진 가수였다. 그가 그의 아버지만큼 좋은 사람인지는 모르지만, 노래는 멋있었고 최고 음량을 내는 그의 밴드도 좋았다. 나중에 그는 우리 테이블에 와서 앉았다. 나 같은 사람이 자신을 만나러 온 것에 분명 놀랐지만 내가 순수하게 쇼를 즐기는 것을 보고 편안하게 대했다. 그는 「바람만이 아는 대답(Blowin' in the Wind)」과 「다시 생각하지 마(Don't Think Twice)」와 같은 내 곡들을 좋아한다고 말하면서 어디서 연주하느냐고 물었다. 나는 은퇴했고 은자처럼 살고 있었지만 그런 말을 하지 않았다. 그는 민권운동에 대한 이야기를 하면서 자기 아버지가 그 운동의 주도적인 역할을 했으며 항상 사회적인 희생자를 위해 싸웠다고 말했다. 그의 아버지는 자신도 그들 중 하나처럼 느꼈다고 한다. 프랭크 주니어는 상당히 똑똑하게 보였고 숨기는 것이나 거짓이 없었고 유복하게 보였다. 그가 하는 일은 합법적이었고 그는 자신이 누구인지 알고 있었다. 대화는 막힘이 없이 이어졌다.

"사회적인 희생자가 개자식으로 밝혀진 것을 알면 어떤 느낌이 들 거라고 생각하십니까?" 그가 물었다.

"모르겠는데, 아마 그리 유쾌하지는 않겠죠."

내가 대답했다. 벽면이 유리로 된 창이어서 도시의 장관을 내다볼 수 있었다. 60층에서 보는 또 다른 세상이었다.

잠시 후 나는 세상에서 가장 아름다운 피조물의 하나인 아내를 위해 빨간 꽃을 샀다. 그리고 우리는 프랭크에게 작별 인사를 하고 그곳을 나왔다.

맥클리쉬로부터 마침내 답장이 왔는데 몇 가지 질문을 하고 있었다. 나는 그가 질문하리라는 것을 예상하고 있었다. 그는 자신의 집에 와서 함께 곡을 손질해서 완성하고 작곡에 대해 더 많은 이야기를 했으면 좋겠다고 나를 초대했다. 잠시 망설이던 나는 포드 스테이션 웨곤에 올라타서 뉴잉글랜드 시골길을 다시 달렸다. 핸들을 잡고 앞을 바라보면서도 마음속에 울리는 소리를 듣지 않을 수 없었다. 나는 새장에 갇힌 새처럼 느껴졌다. 피난민처럼, 구부러진 고속도로를 지그재그로 달려가면서, 시체를 싣고 주 경계선을 넘다가 어느 때든 차를 길 한쪽에 댈 수 있는 그런 사람처럼 느껴졌다.

라디오를 틀었다. 자니 캐시가 「수라는 이름의 소년(Boy Named Sue)」을 부르고 있었다. 옛날에 자니는 단지 죽는 것을 보기 위해 리노에서 한 사람을 쏘았다. 이제 그는 아버지가 지어준 여자 이름 때문에 미칠 지경이라고 노래하고 있었다. 자니는 자신의 이미지를 바꿔보려고 노력하고 있었다. 그것 외에는 나와 그의 입장 사이에 별로 유사점이 없는 것 같았다. 나는 몹시 외로움을 느꼈고, 나의 자라나는 가족이 환상적인 마법의 세계에 직면해 있음을 느꼈다.

요즘 내 관심을 끌었던 일은 오클랜드에서 있었던 제리 쿼리와 지미 엘리스의 복싱 경기였다. 지미 엘리스는 '돈을 벌어서 집에 가는' 유형의 사람이었다. 권투는 그에게 더도 덜도 아닌 직업이었다. 그는 부양해야 될 가족이 있었고 전설이 된다거나 기록을 깨뜨리는 것에는 관심이 없었다. 백인 권투선수인 제리 쿼리는 새롭게 나타난 위대한 백인의 희망이라는 말로 선전되고 있었다. 밉살스러운 호칭이었다. 캘리포니아까지 화물열차를 타고 온 제리의 아버지는 아무 역할도 하려고 하지 않았다. 그를 격려하러 온 백인 자경단원들은 쿼리의 마음을 움직이지 못했고 격렬한 분위기를 조성하지도 못했다. 제리는 그들의 편협한 충성을 받아들이지 않았고, 주변에서 소용돌이치는 정신분열을 무시했다. 그는 속임수가 필요한 사람이 아니었다. 나는 엘리스와 쿼리 두 사람의 생각에 공감하면서 우리의 입장과 그 반응 사이에 유사점이 있음을 알았다. 쿼리처럼 나는 표상, 상징 혹은 대변인이라는 것을 인정하지 않았고 엘리스처럼 부양할 가족이 있었다.

청명한 가을날, 차를 달리는 동안 경치가 흐릿하게 보였고 잠시 원을 돌고 있는 것처럼 느꼈다. 얼마 후 나는 천천히 차를 몰아서 매사추세츠 아치의 집에 도착했다. 전과 같이 안내를 받아 나무다리를 건넜다. 길 위로 키 큰 죽은 나무가 가지를 뻗고 서 있었다. 모든 것이 조용하고 그림같이 아름다운 풍경이었다. 햇빛을 받아 맺힌 이슬방울이 스며서 썩어가는 낙엽이 쌓인 작은 도랑을 건너고, 메마른 바위 등성이를 올라가서 그의 작업실 문 앞으로 인도되었다. 나는 건물에 기대 세워 놓은 목제 메이소나이트 보드를 지나갔다. 그것은 초벌 페인트칠을 하고 에나멜을 칠한 후 플라스틱 글자를 붙여놓은 표지판이었다. 다시 한번 나는 그를 기다리면서 창밖의 시원한 계곡과 맑은 물과 들풀을 내다보았다. 방안에도 꽃들이 많이 있었다. 짙은 자주색 꽃들, 만지면 거칠거칠하게 느껴지는 양치류처럼 생긴 꽃들, 가운데가 하얀 푸른 꽃들, 봉오리의 끝이 돌돌 말린 바이올린처럼 생긴 꽃들도 있었다. 아치가 들어오면서 다정하게 인사했다. 마치 옛 친구를 만난 것 같았다. 나는 그가 무거운 이야기를 꺼낼 것인가 하고 생각했지만 그는 소문을 화제로 삼지 않았다.

그는 자신이 제안했던 것처럼 노래가 왜 더 어둡게 느껴지지 않는지 궁금해 했다. 그리고 다시 특정 인물들을 설명했다. 무엇보다도 주인공은 시기심이 많고 남을 중상하고 괴롭히는 인물이므로 그런 점들을 부각시켜야 한다고 말했다. 나는 거기 앉아 있는 자신이 교양 없는 인간으로 타락하는 것처럼 느꼈고, 내 안의 두 부분이 싸우기 시작하는 것을 느꼈다. 맥클리쉬는 분명한 대답을 원하며 진지한 눈빛으로 나를 바라보았다. 그는 대부분의 사람들이 평생 습득할 수 있는 것 이상의 많은 지식을 소유하고 있었다. 나는 일이 엉망으로 꼬였다고 말하고 싶었다. 핸드마이크를 가진 폭도가 우리 집을 에워싸고 돌며 나에게 거리로 나와서 시청, 월 스트리트, 국회의사당으로 가는 시위대의 행진을 인도하라고 요구하고 있고…… 신화 속의 인물들이 내 삶을 엮어오고 있는 실을 지금 끊고 있으며…… 워싱턴에는 수만 명의 데모대가 있고, 경찰은 대통령 관저를 보호하기 위해 수송 버스를 연결해서 백악관을 둘러싸고 있다는 얘기를 하고 싶었다. 대통령은 안에서 축구경기를 보고 있었다. 알지도 못하는 사람들이 내게 명령을 내리라고 요구하고 있었다. 그들은 내가 모든 것을 던져버리고 싶게 만들고 있었다. 꿈속에서 군중들은 '우리를 따라서 끼어들라'고 고함치고 노래하며 내게 시비를 걸었다. 나는 인생 자체가 배회하는 사자로 변했다고 말하고 싶었다. 폭발하는 허튼수작들을 피하는 것이 필요하다고 말하고 싶었다. 나는 방을 힐끗 둘러보았다. 서가에는 책들이 가득 꽂혀 있었고 『율리시즈』가 눈에 들어왔다. 콜롬비아 레코드사 회장 고다드 리버슨이 『율리시즈』 초판본을 내게 선물했는데 그것을 숨길 수도 없고 어떻게 할 수가 없었다. 제임스 조이스는 아주 거만한 사람처럼 보였다. 두 눈을 크게 뜬 훌륭한 언어능력을 가진 사람 같았지만 나는 그가 무슨 말을 하는지 알 수 없었다. 나는 궁금증을 풀기 위해 맥클리쉬에게 제임스 조이스에 대해 설명해 달라고 부탁하고 싶었다. 그가 설명해 주리라는 것을 알았지만 부탁하지 않았다. 우울해진 나는 그의 연극이 주는 메시지에 내가 아무것도 할 수 없다는 것을 다시금 깨달았다. 아무튼 그는 내 도움이 필요하지 않았다. 그는 그의 연극에 들어갈 노래에 대해 이야기하기를 원했다. 그것이 내가 거기 간 이유였지만 희망이 없었고 해야 될 것도 없었다. 곧 모든 것이 분명해졌다.

해가 지고 어둠이 무겁게 내려앉았다. 저녁식사를 같이 하자는 초대를 받았지만 정중히 거절했다. 그는 내게 인내심을 보였다. 나오는 길에 나는 갑자기 표범 소녀(Leopard Girl)를 보았던 때가 퍼뜩 떠올랐다. 가끔 삶의 파편으로부터 건져낸 옛 기억들과 과거에 보았던 것들이 별 이유 없이 생각날 때가 있다. 표범 소녀가 그랬다. 한 호객꾼이 그녀에 대해 설명했다. 노스캐롤라이나에서 그녀를 임신하고 있던 어머니가 한밤중 어두운 길에서 표범을 보았고 그 동물은 태어나지 않은 아이의 운명에 표시를 했다는 것이다.

지금 나는 맥클리쉬와 우리 모두 태어나기 전에 어떤 비밀 스티커를 받았고 거기에 우리 이름이 표시된 것이 아닌가 하는 생각이 들었다. 그것이 사실이라면 우리 중 누구도 아무것도 바꿀 수 없다. 우리는 모두 힘든 경주를 하고 있었다. 모두 정해진 대로 게임을 하거나 하지 않는다. 만약 비밀 사인이 사실이라면 누군가를 판단하는 것은 정당하지 못할 것이다 나는 맥클리쉬가 나를 판단하지 않기를 희망했다.

떠날 시간이었다. 만약 그 집에 더 머물 생각이라면 내가 잘 방을 정해야 했다. 나는 단지 호기심에서 왜 직접 작곡을 하지 않느냐고 그에게 물었다. 그는 자신은 작곡가가 아니고 그의 연극에 다른 목소리, 다른 견해가 필요하고, 가끔 우리는 너무 자만하게 된다고 말했다. 작은 시내를 건너서 다시 걸어 나왔다. 아치의 연극은 너무 비극적이었다. 한밤의 살인으로 가득 찬 내용이었다. 연극이 목적하는 것을 내 것으로 만들 수는 없었지만, 그를 만난 것은 아주 좋았다. 그는 우리들 대부분이 땅을 떠나지 못하고 있을 때 달에 도착한 사람이었다. 어떤 면에서 그는 내게 대서양을 헤엄치는 법을 가르쳐 주었다. 고마움을 전하고 싶었지만 어려웠다. 우리는 차도에서 서로 손을 흔들었다. 나는 그를 다시 만나지 못하리라는 것을 알고 있었다.

녹음 프로듀서 밥 존스턴(Bob Johnston)이 전화를 했다. 그는 지금 내슈빌에서 이스트햄프턴에 있던 내게 연락한 것이다. 우리는 거대한 느릅나무들이 서 있는 조용한 거리에 창에 덧문이 달린 식민지풍의 집을 세내어 살고 있었다. 높은 산울타리가 집을 둘러싸고 있어서 거리에서는 집이 보이지 않았다. 넓은 뒷마당이 있었고 문밖의 모래언덕을 지나면 사람들의 발길이 닿지 않은 원시의 대서양 해변으로 나갈 수 있었다. 그 집은 헨리 포드의 소유였다. 이스트햄프턴은 원래 농부와 어부들이 정착했던 곳이지만 지금은 예술가, 작가, 그리고 부유층들의 안식처가 되어 있었다. 삶의 균형이 심각하게 깨졌을 때 돌아가 쉴 수 있는 그런 곳이었다. 그곳 주민들 중에는 300년 동안 대를 이어 산 사람들도 있었고, 1700년에 지어진 집들도 있었다. 옛날에 마녀 재판이 열렸던 곳이기도 했다. 웨인스콧, 스프링스, 애머갠세트의 초록색 넓은 들판, 영국식 풍차, 일년 내내 마법과 독특한 종류의 빛이 숲과 대양을 비추는 곳이었다.

나는 그곳의 풍광을 그리기 시작했다. 할 일은 아주 많았다. 우리는 다섯 명의 아이들을 데리고 자주 해변으로 갔다. 만에서 보트를 타고, 대합조개를 찾아 모래를 뒤지고, 몬터크 근처 등대에서 오후를 보냈다. 가디너 섬에 가서 키드 선장이 숨겨놓은 보물을 찾거나, 자전거를 탔다. 유모차를 끌고 웨곤을 타고 영화를 보러 가기도 하고, 노천 시장을 돌아다니고 디비전 거리를 걸었다. 차를 타고 드 쿠닝의 스튜디오가 있는 화가들의 천국 스프링스까지도 여러 번 갔다. 우리는 어머니의 가정부 이름으로 집을 빌렸기 때문에 아무도 몰랐다. 내 이름은 사람들을 불편하게 만들지만 얼굴은 알려지지 않았기 때문이었다.

나는 주초에 뉴저지주 프린스턴에 다녀왔다. 그곳에서 명예 박사학위를 받았는데 기묘한 경험이었다. 아무튼 나는 데이비드 크로스비(David Crosby)를 데리고 갔다. 크로스비는 새로운 수퍼그룹에 참가하고 있었지만, 그가 웨스트 코스트 음악 무대에 섰던 버즈의 멤버였을 때부터 나는 그를 알고 있었다. 그들은 내 곡 「탬버린 치는 사람(Mr. Tambourine Man)」을 녹음했고 그 음반이 차트 1위에까지 오르면서 대성공을 거두었다. 크로스비는 다채로운 경력을 가지고 있었고 마술사의 케이프를 두르는 예측할 수 없는 인물이었다. 사람들과 잘 어울리지 않았는데 하모니를 주도하는 아름다운 목소리를 가지고 있었다. 그는 죽음 직전에서 비틀거리고 있었지만 그때까지도 도시의 한 블록을 열광시킬 수 있었다. 나는 그를 아주 좋아했다. 그는 버즈에 어울리지 않았다. 다루기 힘든 동료가 될 수도 있었다.

우리는 뜨겁고 구름 한 점 없는 날 69년형 뷰익을 타고 80번 도로에서 멈춰서 대학교를 찾았다. 교직원들이 나를 사람들이 많은 방으로 데리고 들어가서 예복을 입혔다. 나는 곧 옷을 잘 차려입은 군중들을 내려다보고 있었다. 강단 위에는 명예 학위를 받는 사람들이 또 있었다. 그들이 명예 학위가 필요한 것만큼 나도 학위가 필요했지만 이유는 각자 달랐다. 진보적인 컬럼니스트 월터 리프먼, 코레타 스코트 킹, 그밖의 다른 사람들이 강단 위에 있었는데 모든 시선은 나를 향하고 있었다. 나는 군중들을 바라보면서, 백일몽을 꾸어가며, 주의를 집중하지 못하는 장애를 일으키면서, 뜨거운 열기 속에 서 있었다.

내가 학위를 받을 차례가 왔을 때 사회자가 나를 소개했다. 그는 내가 운문과 시에 대단히 뛰어나다는 것과, 이제 대학의 독자적인 권리와 특권을 즐길 수 있다는 말을 했다. 그리고 나서 이렇게 덧붙였다.

"그는 수백만의 사람들에게 알려졌지만 공개적으로 알려지는 것과 조직체들을 피하고, 가족의 단결과 세상으로부터 고립을 좋아하며, 위험한 30대에 접근하고 있지만 핍박받는 사람들을 진심으로 대변하는 젊은 아메리카의 양심으로 남아 있습니다."

오, 맙소사! 예상치 못한 충격이었다. 나는 몸을 떨었지만 아무런 내색을 하지 않았다. 젊은 아메리카의 양심이라니! 또 시작되고 있었다. 믿을 수가 없었다! 다시 한번 속은 것이다. 사회자는 많은 것들을 말할 수 있었다. 내 음악에 대해 몇 가지를 강조할 수도 있었다. 그가 군중들에게 내가 세상으로부터 고립되는 것을 좋아한다고 말했을 때 그것은 마치 쟁반에 음식을 꾹꾹 담아 가지고 철제 무덤에 들어가는 것을 좋아한다고 말하는 것 같았다.

　햇빛에 눈이 부셨지만 사람들이 이상한 표정으로 멍하니 나를 바라보는 것을 알 수 있었다. 나는 너무 화가 나서 자신을 물어뜯고 싶었다. 최근에 나에 대한 사람들의 인식이 요요처럼 오르락내리락하면서 바뀌고 있었다. 하지만 이런 식의 발언은 다시 예전으로 돌려놓을 수 있었다. 무슨 일이 일어나고 있는지 몰랐던 것일까? 러시아 신문《프라우다》도 나를 돈에 굶주린 자본주의자라고 불렀다. 공공건물을 폭파하기 위해 지하실에서 사제 폭탄을 만드는 악명 높은 반체제 그룹 웨더맨(Weathermen)도 내 노래의 가사에서 만든 그들의 이름을 최근에 웨더 언더그라운드(Weather Underground)로 바꾼 바 있었다. 나는 모든 종류의 진실성을 잃어버리고 있었다. 세상에는 온갖 일들이 일어나고 있었다. 그래도 학위를 받으러 온 것이 기뻤다. 나는 학위를 활용할 수 있었다. 학위를 보고 만지고 냄새를 맡는 모든 것이 결과적으로 존경할 만한 사회적 지위와 우주의 어떤 정신적인 것을 갖게 해줄 터였다. 예식이 거행되는 동안 나는 갈 길을 속삭이고 중얼거린 후에 두루마리 증서를 받았다. 우리는 뷰익에 올라타서 쏜살같이 달렸다. 이상한 날이었다. 크로스비가 중얼거렸다.

　"자동으로 움직이는 바보들."

　존스턴은 전화로 녹음할 생각이 있느냐고 물었다. 물론이었다. 내 음반이 팔리고 있는 한, 녹음할 생각을 왜 하지 않겠는가? 녹음할 곡들이 많지는 않았다. 내가 가진 것은 맥클리쉬의 곡들인데, 거기에 추가할 수도 있고, 해야 한다면 스튜디오에서 좀더 보충할 수 있지 않을까 하고 생각했다. 존스턴과 같이 작업하는 것은 취중에 난폭운전을 하는 것이라고 할 수 있었다. 밥 존스턴은 재미있는 재즈 연주자였다. 원래 웨스트 텍사스 출신인 그는 테네시에서 살고 있었다. 레슬링 선수처럼 체격이 좋은 데다 두툼한 손목, 큰 팔뚝, 넓은 가슴둘레, 작지만 실제보다 커보이게 만드는 성격을 가진 음악인이고 작곡가였다. 그가 쓴 곡 중에 엘비스가 녹음한 곡도 두 곡이나 되었다.

존스턴은 우리를 내슈빌로 이사시키려고 애를 쓰고 있었다. 그는 우리가 갈 때마다 그 집이 편안하고 필요한 것은 모두 갖추고 있다고 말하면서 팔려고 노력했다. 개축된 집이라고 그는 말했다. 이곳 사람들은 자신의 일에만 몰두해서 누가 뭘 하는지 상관하지 않는다. 당신이 아침까지 길에 서 있어도 아무도 쳐다보지 않을 것이다.

나는 녹음하러 그곳에 두세 번 갔었고 66년도에 그곳에서 처음 녹음했다. 그 도시는 비누 거품에 싸인 도시 같았다. 그들은 머리가 길다는 것 때문에 알 쿠퍼와 로비 로버트슨과 나를 거의 추방하다시피 했다. 당시 스튜디오에서 녹음한 노래들은 모두 행실이 나쁜 아내가 남편을 속이고 바람을 피우거나 그 반대의 경우를 노래한 것들이었다.

존스턴은 그의 빨간 엘도라도 컨버터블을 천천히 내슈빌로 몰고 가며 눈에 보이는 것들을 가리켰다.

"저게 에디 아놀드의 집이야."

그는 또 다른 집을 가리켰다.

"저 집엔 웨이런이 살고 있어. 저기 저 집은 톰 T. 홀의 집이야. 저건 패런 영의 집이지."

그는 모퉁이를 돌아서 또 어딘가를 가리켰다.

"포터 웨고너의 집은 저 길 위에 있어."

나는 큰 가죽 쿠션에 등을 기대고 동쪽에서 서쪽까지 둘러보았다.

존스턴은 눈에 불을 켜고 있었는데 사람들이 '탄력' 이라고 부르는 것을 가지고 있었다. 그는 그가 가진 불꽃, 그 정신을 나누었다. 콜롬비아 레코드사의 포크와 컨트리 프로듀서인 그는 백 년이나 늦게 태어났다고 할 수 있었다. 그는 넓은 케이프를 두르고, 깃털 달린 모자를 쓰고, 칼을 높이 들고 말을 달렸어야 했다. 존스턴은 그를 방해하는 경고는 모두 무시했다. 음반을 제작하는 그의 아이디어는 기계에 기름을 치고, 돌리고, 최고 속도를 내게 하는 것이었다…… 그가 누구를 스튜디오에 데려오는지 알 수 없었고, 항상 사람들이 붐볐지만 모든 사람들에게 자리를 찾게 해주는 것으로 보였다. 녹음이 제대로 되지 않거나 일이 혼란스러워지면 그는 스튜디오에 나와서 이렇게 말했다.

"여러분, 스튜디오에 사람들이 너무 많군요."

그것이 일을 해결하는 그의 방식이었다. 값싼 시골 바비큐를 먹고 사는 그는 아주 매력적이었다. 내슈빌의 판사인 친구 한 사람을 '꼬리를 자른 정치인' 이라며 이렇게 말했다.

"언젠가 당신들 두 사람을 만나게 해줄게. 그를 만나 봐."

존스턴은 비현실적인 사람이었다. 하지만 이번에는 내슈빌에서 녹음을 하지 않고 뉴욕에서 녹음하기로 했고 그가 음악인들을 섭외해서 데리고 오거나 뉴욕에서 찾아보기로 했다.

나는 그가 이번에는 누구를 데리고 올 것인지 궁금해 하면서 찰리 대니얼스(Charlie Daniels)를 데리고 왔으면 좋겠다고 생각했다. 존스턴은 전에 찰리를 데리고 온 적이 있었지만 실패한 적도 몇 번 있었다. 나는 찰리와 공통점이 많다고 느꼈다. 그가 사용하는 표현, 유머 감각, 일과의 관계, 어떤 일에 대한 관용 등이 비슷하다고 느꼈다. 우리는 같은 꿈을 꾸고 같은 거리에 있는 목적지를 향하고 있는 것처럼 느꼈다.

그의 많은 추억들이 나와 일치하는 것으로 보였다. 찰리는 빈둥거리는 것 같아도 늘 뭔가 하고 있었다. 나는 그때 밴드가 없었으므로 밴드를 만들려면 프로덕션 디렉터나 프로듀서에 의지해야 했다. 찰리가 주변에 있으면 뭔가 좋은 일이 생기곤 했다. 존스턴은 찰리의 마음을 움직여 노스캐롤라이나에서 내슈빌로 오도록 했고, 기타 연주와 다른 가수의 녹음에 보조악기 연주를 맡게 했다. 찰리는 바이올린을 연주했지만 존스턴은 찰리가 나와 녹음할 때 바이올린을 연주하지 못하게 했다. 몇 년 전에 찰리는 고향에서 재규어라는 밴드를 가지고 있었고, 록과 컨트리 음악 요소를 지닌 로커빌리 음반을 몇 곡 취입했다. 나도 역시 같은 시기에 고향에서 밴드를 가지고 있었는데 음반은 내지 못했다. 우리의 젊은 시절이 다소 비슷하다고 느꼈다. 찰리는 결국 대성공을 거두었다. 올맨 브라더스와 레너드 스키너드의 연주를 들은 후 그는 자신의 적성을 발견했고 역동적인 자신의 상표를 가지고 새로운 형태의 힐리빌리 부기를 내놓으면서 자신을 증명했다. 그것은 순수한 재능이었다. 초현실적인 이중 바이올린 연주와 「마귀는 조지아로 내려갔네(Devil Went Down to Georgia)」와 같은 멋진 곡들을 연속해서 내놓았다. 한동안 찰리는 모든 것을 가지고 있었다.

우연히 레너드 스키너드를 발견했던 알 쿠퍼(Al Cooper)가 나의 베스트 음반을 몇 곡 연주했었다. 그래서 나는 존스턴에게 쿠퍼를 부르라고 요청했다. 존스턴에게 출연시킬 사람을 제안한 것은 그때뿐이었다. 나는 쿠퍼가 뉴욕에 있을 거라고 생각했다. 그는 브루클린 아니면 퀸즈 출신인데 10대 그룹 로얄 틴스의 멤버였다. 그 그룹은 「짧은 반바지(Short Shorts)」라는 곡을 히트시켰다. 알 쿠퍼는 다양한 악기를 연주했다. 그리고 그 악기에 모두 능숙했다. 그는 제대로 느끼는 사람이었다. 뉴욕 무대를 벗어난 작곡가였는데 진 피트니가 그의 노래를 취입했다. 쿠퍼는 블러드 스윗 앤 티어스(Blood Sweat & Tears), 블루스 프로젝트(The Blues Project)와 같은 그룹을 결성했고, 스티븐 스틸스(Steven Stills), 마이클 블룸필드(Michael Bloomfield)와 같이 수퍼그룹을 결성하기도 했다. 하지만 그는 그들의 곁을 떠났다. 그는 인재 발굴 담당자이기도 했다. 백인 세계의 아이크 터너(Ike Turner)라고 할 수 있었다. 그가 필요로 하는 것은 열창하는 어린 여가수였다. 재니스 조플린(Janis Joplin)이 알의 손을 거치면 완벽한 간판 가수가 될 수 있을 것 같았다. 나는 언젠가 앨버트 그로스맨에게 그 이야기를 했다. 그로스맨은 나의 매니저였다가 지금은 재니스의 매니저로 있었다. 그로스맨은 그건 아주 어리석은 일이라고 말했다. 나는 그렇게 어리석다고 생각하지는 않았지만 비현실적이라는 생각은 들었다. 안타깝게도 재니스는 곧 사망했고 쿠퍼는 영원히 잊혀진 인물이었다. 나는 매니저가 되어야 했다.

일주일이 지났을 때 나는 작업을 총지휘하면서 존스턴과 함께 콜롬비아 레코드의 뉴욕 스튜디오에 앉아 있었다. 그는 내가 녹음하는 모든 것이 환상적이라고 생각했다. 그는 항상 그렇게 생각하는 사람이었다. 우리가 뭔가 굉장한 노다지를 캘 것이고 모든 것이 안정될 거라고 생각하고 있었다. 그러나 노다지는커녕 안정된 것은 아무것도 없었다. 한 곡이 완성되고 녹음이 끝난 뒤에도 마찬가지였다. 한번은 연주하던 중 쿠퍼가 피아노로 테디 윌슨의 반복 악절을 연주했다. 방안에는 합창단에서 선발된 것 같은 세 사람의 젊은 여가수들이 있었는데 한 가수가 즉흥적으로 쉿 하는 소리를 내며 노래했다. 전체적으로 한 곡이 마무리되었고 그것은 「개들이 멋대로 달리면(If Dogs Run Free)」이라고 불리게 되었다.

전에 맥클리쉬의 연극을 위해서 작곡한 곡들을 녹음했는데 멜로디가 아름답고 아주 만족스러웠다. 가사의 단편들과 가락과 오프비트 악구들이 적절했다. 중요한 것은 내 명성이 아직 견고했고, 적어도 이 곡들은 끔찍한 헤드라인을 만들지 않을 거라는 기대가 있었다. 메시지가 담긴 곡? 그런 것은 없었다. 이 곡을 듣는 사람은 실망할 수 있는데, 그 곡들로 내가 성공할 것을 기대했기 때문이었다. 여전히 뭔가를 기대하는 분위기를 느낄 수 있었다. 옛날의 그는 언제 돌아올 것인가? 언제 문이 벌컥 열리고 바보가 나타날 것인가? 오늘은 아니었다. 나는 이 곡들이 시가 연기 속에 사라질 수도 있다고 느꼈는데 내게 어울리는 일이었다. 그 음반들이 여전히 팔린다는 사실이 놀랍기만 했다. 최신식의 멋진 곡들일 수도 있고, 아닐 수도 있다. 하지만 사람들이 생각하는 무섭게 으르렁거리는 종류가 아니었다. 나는 그런 곡들이 어떤지 알고 있으며 지금 녹음한 곡들은 그런 곡이 아니었다. 내가 재능을 갖지 않았다는 것이 아니라 바람의 힘을 충분히 느끼지 않았다는 것이었다. 별의 폭발이 없었다. 나는 연주대에 기대서서 녹음한 곡을 재생해서 들었다. 만족스럽게 들렸다.

존스턴이 전에 이렇게 물은 일이 있었다.

"이 음반은 뭐라고 부를 생각이야?"

타이틀! 누구나 제목을 좋아한다. 타이틀은 많은 이야기를 담고 있다. 나는 그것을 생각해 본 적도 없었다. 하지만 나와 빅토리아 스피비의 사진이 있다는 것을 기억했다. 그 사진은 몇 년 전 작은 녹음실에서 찍은 것이었다. 나는 곡들을 녹음하기도 전에 음반 커버에 그 사진이 들어갈 것을 알고 있었다. 아마 마음속에 음반커버가 있었고 음반의 종이 케이스에 들어갈 필요가 있었기 때문에 이 음반을 만들었는지도 몰랐다. 그럴 수 있었다.

"다운 앤 아웃 온 더 씬(Down and Out on the Scene)은 어떻게 들려?"

존스턴은 나를 빤히 바라보더니 자기 마음대로 그것을 이해했다.

"제기랄, 그들 모두의 엄니를 뽑겠는걸."

나는 그가 말하는 '그들 모두' 가 누군지 모르지만, 아마 콜롬비아 레코드의 중역들이 아닌가 싶었다. 존스턴은 늘 이런저런 이유들로 그들과 사이가 좋지 않았다. 그들을 모두 방울뱀 같은 인간들이라고 생각하고 있었다.

"어디야, 어디? 커야 되는데."

그가 물었다. 존스턴은 장소를 좋아했다. 그는 「샌 쿠엔틴의 자니 캐시(Johnny Cash at San Quentin)」 음반을 제작했었다. 장소의 이름 붙이는 것을 좋아했는데 분위기를 만든다고 생각하기 때문이었다.

"아, 몰라, 어딘가 세상 위겠지. 파리, 바르셀로나, 아테네…… 이런 곳 중 하나야."

존스턴은 여기저기를 찾아보았다.

"빌어먹을, 여행 지도가 있어야겠군. 멋있다!"

하지만 멋있지 않았다. 어쨌든 타이틀을 얘기하기에는 너무 일렀다.

나는 방안을 찬찬히 둘러보았다. 그리고 일어나서 초조하게 오락가락하다가 벽의 시계를 쳐다보았다. 시계가 뒤로 가는 것처럼 보였다. 얼굴에 주름살이 생기고 눈의 흰자위가 노랗게 변하는 것을 느끼면서 다시 자리에 앉았다. 알 쿠퍼는 지리하고 따분한 이야기를 늘어놓으면서 익살을 부리고 있었다. 테이블에 놓여 있는 《콜리어스》, 《빌보드》,

《룩크》 같은 잡지들을 뒤적거리면서 대니얼스가 바이올린으로 음계를 연습하는 것을 들었다. 《메일》지에 난 기사 중에 2차 대전 때 무선기사였던 제임스 랠리라는 사람이 비행사와 함께 필리핀에서 추락했다는 기사가 있었다. 속이 뒤집히는, 여과되지 않은 기사였다. 비행사인 암스트롱은 추락할 당시 사망했지만 랠리는 일본군의 포로로 잡혔고, 일본군은 그를 캠프로 데리고 가서 사무라이 칼로 목을 베고 그의 목을 총검 연습용으로 사용했다는 것이다. 나는 잡지를 저리 밀어놓았다. 드럼 주자인 러스 쿤켈이 의자에 앉아 반쯤 눈을 감고 북채를 두드리며 침울하게 유리창 밖을 쳐다보고 있었다. 나는 랠리에 대한 생각을 멈출 수 없었고 바람 속에서 흐느낌 같은 것을 느꼈다.

기타 주자인 버지 페이튼이 녹음할 곡의 기초를 다듬고 있었는데 어쩌면 우리는 내일이나 모래, 혹은 영원히 완성하지 못할 수도 있었다. 존스턴은 늘 그렇듯이 유쾌한 표정으로 들어왔다. 그는 열정이 아주 많았다. 누구든 무슨 일에 오랫동안 흥미를 갖기는 어려운 일인데 그는 끊임없이 강한 흥미를 보였다. 그런데 일부러 그러는 것이 아니었다. 나는 「뉴 모닝(New Morning)」이라는 곡을 재생해서 들었는데 꽤 괜찮다는 생각이 들었다. 뉴 모닝이란 타이틀도 좋은 것 같았다. 나는 존스턴에게 이렇게 말했다.

"이봐, 자넨 내 마음을 읽고 있군. 마음을 읽으면 사람을 자네 손바닥 안에 놓게 될 거야. 자네가 잠자는 동안 이해하는 걸 사람들은 정신수련코스를 수강해야 이해할 수 있을걸."

정확한 말이었다. 나는 존스턴이 말한 것이 무슨 뜻인지 알려면 독심술 과정을 수강해야 할 것이다. 그것은 중요한 일이 아니었다. 하지만 밥이 그 타이틀을 가져온 곳을 알고 있었다. 나는 해리 로레인의

『마인드 파워의 비밀』이라는 책을 스튜디오에 가져와서 소파 위에 놓아두었다. 그 책이 내 이미지를 일시 고정시키고, 가능하면 내 자아의 그림자만 나타낼 수 있는 방법을 배우도록 도울 수 있지 않을까 하고 생각했다.

그러나 해리 로레인은 마키아벨리의 적수가 아니었다. 몇 년 전에 나는 『군주론』을 읽고 그 책을 대단히 좋아했다. 마키아벨리가 말한 것은 대부분 사리에 맞았지만 잘못된 주장을 편 부분도 있었다. 이를테면 사랑받는 것보다는 두려움이 낫다고 말할 때와 같은 경우이다. 그것을 보면 마키아벨리가 제대로 생각하고 있는 것인지 의아한 생각이 든다. 나는 그가 뜻하는 것을 알지만 인생에는 가끔 사랑받는 사람이 마키아벨리가 꿈꾸었던 것보다 더 공포를 일으킬 수 있다.

결국 우리가 작업하고 있던 음반은 실제로 「뉴 모닝」(맥클리쉬의 연극을 위해 작곡했던 곡의 타이틀)으로 불리게 되었고 나와 비키의 사진이 실렸다. 12곡이 실린 음반이 발매되었고 기사들이 쏟아져 나왔다. 어떤 비평가는 앨범이 활기가 없고 감상적이고 부드러운 것을 발견했고, 또 다른 비평가는 결국 옛날의 그가 돌아온 것을 보고 의기양양했다. 마침내 그가 왔다. 논평이 길지는 않았다. 나는 그것을 모두 좋은 징조로 받아들였다. 확실히 앨범 자체는 전국을 뒤흔드는 반응을 일으키지도 않고 현상 유지를 위협하지도 않았다. 이것은 모두 비평가들이 나중에 나의 '중간 시기'라고 언급하게 될 것이었고, 많은 캠프에서 이 음반은 컴백 앨범으로 여겨졌다. 사실이었다. 「뉴 모닝」은 첫번째 컴백 앨범이 되었다.

맥클리쉬의 연극 「스크래치」는 1971년 5월 6일 브로드웨이 성 제임스 극장에서 초연되었고 이틀 뒤인 5월 8일 폐막되었다.

4
드디어 행운이

1987년, 이상한 사고로 심하게 부상을 입은 내 손은 회복 단계에 있었다. 살이 찢어지고 뼈까지 으스러지는 상처를 입어서 아직도 통증을 느끼는 상태였고, 내 손이라는 느낌이 들지 않을 때도 있었다. 내게 무슨 일이 일어난 것인지 몰랐지만 그것은 믿을 수 없는 운명의 변화였다. 모든 가능성이 산산조각났다. 봄부터 시작되는 공연 스케줄이 1백 회나 되지만 공연을 할 수 있을지 확실치 않았다. 정신이 번쩍 나는 일이었다. 지금이 1월인데 손이 치료받고 회복되려면 많은 시간이 필요했다. 나는 손에서 거의 팔꿈치까지 깁스를 한 채 프랑스식 창문으로 웃자란 정원을 내다보면서 연주를 못하게 될지도 모른다는 사실을 깨달았다. 어떤 면에서 맞는 말일 수도 있었다. 그때까지 나는 내가 가진 재능을 한계점을 넘어서까지 이용하면서 자신을 속여 왔기 때문이다. 그것을 알고 있었으나 최근에 상황이 바뀌었고 지금은 상황에 대한 역사적인 암시가 나를 괴롭히고 있었다.

여러 해 동안 대중들은 변함없이 습관적으로 녹음된 내 음반을 듣고 있었지만, 라이브 공연은 노래에 숨어 있는 정신을 사로잡지 못한 것처럼 보였다. 노래에 생명력을 주는 데 실패하고 있었다. 무엇보다도 친밀감이 사라졌다. 청중들은 황량한 과수원과 죽은 초원을 통과하는 것처럼 느꼈을 것이다. 현재의 청중이나 미래의 청중은 내가 들어가려는, 새로 갈아엎은 들판을 경험할 수 없을 수도 있었다. 여기에는 위스키를 병에서 따르는 이유처럼 많은 이유들이 있었다. 늘 많은 곡들을 만들었지만 정확하고 꼼꼼하지 못했고, 정신을 산란하게 하는 많은 일들이 음악 진로를 덩굴이 우거진 밀림으로 바꿔놓았다. 나는 확립된 관습들을 따랐지만 효과가 없었다. 창문은 몇 년 동안 판자로 가려져 있었고, 거미줄에 덮여 있었다. 내가 그것을 몰랐던 것 같지는 않다.

그보다 먼저, 상황이 변했는데 추상적이 아니었다. 두세 달 전에 평범하지 않은 어떤 일이 일어났고, 나는 역동적인 원칙들을 깨닫게 되었다. 그리고 그 원칙들에 의해 나의 공연은 변경될 수 있었다. 서로 점화시킬 수 있는 일정한 테크닉의 요소들을 결함시킴으로써 인식의 단계를 바꿀 수 있었다. 특정한 시간구조와 리듬 체계가 노래에 더 밝은 표정을 주었고, 노래를 무덤에서 불러올려 뻣뻣한 수족을 좍 펴고 똑바로 세울 수 있었다. 그것은 마치 내 정신의 각 부분이 천사들에 의해 의사소통한다고 말할 수 있었다. 벽난로에는 불길이 활활 타올랐고 바람이 포효하고 있었다. 베일이 걷혔다. 크리스마스 계절에 토네이도가 이곳을 덮쳐 모든 가짜 산타클로스를 옆으로 밀어내고 자갈을 휩쓸어갔다. 이 일이 일어나는데 왜 그렇게 오랜 시간이 걸린 것인지 도무지 알 수 없었다. 더 일찍 일어나지 않은 것이 너무 수치스러웠다. 나는 또 내가 연주했던 음악의 스타일을 보완하기 위해 완벽한 가사를 썼다는 것을 알았다. 지난 10년은 내게 있어서 결점에 눈을 감고 세월을 낭비하면서 보낸 시간이었다. 공연이 시작되기 전에 수없이 무대 가까이 가서 자신과의 약속을 지키지 않았다고 생각하는 자신을 발견하곤 했다. 그 약속이 어떤 것인지 정확하게 기억할 수 없었지만 어딘가로 다시 돌아가야 한다는 것이었다. 이 문제를 해결하려고 애를 썼지만 무슨 방책이 있는 것 같지 않았다. 비결을 알기만 하면 그것을 궤도에 고정시켰을 텐데 알 수가 없었다. 성황 중이던 내 공연이 잠시 주춤하는 것 같더니, 거의 끝나 버린 것 같았다. 내가 얼마나 많이 내 발등을 찍었는지 모른다. 전설적인 사람으로 알려지고 사람들이 돈을 내고 보러 온다는 것은 기분 좋은 일이지만, 대부분의 사람들에게 공연을 보러 가는 것은 한 번으로 충분하다. 나는 자신과 사람들의 시간을 낭비하지 않고 상품을 전달해야 한다. 나는 실제로 무대로부터 사라진 것은 아니지만, 길이 좁고 거의 막혀 있었다. 나는 아직 보도 위에서 머뭇거리고 있었다. 내 안에 사라진 사람이 있었고 나는 그를 찾아야 했다. 이따금 그를 찾으려고 몇 번이나 열심히 노력했다. 모든 것에는 자연적인 치료법이 있고 나는 그것을 찾으러 나가곤 했다. 물에 떠 있는 이동 주택인 요트를 타고, 목소리가 들리기를 소망하며, 느린 속도로 살금살금 움직이다가 밤에는 해변으로 기수를 돌렸다. 아메리카 말코손바닥사슴, 곰, 사슴, 그리고 영악한 늑대가 그리 멀지 않은 곳에 있고, 조용한 여름 저녁에 물새 소리를 듣는다. 해결책을 생각해 내려고 하지만 소용이 없었다. 나는 이름뿐이고 기진맥진한 폐인처럼 느껴졌다. 머릿속에는 너무 많은 것들이 정지 상태에 있었고, 그것들을 꺼내서 던질 수가 없었다. 어디에 있든 나는 60대의 음유시인, 포크록의 유물, 지나간 시대의 문장가, 아무도 모르는 곳으로부터 온 가짜 두목이었다. 나는 문화적으로 망각의 나락에 있었다. 내가 숲에서 나오는 것을 보는 사람들이 무슨 생각을 하고 있는지 알고 있었다. 매사를 소중하고 가치 있는 것으로 받아들여야 한다.

톰 페티(Tom Petty), 더 하트브레이커즈(The Heartbreakers)와 함께 18개월간 순회연주를 했다. 마지막 순회연주가 될 터였다. 나는 순회연주를 통해 어떤 종류의 영감도 받지 못했다. 처음에 있었던 것이 무엇이었든 모든 것이 사라지고 움츠러들었다. 페티는 자기 분야의 정상에 있었고 나는 바닥에 있었다. 나는 차이를 극복할 수 없었고 모든 것이 산산이 부서졌다. 내 자신의 곡들이 낯설게 느껴졌다. 그 곡의 순수한 근원에 접촉하는 능력이 없을 뿐만 아니라 표면을 뚫고 들어갈 수가 없었다. 이제 더 이상 나의 시대가 아니었다. 가슴속에 공허한 노래가 있었고 은퇴해서 텐트를 접기를 기다릴 수밖에 없었다. 페티와 청산할 일이 한 번 더 있었다. 나는 사람들이 전성기를 지났다고 말하는 시점에 있었다. 조심하지 않으면 담벼락과 시끄러운 말다툼을 벌이고, 호통치고 사납게 날뛰며 가수로서의 삶이 끝날 수 있었다. 거울이 흔들렸고 나는 미래를 볼 수 있었다. 늙은 배우가 지난날 승리를 구가하던 극장 밖에서 쓰레기 깡통을 뒤지고 있었다.

나는 많은 곡을 쓰고 녹음했지만 그것들을 많이 연주했다는 말은 아니다. 약 20곡 정도까지 연주할 수 있다고 생각했다. 나머지 곡들은 너무 애매하고 어둡게 여겨져서 근본적으로 어떤 창조적인 일을 할 수가 없었다. 마치 심하게 상한 고깃덩어리를 운반하는 것 같았다. 그것들이 어디서 왔는지 이해할 수가 없었다. 빛이 사라졌고 성냥은 끝까지 타버렸다. 나는 습관적으로 일하고 있었다. 힘을 써보지만 주동력이 움직이지 않았다.

페티의 밴드 멤버인 벤몬트 텐치는 공연에 다른 곡들을 포함시키는 일을 거의 간청하듯이 묻곤 했다.

"「자유의 종소리(Chimes of Freedom)」, 이 곡을 연주하면 어때요?"

"「나의 뒷면(My Back Pages)」, 「스페인 할렘에서 있었던 일(Spanish Harlem Incident)」은 어때요?"

그러면 나는 늘 시시한 핑계를 대곤 했다. 실제로 자신에게 문을 닫고 있었기 때문에 누가 핑계를 대고 있는지 몰랐다. 문제는 그처럼 오랫동안 본능과 직관에 의지하고 있었는데 이 두 숙녀들이 독수리로 변해서 나를 파먹고 있다는 것이었다. 자발성도 눈먼 속죄양이 되었다. 내 건초더미는 묶여 있지 않았고 나는 바람을 무서워하기 시작했다.

페티와의 순회공연은 중단되었다. 그리고 실업 중인 배우이자 공연 주최자의 한 사람인 엘리엇 로버츠(Elliot Roberts)가 나와 그레이트플데드(The Grateful Dead) 밴드와 함께 공연 스케줄을 잡았다. 이 공연을 위해서는 밴드와 리허설이 필요했다. 그들을 만나러 산 라파엘로 가면서 리허설은 줄넘기만큼이나 쉬울 것이라고 생각했다. 그러나 한 시간쯤 후에는 페티와 공연할 때보다 이 밴드가 더 많은 리허설과 다른 곡들을 원하고 있다는 것을 확실히 알게 되었다. 그들은 좋아하는 곡들은 물론 좀처럼 연주되지 않는 곡들까지 모든 곡을 연습하고 싶어 했다. 나는 기묘한 입장에 처해 있다는 것을 깨달았다. 브레이크가 끼익하는 소리를 들을 수 있었다. 이런 사실을 알았더라면 처음부터 스케줄을 잡지도 않았을 것이다. 나는 그 곡들에 대한 감정도 없을 뿐 아니라 어떤 의도를 가지고 불러야 하는지도 알 수 없었다. 많은 곡들이 녹음될 당시에는 아마 한때 유행했을 것이다. 어느 곡이 어느 곡인지 알 수 없는 곡들도 많았고 심지어 가사가 혼동되는 곡들도 있었다. 나는 그들의 말을 이해하기 위해 가사가 필요했고, 가사를 보았을 때 특히 옛날 곡들, 애매한 곡들은 어떻게 감정을 잡아야 하는지 알 수 없었다.

나는 자신이 바보 같다고 느끼면서 거기서 어슬렁거리고 싶지 않았다. 전체적으로 실수인 것 같았다. 정신장애에 걸린 것처럼 어딘가 다른 곳에 가서 생각해야만 할 것 같았다. 호텔에 물건을 두고 왔다고 말한 나는 밖으로 나와 프런트 스트리트를 걷기 시작했다. 머리를 숙이고 부슬부슬 내리는 비를 맞았다. 돌아갈 계획은 없었다. 거짓말을 해야 한다면 가능하면 빨리 해야 한다. 나는 길을 따라 올라가기 시작했다. 아마 네 블록쯤 걸었을까, 아니 대여섯 블록을 걸었는지도 모른다. 앞쪽에서 재즈 악단이 연주하는 소리가 들렸다. 작은 바의 문을 열고 들어가니 마주 보이는 곳에 소규모 악단이 연주하는 것이 보였다. 비가 내렸고 안에는 사람들이 별로 없었다. 한 사람이 무슨 얘기를 하며 웃고 있었다. 더 이상 갈 곳 없는 기차의 종착역처럼 보였고 홀 안은 담배 연기가 자욱했다. 누군가 들어오라고 불렀고 나는 안으로 들어갔다. 길고 좁은 홀을 지나 벽돌 벽 앞에 세워진 무대까지 걸어갔다. 무대 바로 앞까지 가서 진토닉을 주문한 나는 가수를 쳐다보았다. 나이가 들어 보이는 그는 모헤어 양복에 화려한 넥타이를 매고 납작한 모자를 쓰고 있었다. 드럼 주자는 카우보이 모자를 쓰고 있었고, 콘트라베이스 주자와 피아니스트는 단정한 옷차림을 하고 있었다. 그들은 「내게 남은 시간(Time on My Hands)」, 「우울한 일요일(Gloomy Sunday)」과 같은 재즈 발라드를 연주했다. 빌리 엑스타인(Billy Eckstine)을 생각나게 하는 가수는 힘차게 노래를 부르지 않았는데 그럴 필요가 없었다. 그는 느슨하지만 자연스러운 파워를 가지고 노래했다. 갑자기 경고도 없이 그가 내 영혼의 창문을 열었다고 할 수 있었다. 마치 '넌 이렇게 해야 돼.'라고 말하는 것 같았다. 곧 나는 뭔가 깨달았다. 그가 파워를 어떻게 얻는지, 파워를 발견하기 위해 어떻게 하는지 느낄 수 있었다. 나는 파워가 오는 곳과 그것이 그의 목소리가 아닌 것을 알았다. 그러나 그 목소리는 예리하게 나를 회복시켰다. 나도 전에 이 방법을 썼다는 생각이 들었다. 그것은 오래 전의 일이었고 자동적으로 알고 있던 것이었다. 그것을 가르쳐 준 사람은 없었다. 그 동안 잊어버리고 있던 이 기법은 너무 기본적이고 단순했다. 바지의 단추 끼는 법을 잊어버리고 있었던 것과 같았다. 아직도 그렇게 할 수 있는지 알 수 없었지만 적어도 시도할 수 있는 기회를 갖고 싶었다. 어떻게 해서든 이 기법을 다룰 수만 있다면 이 마라톤 곡에 여행에서 내릴 수 있을 것 같았다.

나는 아무 일도 없었던 것처럼 리허설 홀에 돌아와서 중단했던 일을 다시 시작했다. 그들이 원하는 곡을 하나 골라서 그 늙은 가수가 사용했던 방법으로 노래할 수 있는지 알고 싶어서 조바심이 났다. 뭔가 될 것 같다는 예감이 들었다. 처음에는 벽돌 벽을 뚫는 것처럼 어려웠다. 내가 한 것은 먼지를 맛보는 일이었다. 그러나 그때 기적적으로 뭔가 안에서 떨어져 나왔다. 처음에 꺼낸 것은 숨이 막히고 피가 섞인 기침과 끙끙거리는 소리였지만, 더 깊은 바닥으로부터 터지는 것이 있었다. 그것은 내 두뇌를 무시했다. 전에 없던 일이었다. 그것은 불타올랐고 나는 깨어났다. 너무 단단히 꿰맬 생각은 아니고, 많은 바늘땀이 필요하겠지만, 나는 그 생각을 움켜잡았다. 나는 미친 것처럼 집중해야만 했다. 동시에 한 가지 이상을 처리해야 하기 때문이다. 그러나 이제 가사를 제한하지 않고 어떤 곡이든 연주할 수 있다는 것을 알았다. 이것은 계시였다. 나는 그레이트풀 데드와 공연했고 공연하는 것에 대해 두 번 생각할 필요가 없었다. 그들이 내 음료에 뭔가 떨어뜨렸다고 말할 수는 없다. 하지만 그들이 원하는 곡은 어느 것이든 연주할 수 있었다. 나는 그 늙은 재즈 가수에게 고마움을 느꼈다.

페티와 오래 미뤄 두었던 마지막 공연을 다시 하기로 했다. 그리고 원하는 곡이 있으면 함께 연주하겠다고 밴드에게도 말했다. 우리는 중동에서 공연을 시작했다. 텔아비브와 예루살렘에서 각각 한 번씩, 이스라엘에서 두 번 공연했고, 다음은 스위스, 그 다음은 이탈리아에서 공연했다. 나는 네 번의 공연에서 한 곡도 반복하지 않고 80곡의 다른 노래를 불렀다. 내가 그렇게 할 수 있는지 알고 싶었다. 그 일은 쉬워 보였다. 보컬 테크닉에 대한 별도의 상투적 접근법 때문에 내 목소리는 파열하지 않았고 피로함 없이 노래할 수 있었다.

밤마다 순항 속도를 유지하는 것 같았다. 그런데 이 모든 것과 상관없이 나는 여전히 노래를 그만두고 무대에서 은퇴할 것을 계획하고 있었다. 아무튼 나는 청중을 많이 가지고 있지 않다고 생각했다. 이번 순회공연에도 청중은 많았지만 페티가 대부분을 끌어들이고 있었다. 페티와의 공연 전에 나는 순회연주에 나서지 않았다. 30내지 40회 공연을 위해 밴드를 모았다 해체하는 것은 따분하고 단조로운 일이었다. 공연은 하나의 쇼프로였고, 의식적인 행사들이 나를 지루하게 만들었다. 페티의 공연에서도 나는 군중 속의 사람들을 보았고 그들은 실내 사격장에서 오려 온 그림들 같았다. 아무 관계도 없이 마구잡이로 모인 사람들 같았다. 나는 망상 속에서 사는 것에 싫증이 났다. 거기서 나올 때였다. 은퇴한다는 생각은 나를 전혀 괴롭히지 않았다. 나는 그 생각과 손을 잡았고 편안함을 느꼈다. 그때부터 지금까지 변한 것 하나는 지금의 공연이 나로부터 아무것도 빼앗지 않는다는 것이었다. 나는 함께 항해하고 있었다.

　그런데 갑자기 스위스의 로카르노에서 모든 것이 붕괴되었다. 순간적으로 나는 블랙홀에 떨어졌다. 옥외 무대였고 강풍이 불고 있었다. 모든 것을 날려버릴 수 있는 그런 밤이었다. 노래하려고 입을 열었는데 공기가 입안을 꽉 채우면서 목소리가 사라지고 아무 소리도 나오지 않았다. 늘 사용하던 테크닉들이 통하지 않았다. 믿을 수가 없었다. 충분히 장악하고 있다고 생각했는데 그것은 또 다른 속임수였다. 이런 상황을 만나는 것은 유쾌한 일이 아니었다. 공포가 엄습할 수도 있었다. 앞에서 삼만 명의 사람들이 나를 쳐다보고 있는데 아무 소리가 나오지 않았다. 어처구니없는 일이었다. 잃을 것도 없고 어떤 사전대책을 가질 필요도 없다고 생각한 나는 다른 유형의 메커니즘을 재빨리 불러냈다. 희박한 공기에서 마귀를 부르기 위해 자동으로 주문을 걸었다. 즉시 그것은 순종 서러브레드 경주마처럼 문을 박차고 달려 나왔다. 모든 것이 제자리로 돌아왔고 다차원으로 돌아왔다. 나도 놀랄 지경이었다. 몸이 약간 흔들렸지만 즉시 높이 날고 있었다. 이 새로운 일이 모든 사람들이 보는 앞에서 일어났다. 에너지의 차이가 감지되었을 수도 있지만 그것뿐이었다. 변화가 일어난 것을 알아차린 사람은 아무도 없었다. 이제 에너지는 수많은 각도로부터 왔고, 그것은 전혀 예상하지 못했던 일이었다. 나는 새로운 능력을 가졌고 그것은 모든 다른 인간의 필요조건을 능가하는 것으로 보였다. 다른 목적이 있었다면 그것도 얻었을 것이다. 새로운 연주자가 되었다고 말하고 있었다. 30년 이상 공연을 해왔지만 그 단계에 가 본 적도 없고 본 적도 없었다. 내가 존재하지 않았다면 누군가가 나를 새로 만들었어야 했다.

　페티와의 공연은 12월에 끝났다. 이야기의 마지막은 어디엔가 좌초

되는 대신 나는 또 다른 공연을 준비하기 시작하고 있었다는 것이다. 은퇴하겠다는 결심을 보류하기로 했다. 다시 시작하는 것은 대중에게 봉사하는 재미있는 일일 수도 있었다. 이 표현형식을 완벽하고 세련되게 만들기 위해서는 수년이 걸릴 수도 있었지만, 나의 명성 때문에 기회가 있었다. 시기도 적절한 것 같았다. 순회공연 후에 나는 런던의 세인트 제임스 클럽에서 페티의 쇼와 데드의 쇼를 감독했던 엘리엇 로버츠와 앉아 있었다. 나는 그에게 다음해에 2백 회의 쇼를 공연할 생각이라고 말했다. 실무적인 엘리엇은 2년이 필요하다고 말했다.

"전체적인 틀은 지금 그대로 완벽해요, 그냥 둡시다."

"아니, 완벽하지 않아. 고쳐야 해."

나는 마지막 병의 맥주를 두 잔에 따랐다. 그리고 적어도 봄까지 기다리는 것이 더 실용적이라는 것과, 준비하는 기회를 더 주는 것이라는 그의 말을 들었다.

"좋아, 그렇게 하지."

"밴드도 준비할게요."

"물론, 나쁘지 않군."

나는 환상적이라는 생각이 들었다. 밴드 생각은 아직 하지 않았는데 다른 사람이 나에게 밴드를 준비해주다니 큰 짐을 더는 것이었다. 엘리엇에게 다음해와 그 다음해에도 같은 도시에서 비슷한 분량의 공연을 하도록 준비하라고 말했다. 같은 도시에서 3년 연속 공연하는 것이었다. 내가 처음으로 돌아가서, 나와 어울리는 청중을 발견하거나 그 청중이 나를 발견하기 위해서는 적어도 3년은 걸릴 거라는 생각에서였다. 두번째 해에 첫해에 왔던 장년 관객들이 많이 돌아오지는 않겠지만, 젊은 팬들이 친구를 데리고 와서 참석자가 첫해와 비슷할 것이라고 생각했다. 그리고 삼년째는 그 사람들이 또 친구들을 데리고 와서 그들이 미래 청중의 핵심을 이룰 것으로 생각한 것이다. 내 노래 중에 20년 이상 된 곡이 있다는 사실은 문제가 되지 않았다. 나는 바닥에서 시작해야 하는데 아직 바닥은 아니었다. 계획하는 일에 진전된 것은 없었고, 그것을 예상할 수 있는 사람도 없었다. 지금까지 존재하지 않은 새로운 장르를 전적으로 나 자신이 창조했다는 것을 육감으로 느끼고 있었다. 모든 실린더가 순조롭게 작동하고 차량이 준비되어 있었다. 반드시 새로운 청중이 필요했다. 당시 나의 청중은 내 음반을 좋아하기에는 다소 나이를 먹었고, 나를 새로운 가수로 받아들이기에는 시간이 너무 흘러버렸다. 이해할 수 있는 일이었다. 여러 가지 면에서 그들은 전성기를 지나 있었고 그 반응은 습관적이었다. 그들은 공연을 보러 왔지만, 참여하지는 않았다. 그것을 불만이라고 할 수는 없지만 나를 발견해야 하는 청중은 어제 무엇이 있었는지 모르는 청중들이었다. 내 명성은 대단했으므로 축구 경기장을 채울 수 있을 것 같았지만, 그것은 색다른 졸업장을 가지고는 아무 대학에도 들어갈 수 없는 것과 마찬가지라고 할 수 있었다. 프로모터들 역시 나와 접촉하려고 하지 않았다. 과거에는 종종 불을 켜고 달려들었으며 화를 내지도 않았다.

"당신을 위해 뭐든 할 수 있어요, 하지만 그건 안 되겠는데요."

현실에서 나는 다만 클럽 공연 정도의 수준이었다. 작은 극장을 채우기도 어려웠다. 마법의 지름길 따위는 없었다. 비평가들은 나를 쉽게 무시할 수 있었다. 그래서 그들에게 의지할 수도 없었다. 대부분의 음악 기자들은 단지 선전원에 지나지 않았다. 나는 입소문에 의지해야 할 판이었다. 내 인생이 그것에 의지하는 것처럼. 입으로 전하는 말은 들불처럼 퍼지고 '노'라는 대답을 듣지 않는다. 적어도 20년만 젊었으면, 인생의 마지막을 무대에서 보냈으면, 하고 생각했다. 그러나 무엇을 할 수 있겠는가? 도움을 원하지만 기대는 하지 않았다. 그런 일에서 너무 멀리 있었다. 로버트가 말한 것처럼 봄까지 기다릴 생각이었다. 나는 하늘에서 내리는 비처럼 순수하지는 않을지 모르지만, 아무튼 어떤 일의 출발점에 있다는 것을 알고 있었다. 그리고 그 출발점이 무엇이든 세월이 갈수록 확실해질 것이다.

봄은 오래 기다려야 할 것 같았지만 나는 기다릴 수 있었다. 아마 읽을 것이 필요할지도 몰랐다. 모든 것을 준비하려면 많은 날들이 필요했다. 나의 운명은 사람들의 주목을 받으며 은빛으로 반짝이고 있었다. 내 삶에 영향을 준 독성이 사라졌다. 나는 더 이상 불평할 것이 없었다…… 그때 그 일이 일어났다.

팔을 깁스한 채 응급실에서 돌아온 나는 의자에 털썩 주저앉았다. 견디기 힘든 일이 일어난 것이다. 마치 검은 표범이 내 살을 너덜너덜 찢어놓은 것 같았다. 너무 욱신거리고 아팠다. 대담하고 혁신적이고 모험적인 일을 시작하려는 순간, 아무것도 할 수 없는 출발점에 서게 된 것이다. 이것은 나사를 마지막으로 돌리는 것일 수도 있었다. 불과 몇 시간 전에 모든 것은 정상적이고 질서정연했다. 나는 저자, 배우, 프롬프터, 스테이지 매니저, 청중, 그리고 비평가를 겸한 사람으로서 무대 위로 걸어 나가는 봄을 고대하고 있었다. 그런데 지금은 어둠을 응시하게 된 것이다. 셰익스피어의 희극에 나오는 쾌활한 뚱보 폴스타프처럼 다음 무대를 향하고 있었는데, 그때 운명은 악몽 같은 트릭을 연출하고 있었다. 나는 더 이상 폴스타프가 아니었다.

반짝이던 내 눈은 흐릿해졌고 아무 일도 할 수가 없었다. 신음소리를 내는 것이 고작이었다. 나는 새로운 보컬 테크닉에 전념하는 것 외에, 내 곡을 재창조하기 위해 뭔가 도움이 되는 일을 했을 것이다. 나는 늘 기타로 반주했다. 우연히 카터 패밀리의 반음 내린 연주 스타일을 연주했는데 다소 습관적이고 틀에 박힌 연주였다. 명쾌하고 알기 쉽기는 했지만 어느 면에서 내 영혼을 비추지 못했다. 이제 그럴 필요가 없었다. 그 스타일이 실용적이었지만 그것도 테이블에서 밀어내고 좀더 활동적이고 명확한 방법으로 그것을 대체하려고 했다.

이 스타일을 고안한 것은 내가 아니었다. 60년대 초에 로니 존슨(Lonnie Johnson)이 내게 보여준 것이었다. 30년대에 연주했던 로니는 60년대에도 여전히 공연하고 있는 재즈와 블루스의 위대한 연주가였다. 로버트 존슨은 그로부터 많은 것을 배웠다. 로니는 어느 날 밤 나를 한쪽 옆으로 데리고 가서 짝수 박자 대신 홀수 박자에 근거한 연주 스타일을 보여주었다. 그는 내게 코드를 연주하게 시켰고 직접 시범을 보여주었다. 이것은 그가 꼭 사용했다기보다는 그냥 알고 있던 것이었다. 그는 아주 많은 종류의 곡들을 연주하고 있었다. 그는 '네게 도움이 될 거야'라고 말했고, 나는 그가 뭔가 비밀스러운 것을 보여준다는 생각을 했다. 하지만 당시에는 내 생각을 청중들에게 알리기 위해 기타를 가볍게 퉁겨서 연주하는 것이 필요했기 때문에 이해가 가지 않았다. 그것은 대단히 절제된 연주 시스템이었다. 음계의 음표들이 수적으로 결합하고, 셋잇단음으로 멜로디를 형성하고, 리듬과 코드가 변하는 원칙을 나타내는 것이었다. 나는 그 스타일을 사용한 적이 없었고, 그것에 어떤 목적이 있다고 보지 않았다. 그러나 지금 갑자기 그 생각이 났고 그 연주법이 나의 음악 세계를 소생시키리라는 것을 깨달았다. 그 방법은 다른 패턴과 싱커페이션(syncopation, 당김음)에 의지하여 더 높거나 낮게 작용할 수 있었다. 그것은 테크닉과 상관이 없었고, 음악인들은 기술적으로 우수한 연주를 하기 위해 평생 노력하기 때문에 바뀔 것이 거의 없었다. 아마 가수가 아니라면 이 방법에 관심을 갖지 않을 것이다. 내가 이것을 익히기는 쉬웠다. 로니가 너무나도 명확하게 보여주어서 규칙과 중요한 요점들을 충분히 이해하고 있었기 때문이었다. 이제 자연스럽지 않은 것들을 떨쳐내는 것은 나에게 달려 있었다. 나는 그 스타일을 완전히 익혀서 내 것으로 만들어야 했다.

그 시스템은 순환적으로 작용하는데 짝수 박자 대신에 홀수 박자를 생각하고 있기 때문에 음의 길이가 다른 시스템으로 연주하게 되는 것이다. 대중음악은 대개 2박자를 근거로 해서 구조와 색깔과 효과와 기술적인 솜씨로 생각을 표현한다. 그러나 전체적인 효과는 우울하고 답답하고 막다른 골목에 처한 것처럼 기껏해야 향수를 불러일으키는 효과를 지속시킬 수 있다. 홀수 박자 시스템을 사용하면 자동적으로 연주가 활기차게 되고, 나이 많은 사람들이 쉽게 잊지 않을 수 있다. 미리 계획하거나 생각할 필요는 없다. 다이아토닉 스케일(diatonic scale, 온음계)에 8개의 음표가 있고 펜타토닉 스케일(pentatonic scale, 5음 음계)에는 5개의 음표가 있다. 첫 음계를 사용하면 악구에 맞추기 위해 레, 솔, 시를 치고 이것을 반복하여 멜로디를 만든다. 혹은 레를 3번 사용할 수 있다. 또 파를 1번, 시를 2번 사용할 수 있다. 사용할 수 있는 음표는 무한하고 그때마다 다른 멜로디를 만들 수 있다. 가능성은 끝이 없다. 몇 개의 도입부를 연주하고 음악적인 습관을 무시할 수도 있다. 필요한 것은 드럼 주자와 베이스 주자이다. 그리고 시스템을 고수하는 한 모든 결점들은 관계가 없다. 어떤 유형의 멜로디를 상상하든 대위선율을 만들면서 간격을 두고 백비트(4비트의 음악에서 제2와 제4박을 강조하는 로큰롤 특유의 리듬) 사이에 연주할 수 있고, 그것을 노래할 수도 있다. 신비하다거나 기술적인 트릭은 없다. 계획은 현실을 위한 것이다. 이 스타일은 내가 무슨 곡을 연주하든 가장 유리한 스타일이었다. 듣는 사람은 즉시 역동적인 느낌을 갖게 된다. 어느 때나 폭발할 수 있고 움츠러들 수도 있으며, 어떤 노래가 될 것이라고 미리 예측하는 일도 없을 것이다. 이것은 자체의 수학적인 공식에 따른 것이기 때문에 빠뜨릴 수가 없다. 나는 숫자점을 치는 사람이 아니다. 형이상학적으로 3이라는 숫자가 2라는 숫자보다 더 파워풀한 이유는 모르지만 그것은 사실이다. 가끔 군중을 충분히 흔들 수 있는 열정과 열광이 반드시 같을 필요는 없다. 아무 근거 없이 확신할 수 있고, 키에서 키로 연결하는 패턴과 라인들은 믿을 수 없을 정도로 단순하다. 가장 적은 노력으로 파워를 얻게 되는 것이다. 잘못 판단해도 아무런 해를 일으키지 않는다. 그것을 깨닫는 한 구조적으로 한 순간에 역동성을 회복할 수 있다.

결정적으로 이것은 가수에게 유리한 스타일이다. 포크에서 유래되었고 재즈 블루스에서 완성되었다. 남의 이목을 끌 필요는 없지만 내게는 이런 식의 연주가 필요했다. 내가 연주하려는 것은 기본적으로 오케스트라용이었고, 오케스트라 연주는 파트를 연주하는 악기들의 연합이다. 그런데 오케스트라를 투입할 시간이 없었다. 좀더 교묘한 연주를 해야만 했다. 만약 내 악기 소리가 여러 악기들 속에 묻혀버리면 나만 들을 수 있고 그것이 더 효과적일 수도 있다고 생각했다. 리드 기타를 연주하면서 관중을 흥분시키겠다는 것이 아니라 연주하는 곡의 구조를 강조하는 것이 필요했다. 그렇게 하려면 노래를 한 곡 정해서 내가 두세 번 이상 연주하고, 다른 음악가가 오케스트라용 편곡을 위해 기본적인 부분을 작곡하는 것이 이상적이었다. 오케스트라는 보컬 라인을 연주할 수 있었고 나는 거기 있을 필요가 없었다.

과거 내 음반의 어느 작품에도 활동적인 배열이 없다는 것이 지금과 달랐다. 스튜디오에서 대강의 계획을 세우는데 항상 너무 많은 문제들이 있었다. 가사를 강조하고 바꾸는 일에서부터 멜로디와 키와 속도와 박자를 바꾸는 일과 씨름하는 동안, 곡의 스타일이 독자성을 갖는 방법을 찾아야 했다. 오랫동안 나를 따라다니면서 내 곡을 안다고 생각하는 사람들은 이제 그들이 연주하게 될 방법에 당황할 수도 있었다. 나는 이 시스템에 완전한 믿음을 가지고 있었고 잘 되리라는 것을 알고 있었다. 아주 매력적이었다. 노래가 바뀌었다고 말하는 사람들이 있고 그들이 먼저 만들었어야 하는데 라고 말하는 사람들도 있을 것이다. 누구든 자신의 연주를 선택할 수 있다.

일단 내가 하려는 일을 이해했을 때 그 연주 시스템을 내가 처음 사용하는 것이 아니라는 것을 깨달았다. 오래 전에 링크 레이가 「럼블(Rumble)」이란 클래식 곡에서 같은 방법을 사용한 일이 있었다. 링크의 곡은 가사가 없었지만 같은 숫자 시스템으로 연주했다. 나는 곡의 톤에 매료되었기 때문에 파워가 오는 곳을 깨닫지 못했다. 또 마사 리브스가 같은 방법을 사용하는 것을 보았다는 생각이 들었다. 몇 년 전 뉴욕에서 그녀를 보았는데 그녀는 모타운 사운드(1950년대부터 흑인 노동자들 사이에 유행한 강한 비트의 리듬-앤-블루스)로 연주하고 있었다. 그녀의 밴드는 보조를 맞추지 못했고, 그녀가 뭘 하고 있는지도 모르고 그냥 따라갈 뿐이었다. 그녀는 셋잇단음 형식으로 탬버린을 두드렸고, 탬버린이 그녀의 밴드인 양 귀에 가까이 대고 노래의 악구를 맞췄다. 탬버린이 멜로디를 만드는 건 아니지만 개념은 비슷했다.

오래 전 로니가 이것을 보여주었을 때 마치 외국어로 말하는 것 같았다. 나는 그 어원을 이해했지만 어떻게 적용할 수 있는지 방법을 이해하지 못했다. 이제 그 모든 것이 이해되었고 그 방법을 익히기 시작할 수 있었다. 보컬에 분명한 존재를 주입시키기 위해 새로운 마법의 코드를 가지고 높이 달릴 수 있었고, 무의식적으로 작품의 줄거리를 끝없이 끌어낼 수 있었다. 주제가 되는 셋잇단음들은 모든 것에 최면을 걸었고, 나도 자신에게 최면을 걸 수 있었다. 피곤하거나 지치지도 않고 밤을 샐 수도 있었다. 나는 필요한 기술적인 이론을 모두 가지고 있었다. 내 청중은 더 이상 정체불명의 청중이 되지 않을 것이다. 그들 가운데는 여전히 가사에 집중하는 사람들이 있고, 2박자와 4박자에 악센트를 두는 투비트 연주법에 익숙해 있기 때문에 실망하는 사람들도 있을 것이다. 하지만 그들도 곧 익숙해질 것이다.

나는 너무 오랫동안 박물관의 세속적인 사원에 얼어붙어 있었다. 그 연주법은 복잡할 게 없었고 수백만은 아니지만 수천 가지의 패턴이 있으므로 아이디어가 고갈되는 일은 없었다. 항상 이용되지 않은 고정점이 있게 마련이었다. 중요한 학설을 세우는 일이 아니라 기하학적인 것이다. 나는 수학을 잘하지 못하지만 우주는 내가 이해하든 못하든 수학적인 원칙을 가지고 만들어졌다는 것을 알고 있는데 그것이 나를 인도하도록 하려는 것이다.

새 연주법은 적정한 시기에 내 삶 속으로 들어오고 거래가 이루어졌다. 내 가사는, 20년 전에 씌어진 것들도 있었지만, 이제 음악적으로 얼음 구름처럼 폭발할 것이다. 이렇게 연주했던 사람은 없었고 나는 그것을 새로운 형식의 음악으로 생각했다. 엄격하고 정통적이었다. 즉흥적인 것은 없었다. 즉흥곡은 내게 아무 도움을 주지 않고 다른 길로 데리고 갈 것이다. 이런 식의 연주를 위해 방향을 느낄 필요는 없었다. 감정에 호소하지 않는 것이 또 다른 장점이었다. 나는 많은 창작곡들을 총 맞은 토끼처럼 오랫동안 바닥에 버려두고 있었다. 그런 일은 더 이상 없을 것이다. 문제는 내게 양손이 필요하다는 것이었다. 연주할 수만 있다면 지금보다 더 잘 할 수는 없을 것 같았다. 모든 것이 만족스러울 수는 없었다.

한낮이었고 나는 우리 집의 옛날식 정원을 이리저리 돌아다니고 있었다. 개와 말들이 있고 들꽃이 만발한 둑까지 빈터를 가로질러 가는데 갈매기의 목이 졸린 듯한 외침이 바람을 타고 들려왔다. 본채로 돌아오다가 큰 소나무들 사이로 바다를 힐끗 쳐다보았다. 가깝지 않았으나 바다의 힘을 느낄 수 있었다. 그물처럼 나를 덮쳐서 도망치려고 하면 더욱 얽히기만 할 것처럼 보였다. 손에 입은 상처 때문에 신경에 감각이 없었다. 어쩌면 나을 수 없거나 전과 같이 될 수 없을지도 몰랐다. 그렇게 믿을수록 기분이 나아졌다. 오, 짓궂은 인생의 아이러니여. 우주가 내 바지를 걷어찼다. 나는 강철 내의를 입었어야 했다.

하지만 나중에 딸아이가 출연하는 학교 연주회에 갔을 때 상황이 조금 달라졌다. 무대 위의 창조적인 에너지가 내게 정신을 차리게 했다. 이 와중에 또 다른 언짢은 소식이 전해졌다. 19미터짜리 내 요트가 파나마에서 암초에 걸렸다는 것이다. 밤이었고 등대를 잘못 인식한 배가 반대로 가다가 방향타가 부러졌다고 한다. 배는 암초에서 나올 수 없었고 바람은 배를 더 위로 밀어붙였다. 배는 일주일 동안 옆으로 누워 있었다. 배를 끌어당기기 위해 많은 밧줄을 써보았지만 결국 바다는 다시 배를 가져갔고 배는 사라졌다. 10년 동안 나는 그 요트에 가족을 태우고 카리브 해를 항해하며 마르티니크섬에서 바베이도스까지 많은 섬에서 시간을 보냈다. 요트를 잃은 것은 손에 입은 부상에 비하면 덜 하긴 하지만 그 배는 즐겁고 고마운 추억을 가지고 있었으므로 분명 충격이었다.

어느 날 밤 TV에서 자니 카슨의 투나잇 쇼에 출연한 소울 가수 조 텍스를 보았다. 조는 노래를 부르고 퇴장했다. 자니는 다른 게스트들을 대하는 것과 달리 그와 이야기를 나누지 않았다. 그냥 손을 흔들기만 했다. 자니는 게스트들에게 골프나 다른 이야기를 꺼내곤 했는데 조에게는 아무 말도 하지 않았다. 나는 자니가 나에게도 말할 것이 없을 거라는 생각이 들었다. 그의 모든 게스트들은 퍼붓는 빗속에서도 노래하는 진 켈리처럼 당황하지 않고 재미있고 행복한 표정을 지으려고 노력했다. 마치 모든 것에 만족한 것처럼 행동해야 한다. 내가 그랬다면 폐렴에 걸렸을 것이다. 조 텍스처럼 나는 주류에 속하지 않았다. 나는 자니보다 조와 얼마나 더 가까울까 하고 생각하면서 TV를 껐다.

밖의 어둠 속에서 딱따구리가 나무를 쪼는 소리가 들렸다. 살아 있는 한 나는 무엇엔가 관심을 가질 것이다. 손이 낫지 않으면 뭘 하면서 남은 날들을 보낼 것인가? 음악을 하지 않을 것은 확실하다. 가능하면 음악에서 멀리 있을 것이다. 사업을 하는 공상을 했다. 과감히 사업에 투신하는 것보다 더 단순하거나 우아한 일이 있을까? 얼마 동안 전통적인 삶을 사는 것도 재미있을 것 같았다. 생각이 앞서고 있었다. 나는 친구 한 사람을 불러서 독립적인 사업체를 사고파는 브로커와 접촉할 수 있게 해 달라고 말했다. 사업을 아주 처음부터 시작해야 하는 것은 말할 필요도 없었다. 친구에게 가진 것을 모두 팔아서 뭔가 다른 것을 사는 일에 대해 생각하고 있다고 말했다. 나는 뭘 가지고 있는가? 그는 기획할 수 있는 모든 것에 대한 팸플릿을 가져왔다. 그것들을 보면 아주 자세히 알 수 있었다. 사탕수수, 트럭과 트랙터, 노스캐롤라이나의 목재 공장, 앨라배마의 가구 공장, 어장, 원예농장 등 자급자족할 수 있는 사업들에 관한 것이었다. 그것은 엄청났다. 들여다보는 것만으로도 나를 누르는 무게를 느낄 수 있었다. 특히 어느 것에도 진짜 관심이 없다면 어떻게 결정하겠는가? 믿을 만한 조수이자 정비사이고 실질적으로 늘 나를 돕는 측근 한 사람이 말했다.

"내게 맡겨요. 가서 둘러보고 최고의 사업을 찾아볼게요."

나는 그가 나서면 뭔가 찾아낼 것을 알고 있었다. 그러나 너무 빨리 앞서 가서 나중에 후회하는 일이 없기를 원했다. 그에게 다음에 확실한 일정을 알려주겠다고 말했다. 나는 너무 불안해서 후속 조치를 취할 수가 없었다.

나는 점점 햇빛을 덜 보기 시작했다. 의자에 앉아 눈을 감고 두세 시간 후에 일어나고, 뭔가 가지러 가서 왜 거기 갔는지 잊어버리곤 했다. 아내가 옆에 있어서 다행이었다. 이런 때 같은 것을 원하고 솔직하게 터놓고 대할 수 있는 사람과 함께 있다는 것은 행복한 일이다. 아내는 내가 비참한 구덩이에 빠진 것이 아니라고 느끼게 하는 사람이었다. 어느 날 아내가 낀 금속제 선글라스에 조그맣게 비춰진 내 모습을 보았다. 그리고 모든 것이 얼마나 작아졌는지를 생각했다.

내게는 작곡하고 싶다는 강한 욕망이 없었다. 아무튼 오랫동안 작곡에 손을 대지 않았고 신경을 쓰지도 않았다. 최근에 나온 두 장의 앨범에도 내 작품이 많이 들어가 있지 않았다. 작곡가로 살아가면서 더 이상 무관심한 태도일 수가 없었다. 많은 곡을 썼고 그 곡들이 좋았으며 할 수 있는 일은 무엇이든 했고 목표에 도달했다. 그 이상의 야망은 없었다. 목표를 향한 달리기를 오랫동안 중지하고 있었고, 아이디어가 떠올라도 가까이 가려는 노력을 하지 않았다. 아이디어를 쉽게 부인하고 떨쳐버렸다. 도무지 일을 할 수 없었다. 다시 무엇을 쓴다는 기대도 하지 않았고 아무튼 더 이상 노래가 필요하지 않았다.

어느 날 밤 모두 잠든 시간에 혼자 부엌 테이블에 앉아 있었다. 산허리에는 반짝이는 빛의 화단만 있었다―모든 것이 변했다. 나는 「정치적인 세상(Political World)」이라고 불리는 곡을 약 20행 썼다. 이것은 다음 달쯤에 쓰게 될 20곡 중 첫 곡이었다. 그 노래들은 불시에 떠올랐다. 내가 취해 있지 않았다면 그 곡들을 쓰지 않았을지도 몰랐다. 그럴 수도 있었고 아닐 수도 있었다. 곡들은 쓰기 쉬웠고 흐름을 따라 하류로 떠다니는 것이 보였다. 흐릿하거나 멀리 있는 것이 아니라 바로 내 얼굴 앞에 있었지만 너무 뚫어져라 들여다보면 사라질 것 같았다.

노래는 꿈과 같고 우리는 꿈을 실현하기 위해 노력한다. 그것은 우리가 들어가야 하는 이상한 나라라고 할 수 있다. 노래는 열차의 침대칸이나 보트 위, 혹은 말 잔등 위, 어디서나 쓸 수 있다. 움직이는 것이 도움이 된다. 가끔 훌륭한 재능을 가진 사람들이 전혀 노래를 쓰지 않는데 그것은 움직이지 않기 때문이다. 나는 이 노래들에서, 어쨌든 외부적으로 움직이지 않았다. 모두를 나처럼 침울하게 만들었다. 가끔 보고 듣는 것들이 노래에 영향을 줄 수 있다. 「정치적인 세상」은 현재 일어난 사건들에 자극을 받아 쓴 곡이다. 대통령 선거전이 뜨거웠으므로 선거에 관한 소식을 듣지 않을 수는 없었다. 하지만 나는 예술의 형식에 관심이 없는 것처럼 정치에도 관심이 없었다. 그래서 정치가 전부라고는 생각하지 않았다. 노래는 너무 광대하다. 노래에 나오는 정치적인 세상은 사람들이 살면서 수고하고 죽는 세상이 아니라 지하세계에 더 가깝다. 노래와 함께 나는 뭔가 새로운 실마리를 얻을 수 있겠다는 생각을 했다. 그것은 마치 마약을 복용하고 깊은 잠에 빠졌다가 일어난 것 같았다. 누군가 은빛 작은 공을 쳤고 그 순간 의식을 회복한 것과 같았다. 나중에 녹음된 것보다 2배나 많은 양이었다. 다음과 같은 소절도 있었다.

"우리는 정치적인 세상에서 살아요. 미풍에 깃발들이 날려요. 갑자기 나와서, 당신을 향해 움직여요 치즈를 자르는 칼처럼."

납으로 고정시킨 유리창을 통해 들어온 은빛 월광이 부엌의 저쪽 끝에서부터 테이블을 비추며 조금씩 움직이고 있었다. 노래가 벽에 부딪치는 것처럼 보였다. 나는 쓰기를 멈추고 의자를 뒤로 흔들었다. 맛있는 시가에 불을 붙이고 따뜻한 욕탕으로 들어가는 것 같은 느낌이었다. 이 곡은 내가 한가롭게 쓴 첫 곡인데 마치 갈고리 손이 쓴 것 같았다. 다시 녹음을 할 수 있다면, 이것을 녹음할 수 있을 것이다. 내가 노래에 없다는 것을 의식했지만 상관없었다. 아무튼 나는 그 곡을 연주할 수 없었으므로 멍한 가운데 가사를 서랍에 급히 넣었다.

차고 옆 도로에서 오토바이가 낮게 우르릉 울리는 소리를 냈다. 창문의 손잡이를 돌려서 문을 활짝 열자 산들바람에 실려 석류나무 향기가 밀려들어왔다. 나는 태고의 모습과도 같은 풍경을 둘러보았다. 갑자기 작사를 시작해서 끝내기까지 짧은 시간이었다. 「정치적인 세상」은 2년 전에 썼던 「단정한 젊은이(Clean-Cut Kid)」를 생각나게 했다. 그 곡에도 나는 없었다.

주말에 우리는 유진 오닐의 「밤으로의 긴 여로」를 보러 갔다. 이기적인 모르핀 중독자가 있는 가족의 생활은 최악이었고 연극은 보기가 괴로웠다. 그들이 안됐다는 느낌이 들면서도 연극이 끝나자 끝난 것이

기뻤다. 극장에서 나온 우리는 4번가에 있는 블루스 클럽 하벨에 들러서 기타 쇼티(Guitar Shorty)와 '배드 보이' 존스(Jones)를 만났다. 쇼티를 보러 가는 것은 늘 즐거운 일이었다. 그는 양손을 제외한 모든 것으로 기타를 연주한다. 나도 그렇게 할 수 있었으면 하고 생각했다. 쇼티는 기타 슬림(Guitar Slim)처럼 소리를 내지만 기타 슬림으로서는 상상도 할 수 없는 격렬한 몸짓으로 연주한다. 차를 둔 곳까지 4번가를 따라서 천천히 걷는 동안 노숙자 한 명이 양손을 머리에 올린 채 두 명의 경찰로부터 떠나라는 명령을 받고 있었다. 스패니얼 종의 작은 애완견이 그의 발치에 있었다. 개의 검고 반짝이는 두 눈이 주인의 신경질적인 움직임을 지켜보고 있었다. 나는 경찰이 자신들이 해야 하는 일에 어떤 긍지를 갖는지 알 수 없었다.

　그날 밤 늦게 집에 돌아온 나는 집안에 있는 작은 스튜디오에서 「난 무슨 쓸모가 있는가(What Good am I?)」를 쓰기 시작했다. 그곳은 스튜디오라고만 할 수 없는 방이었다. 창고 같은 그 방에는 아크열을 이용하는 용접 기구들이 있었고, 나는 쓰레기 같은 고철을 가지고 화려한 철제 대문을 만들었다. 바닥은 대부분 시멘트 바닥이었지만 리놀륨을 간 곳도 있었다. 그곳에 테이블이 하나 있고 작은 협곡이 내다보이는 창문에는 블라인드가 내려져 있었다. 갑자기 곡 전체가 흘러나왔지만 어떻게 된 연유인지 알 수 없었다. 노숙자, 개, 경찰들, 지루한 연극을 보았기 때문일 수도 있고, 기타 쇼티의 익살맞은 광대짓과 관련이 있는지도 알 수 없었다. 가끔 우리는 인생의 여러 가지 일들이 마음에서 악취가 나고, 내장이 병들고, 구역질이 나게 만드는 것을 보면서, 그 특별한 것들을 욕하지 않고 그 감정을 포착하려고 애쓰는 것을 본다. 이것을 위한 특별한 시들이 여기 있다.

"계란 위를 걷고 있거나, 성적인 흥분으로 몸을 떠는 것이 무슨 도움이 되는가? 가장 활동적일 때 이유를 모른다면 무슨 소용이 있는가?"

나는 이 노래를 「정치적인 세상」과 같은 서랍에 넣었는데 그들끼리 무슨 말을 할 것인지 궁금했다. 어느 곡에도 멜로디를 붙이지 않았다. 나는 침실로 갔다.

어머니와 에타 이모가 집에 와 계셨다. 두 분은 일찍 일어났으므로 나도 일찍 일어나고 싶었다. 다음날은 음산한 날씨에 안개가 끼어 있었다. 숙모와 함께 부엌에 앉아서 커피를 마시며 이야기를 했다. 라디오에서 아침 뉴스가 흘러나왔다. 농구 선수 피트 마라비치가 파사데나의 농구 코트에서 쓰러져서 다시 일어나지 못했다는 뉴스를 듣고 깜짝 놀랐다. 지금은 유타주 솔트레이크시티로 본거지를 옮긴 유타 재즈(1974년 뉴올리언스 재즈라는 이름으로 창단된 농구팀으로 재즈라는 이름은 뉴올리언스가 재즈의 발생지이기 때문에 붙여졌음)가 뉴올리언스에서 경기할 때 마라비치가 경기하는 것을 한 번 본 일이 있었다. 그는 뛰어난 선수로 갈색 더벅머리에 느슨한 양말을 신은, 농구계의 악동이고 코트의 마법사였다. 내가 경기를 본 그날 밤, 마라비치는 볼을 드리블하다가 바스켓을 보지도 않고 던져서 득점했다. 자기 진영에서 맞은편 코트까지 드리블한 그는 공을 던졌고 백보드에 맞은 공을 다시 잡았다. 그는 환상적인 경기를 펼치면서 38점을 득점했다. 눈을 감고도 경기할 수 있는 선수였다. 피트는 한동안 프로팀에서 뛰지 않았고 잊혀진 선수로 생각되었다. 그러나 나는 그를 잊지 않았다. 어떤 사람들은 사라지는 것으로 보이지만 진짜 사라질 그때 전혀 사라지는 것이 아닌 것이다.

나는 피트의 슬픈 소식을 들은 그날 「디그니티(Dignity)」를 시작해서 완성했다. 아침 뉴스가 시들하게 여겨지기 시작하는 이른 오후에 쓰기 시작해서 나머지 시간을 꼬박 매달리고 밤이 되어서야 끝났다. 노래가 앞에 나타나서 나는 그것을 덮쳤고 노래에 나오는 인물들을 모두 만나보고 나의 운명을 그들과 함께 던지기로 한 것 같았다. 내게는 가끔 사람의 진짜 이름을 기억하지 못하는 문제가 있다. 그래서 다른 이름을 붙이기도 하는데 어떤 이름은 그 사람을 더욱 예리하게 표현할 때도 있다. 그런데 이 노래 전체에 그런 경향이 있었다. 구성원들이 서로 다르게 작용하는 소절들이 많았다. 그린베레, 여자 마법사, 버진 메리, 더 롱 맨, 빅 벤, 그리고 장애자와 홍키 등 리스트는 끝없이 이어질 수 있었다. 온갖 인물들이 노래로 가는 길을 발견하지만 어찌어찌하다 살아남지 못했다. 나는 머릿속으로 리듬, 템포, 멜로디 등을 전부 들었다. 이 노래를 항상 기억할 수 있을 것이다. 바람이 내 머리에서 그 곡을 날려버릴 수는 없었다. 사랑, 공포, 증오, 행복, 이 모두가 명백한 표현이고 섬세하고 세분화된 말들이다. 「디그니티」가 그와 같다. 왼발을 앞으로 딛었을 때 오른발을 끌어오듯이, 한 줄이 또 다른 줄을 이끌어낸다. 이 곡을 10년 전에 썼더라면 즉시 스튜디오로 달려갔을 것이다. 그러나 많은 것이 변했고 나는 더 이상 녹음에 대한 갈망이 없었고 녹음하고 싶은 충동과 필요성을 느끼지 못했다. 어쨌든 녹음하고 싶은 느낌이 없었다. 녹음은 따분했고 내 것이든 누구의 것이든 현재 유행하는 음악 스타일을 좋아하지 않았다. 앨런 로맥스의 실황녹음이 더 좋게 들리는 이유를 모르겠지만 실제로 좋았다. 나는 일백 년을 노력해도 좋은 음반을 만들 수 있을 것 같지 않았다.

어느 날 병원에 갔을 때 내 손을 진찰한 의사가 치료가 잘 되고 있으며 신경의 감각이 회복될 수 있다고 말했다. 그 말을 들으니 용기가 났다. 집에 돌아오니 큰아들과 곧 그애의 아내가 될 사람이 부엌에 앉아 있었고 스토브 위에서 진한 해물 스튜가 끓고 있었다. 그 옆을 지나가다가 냄비의 뚜껑을 열고 들여다보았다.

"맛이 어떨 것 같으세요?" 장래 며느리가 물었다.

"위스키 소스를 넣으면 어떻겠니?"

"준비해야죠."

나는 뚜껑을 덮고 차고로 갔다. 그날 나머지 시간은 바람처럼 지나갔다.

「자만이라는 병(Disease of Conceit)」은 확실히 복음적인 의미를 담고 있다. 다시 사건들이 노래를 만드는 동기가 될 수 있고 가끔 동력을 일으킬 수도 있었다. 최근에 인기 있는 침례교 목사 지미 스워거트가 설교 중단을 거부한 일로 총회로부터 지위를 박탈당했다. 지미는 제리 리 루이스의 친사촌으로 거물 TV 스타였으므로 그 뉴스는 충격적이었다. 그는 매춘부와 관계를 가졌는데 운동복을 입고 그녀의 모텔방을 떠나는 모습이 카메라에 잡힌 것이다. 스워거트는 일시적으로 설교단을 떠나라는 명령을 받았다. 그는 공개적으로 울면서 용서를 구했지만 얼마 동안 설교를 중지하라는 말을 들었다. 그러나 자신도 어쩔 수 없었던 그는 아무 일도 없었던 것처럼 재빨리 돌아가서 설교를 했고 총회는 그를 해직했다. 이상하기 짝이 없는 이야기였다. 스워거트의 행동은 분명 좋은 모양은 아니었으나 그를 해직한 것은 이해할 수 없었다. 성경에는 이런 일들이 자주 등장한다. 수많은 왕과 지도자들이 많은 아내와 첩들을 거느렸고 예언자 호세아는 창녀와 결혼했지만 성직에서 물러나지 않았다. 그러나 시대가 다르고 스워거트에게 그것은 끝이었다. 현실은 그를 압도할 수 있고 보는 방법에 따라 어둠이 될 수도 있었다. 나는 그 창녀의 무엇이 이 유명한 설교자를 거름더미로 굴러들어가게 했는지 궁금했다. 조각상처럼 아름다운 육체의 유혹이었을까? 아마 그랬을 것이다. 가벼운 마약에 조금이라도 정신이 팔리면 이 점잔빼는 사람들의 방문과 창문은 꼭 닫지지 못하고, 사설 정신병원에서 인생을 끝낼 수도 있다. 이 사건이 노래에 영감을 줄 수도 있지만 뭐라고 말하기는 어렵다. 자만심은 꼭 병이라고 할 수는 없고 단점에 더 가깝다. 자만심이 강한 사람은 쉽게 우쭐할 수 있고 따라서 남의 자존심을 꺾는다. 그들은 자신의 가치에 대해 거짓 감각과 과장된 생각을 가지고 있다. 이와 같은 사람은 어떤 버튼을 눌러야 할지 알기만 하면 완전히 통제하고 조작할 수 있다. 가사가 이야기하고 있는 것이 바로 그것이다. 노래는 내가 그 눈의 표정을 읽을 수 있을 때까지 소리를 높인다. 조용한 저녁, 나는 그것을 멀리서 찾을 필요가 없었다. 늘 그렇듯이, 두세 절이 남아 있었다.

"오늘밤 많은 사람들이 자만이라는 병을 꿈꾸네, 오늘밤 많은 사람들이 자만이라는 병에 비명을 지르네. 너를 실망시키고 집어던지고 네 집을 날려 보낼 거야. 도시를 떠나기 전에 네 케이크를 자르겠어. 번호를 고르고, 자리에 앉아. 자만이라는 병을 가지고."

나는 작사를 마치고 스튜디오를 나와서 본채로 돌아갔다. 키 큰 대나무 사이로 바람이 불고 있었다. 낡고 여기저기 부딪친 뷰익의 무거운 크롬 범퍼가 달빛을 받아 빛나고 있었다. 그 차를 몇 년 동안 굴리지 않았으므로 차를 분해해서 금속 조각을 만드는 데 써볼까 하는 생각을 갖고 있었다. 어두운 골짜기에는 덤불이 무성했고 그 아래 여우나 코요테가 있었다. 개들이 사납게 짖으며 무엇인가 추격했다. 본채의 불빛이 카지노의 내부처럼 번쩍거리고 있었다. 안으로 들어가서 문을 닫고 한동안 건드리지 않은 기타를 힐끗 쳐다보았다. 그것을 만지고 싶지 않았다. 쉬는 것이 좋겠다고 생각하고는 침대로 기어들어갔다.

「당신이 원하는 게 무엇인가요?(What Was It You Wanted?)」는 급히 씌어진 곡이었다. 머릿속으로 가사와 멜로디를 함께 들었고 곡을 단조로 연주했다. 이처럼 작곡은 시간을 낭비하지 않아야 한다. 호기심을 느끼는 대상이 있으면 무슨 곡인지 알 수 있다. 많은 설명은 필요 없었다. 조용하고 무력한 사람들이 가끔 소음을 많이 만든다. 그 소음들이 여러 가지로 당신을 방해할 수 있다. 그것들을 물리치거나 힘으로 해결하려는 것은 무의미한 일이다. 가끔은 그저 윗입술을 깨물고 선글라스를 써야 한다. 이런 곡들은 이상한 개들이고 좋은 친구가 될 수 없다. 다시 추가된 절이 있었다.

"당신이 원하는 게 무엇이에요? 내가 도움이 될 수 있나요? 내가 무엇을 할 수 있나요? 내가 충분한 힘을 가졌나요? 당신이 어디를 가든, 알아야 할 게 있어요. 아직 천 킬로미터를 가야 해요."

노래는 거의 저절로 씌어졌다. 갑자기 머리에 밀려왔다. 2년 전이라면 거부하고 완성하지 못했을 것이다. 그러나 지금은 아니다.

또 다른 곡「모든 것이 부서졌어(Everything Is Broken)」는 일관성 없이 급히 구성되었다. 의미론적으로 모든 것이 가사가 주는 사운드 안에 있었다. 가사는 댄스 파트너라고 할 수 있고 기계적인 수준으로 작용한다. 모든 것이 부서지거나 금이 가고 잘려서 수리가 필요하다. 만물은 부서지고, 또 부서지고, 뭔가 다른 것으로 만들어지고, 그리고 다시 부서진다. 한번은 코니아일랜드의 해변에 누워 있다가 모래 위에서 휴대용 라디오를 보았다. 자동 충전식의 제너럴 일렉트릭사 제품으로 전함처럼 생긴 멋진 라디오인데 부서져 있었다. 나는 노래의 첫 소절에서 그 이미지를 기억할 수 있었다. 그러나 사발, 놋쇠 램프, 배들과 항아리, 건물들, 버스, 인도, 나무 그리고 지형 등 많은 다른 부서진 것들을 보았다. 그것들은 부서졌을 때 불편을 느끼게 만든다. 나는 세상에서 깊은 애정을 느끼는 것들을 생각했다. 가끔 그것은 집일 수도 있다. 밤새도록 머무는 집이지만 부서지고 복구될 수 없다. 가구와 유리가 산산이 부서질 수도 있다. 가끔 경고도 없이 당신이 가장 소중히 여기는 것들이 깨진다. 어느 것이든 수리하기가 대단히 어렵다. 이것을 위한 특별한 구절들도 있다.

"가닥가닥 갈라진 대초원의 잔디. 부서진 확대경. 나는 파괴된 고아원을 방문하고 부서진 다리 위를 달렸네. 호보켄으로 가는 강을 건넜네. 어쩌면 저 너머는 모든 것이 부서지지 않았으리."

여기에는 나의 낙관론이 조금 포함되었다. 나는 이런 곡들을 몇 곡 골라서 서랍 안에 보관하면서 그것들의 존재를 느낄 수 있었다.

시간이 흐르면서 내 손은 회복되었고 그것은 아이러니였다. 나는 작사를 중단했다. 의사는 내게 기타를 연주하라고 권했다. 손을 펴고 움직이는 것이 치료에 좋았고 실제로 손의 회복에 많은 도움이 되었다. 나는 이제 기타를 많이 연주하고 있었고 봄에 시작되는 공연에서 연주할 수 있었다. 처음 있던 곳으로 돌아온 것처럼 보였다.

어느 날 밤 아일랜드의 록 그룹 U2의 멤버인 보노(Bono)가 다른 친구들과 같이 저녁식사를 하러 왔다. 보노와 시간을 보내는 것은 열차에서 식사를 하는 것처럼 어디론가 이동하는 느낌을 갖게 한다. 보노는 옛 시인의 영혼을 가지고 있었는데 그와 있으면 조심하는 것이 좋다. 땅이 흔들릴 때까지 포효할 수 있다. 그는 또 철학자이기도 했다. 보노는 집에 오면서 흑맥주를 한 상자 가지고 왔다. 우리는 사람들이 흔히 친구들과 겨울밤을 보내면서 나누는 이야기를 하고 있었다. 잭 케루악에 관한 이야기도 했다. 보노는 케루악이 대부분의 미국인들이 들어보지 못한 트럭키, 파고, 버트와 마도라와 같은 도시를 찬양한 것을 잘 알고 있었다. 보노가 미국인들보다 케루악에 대해 더 많이 아는 것이 재미있어 보였다. 보노는 누구라도 동요시킬 수 있는 것들을 이야기했다. 옛날 영화에서 맨손으로 배신자를 덮치고 잡아 비틀어서 자백을 받아내는 사내와 같다. 그가 금세기 초에 미국에 왔다면 경찰이 되었을 것이다. 그는 미국에 대해 많은 것을 알고 있었다. 모르는 것에 대해서는 강한 호기심을 가지고 있었다.

우리는 명성에 대해 이야기를 나누었다. 재미있는 것은 두 사람 모두 자신이 명성을 가졌다고 믿지 않는다는 것이었다. 워홀(Warhol)은 팝의 왕이었다. 워홀 시대의 한 비평가가 그의 작품에서 1온스의 희망이나 사랑이라도 찾아낼 수 있으면 백만 달러를 주겠다고 말한 적이 있다. 이야기를 나누는 중에 수많은 이름들이 오르내렸다. 색다른 느낌을 가진 이름들도 있었다. 이디 아민, 레니 브루스, 로만 폴란스키, 허먼 멜빌, 모스 앨리슨, 화가 수틴, 지미 리드 등이 그러했다. 보노와 나는 어떤 인물에 대해 확신이 없을 때는 이야기를 만들어냈다. 우리는 사실이든 사실이 아니든 확대해서 이야기함으로써 어떤 쟁점이든 강화할 수 있었다. 우리는 과거를 그리워하지 않았고 고향에 돌아가고자 하는 감정이 끼어들지도 않았다. 보노는 영국인들이 이곳에 와서 제임스타운에 정착했고 아일랜드인들이 뉴욕시를 세웠다고 말했다. 그리고 미국의 정의, 부유함, 영광, 아름다움, 경이로움과 장엄함에 대해 이야기했다. 나는 그에게 미국의 발상지를 보고 싶다면 미네소타주의 알렉산드리아에 가보라고 말했다.

테이블에 앉아 있는 사람은 나와 보노뿐이었다. 다른 사람은 모두 흩어져 버렸다. 아내가 지나가면서 자러 간다고 말했다.

"올라가요. 나도 곧 갈 거요." 내가 말했다. 그러나 침실로 가기까지는 시간이 걸렸고 흑맥주 상자를 거의 비웠다.

"알렉산드리아가 어디야?"

보노가 물었다. 나는 그에게 1300년대에 바이킹이 와서 정착했던 곳이라고 알려주었다. 알렉산드리아에는 목재 바이킹 조각상이 있는데 미국을 건국한 위엄 있는 아버지처럼 생긴 것이 아니라, 수염을 기르고 헬멧을 쓰고 무릎까지 오는 장화를 신고 칼집에는 긴 단검이 꽂혀 있고 옆구리에 창을 쥐고 있는 그 조각상은 스코틀랜드인들이 입는 킬트를 입고 있으며 '미국의 발상지'라고 쓴 방패를 가지고 있다고 설명했다. 보노는 그곳에 어떻게 가느냐고 물었다. 나는 위노나, 레이크 시티, 프론트낙을 따라 강을 올라가서 10번 고속도로를 타고 와데나로 가서 29번 도로에서 왼쪽으로 가면 곧장 그곳으로 갈 거라고 말했다. 보노는 내가 원래 어디서 왔느냐고 물었고 나는 메사비 아이언 레인지라고 말했다.

"메사비가 무슨 의미야?"

메사비는 최대 아메리카 인디언 종족인 오지브웨이 말로 거인의 땅을 의미하는 말이었다.

밤이 깊어가고 있었다. 멀리 보이는 바다에 이따금 화물선의 불빛이 이동하고 있었다. 보노는 녹음하지 않은 신곡이 있느냐고 물었다. 그것은 흔히 있는 일이었다. 나는 방에 가서 서랍에 넣어두었던 가사를 가져다가 보여주었다. 그는 그것들을 훑어보더니 녹음을 해야 한다고 말했다. 나는 확신이 없고 녹음은 힘들다고 말했다. 어쩌면 라이터 기름을 부어야 될지도 모른다는 생각이 들었다. 보노는 "아니, 그렇지 않다"고 말하면서 다니엘 라노아(Daniel Lanois)의 이름을 꺼냈다. U2가 그와 함께 작업을 했는데 훌륭한 파트너였다는 것이다. 라노아는 나와도 완벽하게 일할 수 있을 것이라고 말했다. 보노는 즉시 그에게 전화를 걸어서 나와 연결해 주었고 우리는 잠시 얘기를 나누었다. 라노아는 자신이 원래 뉴올리언스에서 일하고 있다는 것과, 내가 그를 찾아가야 한다고 말했다. 나는 그렇게 하겠다고 대답했다. 녹음을 서두를 생각은 없었다. 무엇보다 먼저 생각하는 것은 공연이었다. 녹음을 한다면 그것은 공연과 관계가 있어야만 했다. 나는 앞길이 환했고 나의 음악적 자유를 되찾을 수 있는 기회를 날려버리고 싶지 않았다. 상황을 명료하게 정리하고 더 이상 뒤섞이지 않도록 해야 했다.

가을이었다. 나는 뉴올리언스의 마리 앙트와네트 호텔에 머물고 있었다. 나는 밴드의 기타 주자인 G. E. 스미스와 안뜰의 연못가에 앉아서 다니엘 라노아가 도착하기를 기다렸다. 날씨는 무더웠고 습기로 끈적거렸다. 나뭇가지들이 격자 울타리 위로 정원 담을 넘고 있었다. 수련이 사각형의 검은 분수대에 떠 있었고 돌바닥에는 소용돌이 모양이 새겨져 있었다. 우리는 코가 떨어져 나간 작은 클레오 조각상 근처의 테이블에 앉아 있었다. 그 조각상은 우리가 거기 있는 것을 아는 듯이 보였다. 안뜰로 통하는 문이 확 열리더니 대니가 들어왔다. 눈을 깜빡거리지도 않고 살펴보고 있던 스미스는 조심스럽게 라노아를 힐끗 쳐다보았다.

"이따가 보자구요."

스미스는 이렇게 말하며 자리를 떴다. 안뜰은 다정한 사람들이 자주 모이는 곳으로 장미와 라벤더 향기가 아련히 풍겼다. 라노아가 자리에 앉았다. 그는 누아르풍 일색이었다. 챙 넓은 검은 펠트 모자, 검은 승마용 바지, 높은 장화, 간편한 장갑, 모든 것이 어둡고 검은 윤곽을 드러낸 검은 산으로부터 온 검은 왕자였다. 그는 발을 질질 끌고 걸었다. 그는 맥주를 주문했고 나는 아스피린과 콜라를 주문했다. 그는 곧장 업무에 들어가서 내가 어떤 곡을 가지고 있는지, 어떤 종류의 녹음을 염두에 두고 있는지 물었다. 실무적인 질문이 아니라 그냥 대화를 시작하는 방법이었다.

한 시간쯤 이야기를 나누면서 나는 이 사람과 일할 수 있겠다는 것과 그에 대한 확신을 갖게 되었다. 나는 마음속으로 어떤 종류의 녹음을 생각하는지 몰랐다. 그 곡들이 얼마나 좋은지도 알 수 없었다. 그 곡들을 보노에게 보여주지 않았다면 그것이 정말 좋은 것인지 누가 알았겠는가. 대부분은 멜로디도 붙이지 않은 곡들이었다. 대니가 말했다.

"당신은 훌륭한 음반을 낼 수 있어요, 정말 원하기만 하면 말이오."

나는 단호하게 말했다.

"물론 나는 당신의 도움이 필요합니다."

그러자 그는 고개를 끄덕거렸다. 그리고 생각해 둔 뮤지션이 있는지 알고 싶어했다. 내가 없다고 말하자 그는 내가 전날 밤 같이 연주했던 밴드에 대해서 물었다.

"이번 일은 같이 하고 싶지 않아요." 내가 말했다.

그는 히트 음반들은 그에게 중요한 문제가 아니라고 말했다.

"마일스 데이비스는 히트한 것이 없어요."

그건 내게도 좋았다.

그때쯤 우리는 시간을 정하는 것은 생각하지 않고 있었다. 그냥 이해하고 있는 내용이 같은지, 제대로 이해하고 있는지 보려고 머리를 맞대고 있었다. 오후 내내 이야기를 나누었다. 자줏빛 석양이 희미해지기 시작했다. 그는 자신이 네빌 브라더스와 만들고 있는 음반을 듣고 싶으냐고 물었고 나는 물론이라고 대답했다. 우리는 함께 차를 타고 거대한 오크나무가 줄지어 서 있고 노면전차가 달리는 넓은 가로수 길을 약 20킬로미터 달려서 세인트 찰스 에비뉴에 위치한 스튜디오로 갔다. 그가 빅토리아풍의 저택에 임시로 마련한 곳이었다. 네빌 브라더스의 「옐로우 문(Yellow Moon)」은 거의 완성 단계에 있었다. 우리는 음반을 듣기 위해 자리에 앉았다. 네빌 브라더스의 한 사람이 양손을 무릎에 놓고, 머리는 뒤로 기대고, 모자를 눈까지 덮어쓴 채 한쪽 발을 의자에 올려놓고 쉬고 있었다. 나는 「홀리스 브라운(Hollis Brown)」과 「주님이 우리 편에 계실 때(With God on Our Side)」를 듣고 깜짝 놀랐다. 아론 네빌이 내 노래를 부르고 있었다. 이게 어찌된 일인가. 세계적으로 유명한 가수인 아론은 탱크처럼 다부진 체격을 가진 파워풀한 사람이었다. 그런데 그는 잃어버린 영혼을 회복시킬 수 있는 천사와 같은 목소리를 가지고 있었다. 외모와 너무 어울리지 않았다. 그의 노래에 담긴 풍성한 영성이 광기의 세상을 정신 차리게 할 수 있었다. 내 노래를 이처럼 수준 높은 가수가 부르는 것을 들을 때마다 늘 깜짝 놀라곤 한다. 세월이 가면서 노래가 사라질 수도 있지만, 이와 같이 새로운 버전은 항상 그 곡을 다시 가까이 느끼게 만들었다.

내 곡들을 자기 나름대로 해석해서 부르는 것을 들은 후, 나는 거기 간 이유를 희미하게 기억했다. 대니는 내 신곡들이 그와 비슷하냐고 물었다. 많이는 같지 않다고 대답한 나는 그곳의 분위기와 시설이 아주 마음에 들었다. 대니는 다른 집을 빌려서 녹음할 수도 있다고 말했다. 나는 피아노로 노래에 어울리는 멜로디들을 연주했고, 우리는 하루 일을 끝냈다. 그가 즉흥적으로 연주한 멜로디를 기억하고 나중에 자주 내게 그것을 떠올리게 할 줄을 당시에는 미처 몰랐다. 우리는 봄에 만나서 같이 일하기로 합의했다. 나는 대니를 좋아했다. 큰 이기심이 없는 것 같았고, 통제가 잘 되는 사람으로 보였다. 수완가라는 인상은 없었다. 그는 음악에 특별한 열정을 가지고 있었다. 빛을 가진 사람이 있다면, 대니가 그랬고 그는 빛을 켤 수 있는 사람이라고 생각했다. 그는 재즈광처럼 보였다. 무슨 일을 할 때는 세계의 운명이 그 일의 결과에 달린 것처럼 일했다. 우리는 약속한 것처럼 3월에 다시 만났다.

나는 초봄에 뉴올리언스로 가서 오드번 공원 근처의 넓은 집을 임대했다. 방은 크기가 모두 적당했고 방마다 옷장과 찬장 등 가구가 붙어 있어서 편리했다. 더 좋은 집을 찾을 수 없을 정도로 완벽한 집이었다. 이곳에서 천천히 일할 생각이었다. 스튜디오에서는 나를 기다리고 있었지만 급히 무슨 일을 하고 싶은 생각이 없었다. 신곡을 많이 가져왔고 그 곡들이 좋은 호응을 얻을 것이라고 확신했다.

어두컴컴한 거리를 한가롭게 걷고 있었다. 대기는 음울하고 취한 것 같았다. 거리의 한 구석에 몹시 마르고 큰 고양이 한 마리가 콘크리트 돌출부에 웅크리고 있었다. 가까이 가서 걸음을 멈추었지만 고양이는 꼼짝도 하지 않았다. 나는 우웃병이 있었으면 하고 생각했다. 내 눈과 귀는 열려 있었고 의식은 맑고 또렷이 살아 있었다. 뉴올리언스에서 처음 알아차린 것은 매장지, 묘지가 많다는 것이었다. 그곳을 지날 때는 가능하면 조용히 해서 그들을 방해하지 않는 것이 좋다. 그리스와 로마인의 분묘, 호화로운 영묘에 숨어 있는 유령과 징조와 상징들, 죄를 짓고 죽은 여자와 남자의 망령들이 무덤에서 살고 있다. 과거는 이곳에서 빨리 지나가지 않는다. 그들은 오래 전에 죽었을 수도 있다. 갈 곳을 정한 유령들이 빛을 향해 질주하고, 당신은 거친 숨소리를 들을 수 있다. 뉴올리언스는 아직도 마법을 가지고 있다. 밤이 당신을 삼킬 수 있지만, 아무도 당신을 건드리지 않는다. 어느 모퉁이를 돌든 대담한 약속과 이상과 현재 진행 중인 일들이 있다. 모든 문 뒤에 외설스런 즐거움이 있다. 그렇지 않으면 머리를 양손에 묻은 채 울고 있다. 나른한 리듬이 졸린 듯 어렴풋이 나타나고, 과거의 결투와, 지나간 삶의 로맨스와, 어떻게든 그들을 도우려는 동지들로 대기가 고동친다. 당신은 그것을 볼 수는 없지만 이곳에 있다는 것을 안다. 모든 사람이 오랜 옛날 남부 가족의 후손으로 보인다. 남부인이든 외국인이든 나는 뉴올리언스를 있는 그대로 좋아한다.

내가 좋아하는 곳은 많이 있지만 뉴올리언스를 특히 좋아한다. 어느 때나 여러 각도로 사물을 볼 수 있다. 언제든 막연히 알려진 여왕에게 영광을 돌리는 의식을 우연히 만날 수 있다. 명문가 출신이면서도 미친 술주정꾼이라는 별명을 가진 사람들이 힘없이 벽에 기대거나, 지친 다리를 끌고 시궁창을 건넌다. 그들은 당신이 듣고 싶어 하는 통찰력을 가진 것처럼 보이기도 한다. 이곳에는 어울리지 않게 보이는 행동이란 없다. 도시는 하나의 긴 시라고 할 수 있다. 정원에는 팬지와 분홍 페튜니아, 양귀비꽃들이 가득 피어 있다. 꽃으로 장식된 성물함, 흰 은매화, 부겐빌리아, 그리고 자줏빛 서양협죽도가 상쾌하고 투명한 느낌을 갖도록 자극한다.

뉴올리언스의 모든 것이 좋은 아이디어이다. 작고 앙증스러운 사원 타입의 오두막집들과 서정미가 풍기는 성당들이 나란히 서 있다. 이탈리아식, 고딕양식, 로마네스크양식, 로마 가톨릭 양식, 그리스 부흥양식의 우아함과 세련미를 갖춘 일반주택과 대저택과 건축물들이 빗속에 길게 줄지어 서 있다. 위엄 있게 보이는 전면의 현관, 망루, 주철로 만든 발코니, 주랑들, 9미터나 되는 기둥들, 이중 경사의 지붕들이 장엄한 아름다움을 뽐내고 있다. 도시의 광장은 사형이 공개적으로 집행되었던 곳이다. 뉴올리언스에서는 다른 차원의 세상을 볼 수 있다. 이곳에는 오직 하루만 있다. 오늘밤이 있고, 그리고 내일은 다시 오늘이 된다. 만성적인 우울증이 나무에 걸려 있다. 뉴올리언스에서 싫증나는 일은 없다. 얼마 있으면 당신은 무덤에서 나온 유령처럼 느끼기 시작한다. 마치 진홍색 구름 아래 밀랍 박물관에 있는 것처럼. 정령들의 제국이고 부유한 제국이다. 나폴레옹의 장군 한 사람인 랄르망 장군이 워털루에서 패한 이후 사령관의 피난처를 찾아 이곳에 왔었다고 한다. 그는 여기저기를 둘러보고 떠나면서 이곳은 마귀가 저주받는 곳이라고 말했다. 마귀가 와서 탄식한다. 놀랍도록 아름답고 고풍스런 뉴올리언스, 타인의 경험을 상상하며 느끼고 맛보는 진기한 곳이다. 변화를 일으키는 일도 없고, 아픔을 느끼지도 않으며, 표적을 명중시키는 멋진 곳이다. 누군가 당신 앞에 뭔가를 놓으면 그것을 마시는 게 좋다. 와서 영리해지기를 바라는 곳, 보조금을 찾아서 비둘기를 먹이는 곳이다. 녹음하기에 좋은 곳이어야 하는데, 나는 뉴올리언스를 좋은 곳이라고 생각했다.

다니엘 라노아는 자신의 특별 스튜디오에 녹음 준비를 했다. 스튜디오는 라파예트 묘지로부터 그리 멀지 않은 소니앳 거리에 있는 대저택으로 응접실의 창문들과 미늘 모양의 셔터, 높은 고딕식 천장, 벽을 둘러친 안뜰을 갖춘 빅토리아 양식의 집이었고, 뒤쪽에 방갈로와 차고가 있었다. 창문에 두꺼운 담요를 쳐서 방음장치를 했다.

대니는 전기 악기를 쓰는 뮤지션들을 모집했다. 기타리스트 포트 워스와, 버번 스트리트 클럽에서 연주하는 가수 메이슨 러프너가 들어왔다. 러프너는 지방에서 활동하는 스타로 상감세공을 한 작은 기타를 메고 올백머리에 웃으면 금이빨이 드러났다. 그는 음반을 몇 장 낸 로커빌리 가수인데 소박한 블루스풍의 펑크 음악에 폭발적인 장식음을 삽입했다. 작사도 하는 그는 랭보와 보들레르를 읽으며 텍사스의 도서관에 자주 간다고 말했다. 그는 또 자신이 청소년기에 멤피스 슬림과 연주했다고 말했다. 그런 점에서 그와 통하는 게 있다고 생각했다. 나도 아주 어렸을 때 빅 조 윌리엄스와 연주한 일이 있었다. 러프너는 훌륭한 곡들을 가지고 있었다. 이런 가사도 있었다.

"당신은 사람들에게 좋은 일을 하지만 그것은 그들을 나쁘게 만들 뿐이에요."

만약 내 창작곡들이 없었다면 그것을 녹음하려고 했을지도 몰랐다. 다른 기타 주자인 슬리델 출신의 브라이언 스톨츠도 펑크 음악으로 남을 신랄하게 공격하지만 확실한 계획을 가지고 있었고 수년 동안 네빌과 함께 연주해 오고 있었다. 브라이언의 장식음은 피아노 양식처럼 생각되었다. 그는 제임스 부커의 피아노 반복악절을 기타로 연주할 수 있었다. 토니 홀은 전기 저음악기 주자였다. 윌리 그린은 큰북과 타악기를 연주하는 시릴 네빌과 함께 작은북을 연주했다. 대니의 녹음 엔지니어인 말콤 번즈는 키보드를 맡았고, 대니 자신은 만돌린, 만돌라, 첼로처럼 생긴 기타, 프렛이 있는 다른 악기, 장난감처럼 생긴 플라스틱 신형 악기 등 다양한 악기들을 연주했다. 대니는 필요한 모든 장비를 가지고 있었다.

　나는 이 그룹과는 조금 미친 듯이 일하지 않으면 실패할 수도 있다는 것을 알지 못했다. 처음 시작한 곡은 「정치적인 세상」으로 우리는 곧 그 곡을 연주하는 방법을 찾기 시작했다. 나는 악기를 가져가지 않았으므로 대니의 구식 악기를 하나 골랐는데 골이 진 양철지붕 밑의 시멘트 바닥에 있는 것처럼 불쾌한 소리를 냈다. 어떤 때는 너무 약해서 부서질 것 같았다. 나는 그 악기 연주하는 것을 좋아했고 어찌됐든 계속 일을 했다. 몇 가지 다른 식으로 「정치적인 세상」을 연주했는데 잘 되는 것 같지 않았다. 느낌이 늘 같았다. 처음 시도했던 방법이 좋았지만 밤이 깊어졌을 때, 어느 곳에선가 대니가 펑크스타일을 수용했고 메이슨의 장식음을 곡 전체에 넣기로 했다. 그때쯤 나는 시작했을 때와는 다른 곡을 듣고 있었다. 나는 그 곡을 끝까지 연주한 후에 다른 결론에 이르렀다. 세분화된 리듬에서 가사가 더 좋은 느낌을 줄 수 있고, 많은 소절들을 뺄 수도 있고, 다르게 정리된 부분을 더할 수도 있었는데, 당시는 어떤 부분을 그렇게 해야 되는지 알지 못했다.

　나는 대니가 염두에 두고 있는 것과, 그와 함께 작업하는 것의 진실성을 이해하려고 노력하고 있었다. 하루 혹은 한 번의 세션으로 그것을 이해할 수는 없었다. 녹음은 어디서 어느 때나 누구와도 가능하지만 진실성을 갖는 것은 드문 일로서 같은 목적을 가진 음악인들에 둘러싸여 있어야 한다. 전에는 이런 노래에 본능적으로 사용했던 방법들이 있었지만, 이곳에서는 사용할 수가 없었다. 그 방법은 오래 전에는 좋았지만 지금은 맞지 않았다.

　잠시 후 이런 생각들을 지워버리기 시작했다. 심하게 하품을 하던 나는 녹음테이프를 가지고 그곳을 나와 집으로 향했다. 묘지를 지나면서는 무덤 중 하나에 대고 기도라도 하고 싶은 심정이었다.

그날 밤 늦게 나는 우리가 연주했던 것을 들으면서 문제가 해결된 듯했다. 다음날 스튜디오로 간 나는 펑크 요소가 더 많이 들어간 연주를 들었다. 전날 밤 내가 떠난 후에도 남은 사람들은 계속 일을 했던 것이다. 러프너가 나의 미니멀 양식의 텔레 리듬에 장식음을 넣어 다중 녹음했다. 내 기타는 편집에서 완전히 빠졌고 내 목소리는 주변의 사운드에 묻혀 어느 곳에서도 들리지 않았다. 노래는 마취되어 의식을 잃고 있었다. 음악에 맞추어 발을 두드리고 손뼉을 치고 머리를 위아래로 움직일 수 있겠지만 진실의 세계는 열지 못했다. 마치 내가 가축 떼 가운데서 많은 대포와 탱크를 배경으로 노래하는 것처럼 들렸다. 뒤로 갈수록 나빠졌다.

"제기랄, 내가 여기 없는 동안 이렇게 한 거요?"

내가 대니에게 물었다.

"어떻게 생각해요?"

"목표를 빗맞힌 것 같군."

나는 부엌의 냉장고에서 맥주를 꺼내서 의자에 앉았다. 대니의 조수 한 사람이 소파에 앉아서 TV를 보고 있었다. 제퍼슨 소교구 출신으로 루이지애나주 하원의원에 당선된 데이비드 듀크가 인터뷰를 하고 있었다. 전에 KKK단원이었던 그는 복지사업이 제대로 이뤄지지 않고 있다는 것과, 노동복지계획은 생활보조비를 받는 사람들이 공짜로 즐기는 것이 아니라 공동체를 위해 일을 하는 쪽으로 개선될 것이라고 말했다. 또 주교도소의 죄수들도 작업 프로그램에 따라 일했으면 한다고 말했다. 그들도 공짜로 즐기면 안 된다는 것이다. 나는 전에 듀크를 본 적이 없었다. 그는 영화배우처럼 보였다.

우리는 다시 힘을 모아 녹음에 들어갔고, 나는 '맙소사, 이건 겨우 첫 곡인데' 하는 생각이 들었다. 앞으로의 작업은 이것보다는 수월해야 했다. 대니는 뭐가 마음에 들지 않느냐고 물었다. 나는 노래가 가는 대로 자유롭게 놓아주지 못하는 게 문제라고 대답했다. 그것을 제거해야만 했다. 대니의 도움을 받은 나는 노래가 날아가게 만들려고 노력했지만, 되는 일이 없었다. 처음 빗나간 것은 메이슨의 파트가 반주를 하기로 했는데 거부되었고, 작은 북이 그곳에 없었다. 일단 내 오리지널 기타가 녹음을 지원하기로 결정했는데 드럼 주자들이 취해서 정신을 잃고 있었다.

우리는 이삼 일 동안 빈둥거리며 지냈다. 그 동안 나는 곡이 좀더 비트가 강한 발라드가 되어야 한다고 생각하기 시작했다. 우리는 곡을 쪼개서 코러스처럼 멜로디가 있는 소절을 추가했지만 너무 시간을 소모하는 일이었다. 달라지는 것은 아무것도 없었다. 대니는 펑크를 가미하는 해석에 확신을 가지고 있었다. 나는 우리가 충분한 의사소통이 이루어지지 않는 것 같았고, 그것은 피가 흐르는 내 가슴을 찢어놓기 시작했다. 한 번은 일이 꼬여서 정말 부글부글 끓기 시작했다. 대니는 너무 좌절해서 벌컥 화를 내면서 한 바퀴를 돌더니 만다린과 비슷한 악기인 금속제 도브로를 장난감처럼 바닥에 던져서 산산조각 냈다. 방안에는 잠시 침묵이 흘렀다. 음표를 적으면서 트랙의 목록을 만들고 있던 어린 소녀가 웃음을 멈추고 눈물을 흘리며 방을 나갔다. 불쌍한 것 같으니. 나는 그 애가 안됐다는 생각이 들었다. 모든 것이 무너지고 있었고 우리는 녹음을 시작도 못하고 있었다. 녹음을 해야 하는데 「정치적인 세상」은 때가 너무 이르거나 너무 늦은 것 같았다. 우리는 그 곡을 잠시 포기하고 나중에 하기로 했다. 그게 더 나을 수도 있었다.

우리가 시도한 다음 곡은 「난 대부분 잘 할 수 있어요(Most of the Time)」였다. 아직 멜로디를 붙이지 못했으므로 나는 현악기를 손가락으로 퉁겨서 연주했다. 명확한 멜로디를 제시하지 못하고 일반적인 화음을 연주했지만 댄은 뭔가 들었다고 생각했다. 그 곡은 느리고 우울한 곡으로 변했는데 댄은 이 곡에 어떤 뮤지션보다도 많이 기여하고 있었다. 그는 성부에 여러 층을 추가했고, 곧 곡은 태도와 목적을 가진 것으로 보였다. 문제는 내가 원하는 것에 이르지 못했다는 것이었고 마땅히 싹트고 꽃피워야 할 곳에서 그렇게 하지 못했다는 것이다. 악구를 다르게 맞출 수 있으면 나는 대여섯 줄을 포기할 수도 있었다.

작업을 위한 댄의 노력은 훌륭했다. 그런데 노래가 다른 노래같이 느껴지기 시작했다. 나보다는 시간과 더 관계가 있는 것으로 보였다. 나는 빅벤과 같은 시계의 소리는 다양한 단계에서 가락에 맞추어 재깍거려야 한다고 느꼈다. 가사를 많이 바꿔야 했는데 나는 막힌 듯한 느낌이 들었다. 대니는 이 곡에 가능하면 많은 앙비앙스(ambiance, 주제의 표현 효과를 강조하기 위해 부가물을 덧붙이는 일)를 추가했다. 가사를 바꿀 수는 있으나 양식은 정해져 있었다. 가락은 시시각각 무게를 더하고 있었고 거기에 입힌 옷은 어울리지 않았다. 모두 쓰지 못할 것들이고 침체되어 있었다.

작업은 답보 상태에 빠졌다. 대니는 이 일을 하기 위해 마술사가 되어야 했다. 노래는 처음부터 미완성으로 보였고, 우리가 빈둥거리면서 더욱 마무리할 수가 없었다. 나는 내가 어떤 상태에 이르렀는지 궁금했다. 진작 이 녹음을 그만두었어야 했다고 생각했다. 이 작업은 필요하지 않았다. 노래를 멸시하는 것은 아니지만 작업하고 싶은 마음이 없었다. 가사는 너무 어두운 의미로 가득 차 있었고, 노래는 모든 앙비

앙스에도 불구하고 일변시키는 것이 없었다.

잠시 대니와 말콤과 함께 앉아 얘기를 나눈 후 나는 브라이언과 윌리만 데리고 「디그니티(Dignity)」를 녹음했다. 이 곡은 강박관념을 버리고 꿈을 꾸지 않고 녹음한 첫 곡이었다. 우리는 녹음한 것을 들어보았다. 댄은 흥분해서 좋은 조짐이 보이는 것을 느꼈다며 다음날 밤에 돕시와 그의 커준 밴드와 함께 녹음을 주선하겠다고 말했다. 최소한의 악기들과 성악을 전면에 배치했는데 녹음에 아무 문제가 없었다. 나는 대니가 노력하고 있다는 것을 알고 있었고 그가 녹음하는 것을 보고 싶었다. 그래서 나는 다시 녹음하는 일에 아무런 압력이나 스트레스를 느끼지 않았고 불합리하다는 생각을 하지 않았다.

집으로 돌아가는 길에 프리타니아 거리에 있는 영화관을 지났는데 「더 마이티 퀸(The Mighty Quinn)」을 상영하고 있었다. 몇 년 전에 나는 「더 마이티 퀸」이라는 곡을 썼고 그 곡은 영국에서 히트했다. 영화는 어떤 내용일까 궁금한 생각이 들었다. 결국 나는 몰래 영화관에 가서 영화를 보았다. 덴젤 워싱턴이 범죄를 해결하는 형사 자비에르 퀸으로 출연하는 자메이카 스릴러 영화였다. 재미있는 것은 내가 「더 마이티 퀸」을 쓸 때 덴젤 워싱턴을 머릿속에 그렸다는 것이다. 그는 나의 팬이었을 것이다…… 몇 년 후에 그는 내가 작사했던 곡에 나오는 권투 선수 허리케인 카터 역을 연기했다. 나는 덴젤이 우디 거스리를 연기할 수 있을까 하는 생각을 했다. 내가 생각하는 현실적인 차원에서 그는 분명 할 수 있었다.

오드번 플레이스의 부엌 라디오는 늘 WWOZ에 맞추어져 있었다. 주로 리듬-앤-블루스와 남부의 가스펠 음악을 틀어주는 뉴올리언스 방송국 채널이었다. 내가 좋아하는 DJ는 두말할 필요도 없이 여성 디스크자키 브라운 슈가였다. 그녀는 한밤중에 방송을 했는데 위노니 해리스, 로이 브라운, 아이보리 조 헌터, 리틀 월터, 라이트닝 홉킨스, 척 윌리스 등의 음반을 틀었다. 모두 대가들이었다. 그녀는 모든 사람이 잠들었을 때 나와 많은 시간 친구가 되곤 했다. 브라운 슈가는 탁하고 느리고 꿈꾸는 듯 당밀이 스며 나오는 듯한 목소리로, 들소처럼 큰 소리를 냈고, 장황하게 이야기하며 전화를 받고, 사랑의 충고를 주고 음반을 돌렸다. 그녀가 몇 살쯤 되었는지 궁금했다. 그녀의 목소리가 나를 끌어당기고, 내 안에 평화를 주고, 모든 좌절감을 완전히 뒤집는 것을 그녀가 알고 있는지 궁금했다. 그녀의 방송을 듣고 있으면 마음이 편안해졌다. 나는 라디오를 쳐다보았다. 무슨 말이든 그녀가 말하는 모든 단어를 이해할 수 있었고, 몇 시간이고 들을 수 있었다. 그녀가 어디에 있든 나도 거기 있었으면 하고 생각했다.

WWOZ는 내가 자라면서 밤늦도록 들었던 방송이었다. 방송은 나를 젊은 시절의 고난으로 데리고 가서 그 정신에 접속시켰다. 컨트리 라디오 방송국도 있었다. 새벽부터 일찍 방송을 시작해서 50년대의 웨스턴 스윙ㅡ「징글, 쟁글, 징글(Jingle, Jangle, Jingle)」, 「쌍두의 독수리 깃발 아래(Under the Double Eagle)」, 「옛사랑의 추억(There's a New Moon over My Shoulder)」, 텍스 리터의 「카드 한 벌(Deck of Cards)」ㅡ을 많이 틀어주는데 약 30년 간 듣지 못했던 곡들이었다. 어려서 나는 그 곡들을 많이 들었다. 우리 고향에도 그런 곡들을 방송하는 방송국이 있었다. 인생을 다시 살기 시작하는 것처럼 기묘한 느낌이 들었다. 재즈 방송국도 있었는데 주로 스탠리 클락, 보비 허치슨, 찰스 이어랜드, 패티 오스틴과 데이비드 베누아의 곡을 틀어주었다. 뉴올리언스는 세상에서 최고의 방송국들을 가지고 있었다.

공연 투어를 준비하고 있던 엘리엇 로버츠가 뉴올리언스에 왔다. 그가 보여주는 투어의 일정표를 본 나는 실망을 금치 못했다. 우리가 의논했던 것과는 아주 달랐기 때문이었다. 지난해에 공연했던 도시는 일정표에 없었다. 예정된 쇼는 유럽 공연에 대한 것이었다. 나는 그에게 이건 우리가 얘기했던 것이 아니라고 말하며 작년에 공연했던 같은 도시에 가야 한다고 말했다.

"매년 같은 도시에서 연주할 수는 없어요. 아무도 관심을 갖지 않을 거고 쓸쓸히 도시를 떠나게 돼요. 한번 공연한 도시에 한동안은 가지 말아야 해요."

그가 말했다.

나는 엘리엇이 말하는 것을 이해는 했지만 받아들일 수는 없었다.

"같은 장소에 두 번 가는 것이 필요해, 일 년에 세 번 간대도 문제가 되지 않아."

"특정한 방법을 고집하시는데요. 당신은 신화적인 존재예요. 당신이 제시 제임스에 대해 생각하는 것처럼 그 일을 생각해 보세요. 세상에는 많은 은행 강도, 탈옥수, 노상강도, 열차 강도가 있어요…… 하지만 사람들이 기억하는 유일한 이름은 제시 제임스라고요. 그는 신화적인 존재예요. 매년 같은 도시에서 공연하지 마세요. 같은 은행을 털지는 않는다고요."

"제기랄, 맞는 소리 같군."

이 논쟁은 무의미했고 더 깊이 얘기해봤자 소용이 없었다.

나는 로버츠를 스튜디오에 데리고 갔다. 대니가 벌써 돕시와 그의 커준 밴드를 큰 응접실에 준비시켜 놓고 있었다. 아홉시경에 우리는 「디그니티」 녹음을 시작했다. 대니가 마음속에 무슨 생각을 하는지 알고 있었다. 멜로디에 변화를 주고 커준 밴드와 함께 서정적으로 녹음하는 것은 재미있을 것 같았다. 일단 그런 방향으로 연주를 시작하자 장애가 생긴 것처럼 리듬이 가사를 지배하고 꼼짝 못하게 하는 것처럼 보이기 시작했다. 대니와 나는 당황했다. 모든 연주는 더 많은 에너지를 빼앗고 있었다. 우리는 템포와 키에 다양한 변화를 주면서 여러 번 녹음했지만 갑자기 지옥에 던져진 것 같았다. 견본용으로 나와 윌리와 브라이언이 녹음했을 때는 크게 힘들이지 않은 것처럼 들렸고 잔잔하게 흘러나왔다. 녹음은 대니가 말한 것처럼 확실히 끝난 것 같지 않았다. 돕시도 나만큼 좌절했다. 우리가 타고 있는 것은 이상한 황소였다. 그러나 그와 그의 밴드는 평정을 잃지 않았다. 이 곡은 정확하게 12소절이 아니었고 친밀감을 인식하는 것이 효과적이라고 생각할 필요가 있었다. 일이 너무 복잡하고 서로 뒤엉키고 있었다. 곡이 필요로 하는 것은 노래의 성격과 분위기를 덧붙이는 일인데 대니는 그 일에 능숙했다. 녹음이 생각했던 것과 다르게 진행되는 이유를 알 수 없었다. 여러 시간 어떤 일을 하면 현기증이 나고 얼마 후에는 판단력을 잃는다.

새벽 3시경에 우리는 녹음을 끝냈다. 그리고 나서 「잠발라야(Jambalaya)」, 「부정不貞한 마음(Cheatin' Heart)」, 「나를 유혹하는 술잔(There Stands the Glass)」과 같은 옛날 곡들을 연주하기 시작했다. 우리는 기분 나는 대로 무슨 선상 파티에 와서 즐기는 것처럼 연주했다. 분위기는 뜨거웠고 밤새 땀을 흘렸다. 나는 푸른색 플란넬 셔츠를 입고 있었는데 땀에 흠뻑 젖었고 얼굴에도 땀이 줄줄 흘렀다. 도중에 나는 또 다른 신곡 「눈물이 떨어지는 곳에(Where Teardrops Fall)」를 연주했다. 돕시에게 곡을 보여주었고 우리는 그것을 녹음했다. 미리 연습도 하지 않고 녹음했는데 5분쯤 걸렸다. 곡의 마지막 부분을 돕시의 섹소폰 주자인 존 하트가 흐느끼듯이 독주했는데 거의 숨을 멎게 하는 연주였다. 나는 그 뮤지션의 얼굴을 처다보았다. 그는 밤새 거기 앉아 있었는데 알아차리지 못했던 것이다. 그는 내가 몇 년 전에 따라다녔던, 노래하는 목사 게리 데이비스와 꼭 닮은 얼굴이었다. 그가 여기서 무엇을 하고 있는 것인가? 같은 남자, 같은 양쪽 볼과 턱, 중절모, 검은 안경, 같은 체구, 같은 키, 같은 길고 검은 코트. 오싹한 기분이 들었다. 게리 데이비스 목사는 현대 음악의 귀재 중 한 사람인데…… 그는 바르게 자란 사람이었고, 무슨 일이 일어나고 있는지 사물을 지켜보면서 끊임없이 경계하는 사람이었다. 그는 묘하게 나를 건너다보았다. 마치 순간을 넘어서 보는 능력을 가진 사람처럼, 잡을 수 있는 로프를 던진 것처럼. 갑자기 나는 적절한 장소에서 딱 맞는 시간에 제대로 된 일을 하고 있다는 것과, 대니가 진정한 재즈광이라는 것을 깨달았다. 이제 모퉁이를 돌았고 신의 얼굴을 보고 있는 것처럼 느꼈다.

다음날 밤 우리는 전날 「디그니티」를 녹음했던 연주 과정을 다시 듣기 시작했다. 대니는 그것을 모두 보관하고 있었다. 대니가 그 노래에서 보았던 장래의 약속이 무엇이든 피투성이의 혼란 속에 처박힌 것이다. 어디서 시작했든 그곳으로 돌아갈 수 없었다. 시계를 되돌릴 수가 없었다. 계속 앞으로 가기만 할 뿐이었다.

그때, 느닷없이 「눈물이 떨어지는 곳에」가 들려왔다. 3분짜리 발라드 곡이었지만 자신을 바로 세우고 정신을 차리게 만들었다. 마치 누군가 기차를 멈추기 위해 줄을 잡아당긴 것 같았다. 노래는 아름답고 신비롭고 명랑하고 완전했다. 나는 대니가 같은 생각을 하고 있는지 궁금한 생각이 들었다.

"나는 전혀 기억할 수 없어."

대니가 말했다. 우리는 잠시 「디그니티」에 대해 잊기로 했다. 대니는 발라드 역시 좋아한다고 말했고 그것은 의미가 있었다. 하지만 그는 「디그니티」를 더 잘 할 수 있다고 말하면서 타이밍이 약간 늦고 곡이 불안정한 것 같다고 말했다. 그럴 수도 있었다…… 시계가 새벽 3시를 가리키고 있었다. 나는 알았다고 말하고는 뒷문으로 스튜디오를 나왔다. 안뜰을 통해 매거진 스트리트로 내려간 나는 아이스크림 가게로 들어갔다. 잠시 혼자 있고 싶었다.

지역 음악신문을 뒤적거리다가 클래쉬의 멤버인 기타리스트 믹 존스가 폐렴에서 회복 중이라는 기사를 보았다. 그는 거의 위독한 상태까지 갔었다고 한다. 나는 그가 내 밴드에서 연주할 수 있지 않을까 하고 생각했다. 그가 할 수만 있으면 더없이 좋겠지만, 그런 생각은 시기상조였다. 마리안 페이스풀이 새 음반을 녹음하고 있다는 기사도 있었다. 그녀는 훌륭하고 당당한 여자였다. 한동안 그녀를 만나지 못했다. 신문은 그녀가 미네소타의 갱생 진료소를 다녀온 후 인생에 대해 새로운 태도와 느낌을 갖게 됐다고 보도하고 있었다. 그녀를 위해 다행이라고 생각했다. 엘튼 존이 가구와 의상을 경매하고 있었다. 경매에 나온 빠찡꼬 기계의 사진이 실려 있었다. 기계가 너무 환상적으로 보여서 내가 입찰에 나서고 싶었다.

아이스크림 가게를 나온 나는 다시 인도에 올라섰다. 축축한 바람이 얼굴을 스치고 지나갔다. 나뭇잎들이 달빛에 반짝였고 내 발걸음이 재즈광들의 안뜰을 어지럽혔다. 개 한 마리가 철제 울타리 뒤에서 위협적으로 으르렁거렸다. 검은 세단이 지나갔다. 차창을 내린 차 안에는 싸구려 포도주에 취한 한 쌍이 타고 있었고 폴라 압둘의 노래가 요란하게 울렸다. 나는 오드번 공원을 통해 세인트 찰스 애비뉴를 향해 걸었다. 교회와 사원과 묘지들이 있는데도 불구하고 뉴올리언스는 거룩한 장소에 있음직한 정신적인 성향이 없었다. 그것은 분명 움직일 수 없는 사실이었다. 그것을 이해하기 위해서는 시간이 걸렸다. 집으로 돌아간 나는 부엌에 앉아서 브라운 슈가의 노래를 들었다. 그녀는 리틀 주니어 파커의「위험한 여인(Dangerous Woman)」을 부르고 있었다. 파커의 노래가 끝난 뒤 나는 2층의 침실로 올라갔다.

며칠 있으면 가족들이 오기로 되어 있었다. 가족들은 유명한 안트완느 식당에서 저녁식사를 하고 싶어 했다. 나는 가고 싶지 않았지만 같이 갈 수밖에 없었다. 우리는 뒤쪽 방에서 식사를 했다. 나는 마가렛 공주의 초상화 아래 앉았는데 그 의자는 아마 프랭클린 D. 루즈벨트가 앉았던 의자 같았다. 나는 거북이 수프만 주문했다. 궁지에 빠져 있는 상태라서 아무것도 먹고 싶지 않았다. 대니의 집으로 가야 했으므로 일찍 식사 자리를 떠난 나는 천둥과 폭우가 쏟아지는 거리로 나왔다. 그러나 직접 그곳에 가본 것도 괜찮았다.

지난 삼사일 동안 비가 오락가락했는데 지금 또 비가 내리고 있었다. 대니는「눈물이 떨어지는 곳에」를 다시 녹음하기 위해 모든 것을 준비했다. 우리는 같은 응접실에 네다섯 명의 뮤지션들과 모였다. 갑자기 우리는 달리고 있었다. 음악적으로 완벽하게 어울리는 트랙을 설정했지만 나는 그것이 편안치 않았다. 노래 부르는 것이 힘들었고 이전의 버전이 가지고 있던 매력이 없어 보였다. 나는 몸을 떨었다. 이 버전을 녹음하는 불운을 이해할 수 없었다. 가수로서, 마치 미끄러운 나무줄기를 기어오르려고 노력하는 것 같았다. 혼자서 '아니 왜 다른 버전을 사용하지 않는 거지? 다른 트랙은? 무슨 문제가 있는 거야?' 하고 생각했다. 대니는 다른 트랙은 적절하지 않다고 생각했는데 물론 그것은 기술적으로 맞지 않았다. 대니와 나는 서로의 눈을 보았고 결국 돕시의 버전을 듣고 그것을 사용하기로 했다.

우리는 「꿈 시리즈(Series of Dreams)」를 녹음했다. 다니엘 라노아는 노래를 좋아했지만 가교 역할을 하는 브리지를 더 좋아했고, 완전한 곡이 브리지가 되기를 원했다. 나는 그가 뜻하는 것을 알았지만 그렇게는 될 수 없었다. 그러나 잠시 내가 메인 파트로서 브리지를 시작하고 메인 파트를 브리지로 사용할 수 있지 않을까 생각했다. 행크 윌리엄스가 한때 「짝사랑 블루스(Lovesick Blues)」를 가지고 그렇게 했지만 생각할수록 그 아이디어는 별로였고 노래를 이런 식으로 생각하는 것은 건전하지 않다는 생각을 많이 하게 되었다. 그것 나름대로 괜찮은 점도 있다고 느꼈지만 바꾸는 것을 너무 많이 생각하면서 자신을 잃고 싶지 않았다. 대니는 내가 이 곡을 멋지게 녹음할 수 있도록 온갖 노력을 기울였고 무엇이든 하겠다는 생각을 가지고 있었다. 그는 걱정을 많이 했다. 가끔 너무 지나치게 걱정하는 것 같았다. 그는 노래가 제대로 되기 위해 무엇이든 하려고 했다. 냄비를 비우고 접시를 닦고 바닥을 쓸었다. 그런 것은 중요하지 않았다. 그에게 가장 중요한 것은 녹음에 대한 확신과, 내가 그것을 이해하는 것이었다.

다니엘 라노아는 눈신을 신고 걷는 나라, 토론토 북쪽 출신으로 추상적인 생각을 하는 사람이었다. 북쪽 사람들은 추상적으로 생각한다. 날씨가 추울 때 다시 따뜻해질 것을 알기 때문에 짜증내지 않는다…… 그리고 더울 때도 결국 추워질 것을 알기 때문에 그것 역시 걱정하지 않는다. 날씨가 항상 같아서 변화를 기대하지 않는 더운 지방에 사는 사람들과 다르다. 그의 생각은 나에게도 만족스러웠다. 나 역시 추상을 생각한다. 대니는 기술적인 면에 신경을 쓰는 뮤지션이지만 대개 그가 제작하는 모든 녹음에서 연주를 했다. 그는 다중녹음과 녹음하는 방법에 관해 영국인 프로듀서 브라이언 이노와 개발한 테이프 조작 이론 아이디어를 가지고 있었는데 강한 확신을 가지고 있었다. 하지만 나는 상당히 독립적이어서 내가 이해하지 못하는 것을 하라고 하면 좋아하지 않았다. 이것이 우리가 해결해야 할 문제였다. 내가 그를 좋아하는 이유 한 가지는 표면에서 떠도는 것을 원치 않는다는 것이다. 그는 수영하는 것도 원하지 않았다. 점프해서 깊이 들어가기를 원했고 인어와 결혼하기를 원했다. 나는 그런 모든 것이 만족스러웠다. 우리가 「꿈 시리즈」를 녹음하는 동안 그는 가끔 이렇게 말했다.

"「전쟁의 도사들」, 「북부의 여인(Girl from the North Country)」, 혹은 「주님이 우리 편에 계실 때」와 같은 곡들이 필요해."

그는 우리에게 그런 곡들이 있어야 한다는 것을 거의 하루 걸러 한 번씩 일깨우기 시작했다. 나는 고개를 끄덕였다. 나도 알고 있었지만 그가 투덜거리는 것처럼 느꼈다. 나는 그런 곡들이 없었다.

「난 무슨 쓸모가 있는가」 작업을 시작했을 때 나는 멜로디를 찾아야 했다. 얼마 후 대니는 뭔가를 들었다고 생각했다. 나도 뭔가 알아차린 것 같았지만 정확히 알 수가 없었다. 어쩌면 불과 한 걸음 떨어져 있는 것을 찾고 있는지도 몰랐다. 있는 힘을 다 쏟고 기진맥진한 나는 대니가 좋아하는 대로 동의하는 것이 낫겠다고 생각했다. 대니는 이 곡의 분위기를 위해 다층 리듬을 사용했다. 나는 노랫말을 좋아했지만 멜로디는 과히 만족스럽지 않았고 감정적인 효과를 내지 못하고 있었다.

아무튼 우리는 개인적인 차이를 무시하고 이 곡을 완성했다.

최근 테네시 윌리엄스의 문학 페스티벌이 열린다는 소식을 듣고 가 보고 싶었다. 그래서 어느 날 밤 윌리엄스에 대해 더 많은 이야기를 듣고, 그가 쓴 연극의 불가사의한 진실에서 뭔가 발견하리라는 희망을 가지고 가든 지구의 콜리세움 스트리트로 갔다. 페스티벌이 열리는 화랑 스타일의 그 집은 박공지붕을 가지고 있었고 측면에 기둥들이 서 있었다. 신문에는 늘 딱딱한 내용이 실리므로 환각적인 효과를 얻으려면 실물을 보아야 한다. 나는 60년대에 윌리엄스를 한 번 만난 적이 있었는데 그는 천재로 보였다. 내가 도착했을 때는 협회가 후원하는 강연이 끝나고 있었다. 사람들이 나오고 있었으므로 나도 돌아서서 밖으로 나왔다. 로욜라 거리의 라파에트 묘지를 지나 스튜디오로 향했다. 가벼운 비가 뿌리고 있었다. 쥐들이 전신주를 가로질러 종종걸음으로 달렸다.

그날 밤 늦게 우리는 「종을 울려요(Ring Them Bells)」를 녹음하기 시작했다. 내가 확실히 해두려는 것은…… 마지막의…… "옳고 그름 사이의 거리를 없애고" 인데 그렇게 하지 못했다. 그 소절은 노래에 어울리지만 내가 느꼈던 것을 입증하지는 못했다. 옳은 것이나 그른 것은 완다 잭슨의 노래에 어울리고, 빌리 테이트의 노래처럼 이해할 수 있지만, 옳고 옳지 못한 것은 아니다. 그 개념은 내 무의식에 존재하지 않았다. 나는 언제나 그런 일이 혼란스러웠고 도덕적인 이상이 제 역할을 하는 것을 보지 못했다. 도덕적으로 옳거나 도덕적으로 틀렸다는 것은 잘못된 주파수에 연결된 것으로 보였다. 각본에 없는 일들이 매일 일어난다. 만약 어떤 사람이 가죽을 훔쳐서 가난한 사람들을 위해 구두를 만들었다면 도덕적인 행동이 될 수도 있지만 법적으로 옳은 일이 아니고 따라서 잘못이다. 사물의 법적이고 도덕적인 측면이 나를 괴롭혔다. 세상에는 선행도 있고 악행도 있다. 착한 사람이 나쁜 일을 할 수 있고 나쁜 사람이 좋은 일을 할 수도 있다. 그러나 나는 그 선을 확실히 긋지 못했다. 이 연주에서 그것은 실험을 하지 않은 명백하고 자연스러운 소리였다. 나는 그것을 무반주로 노래할 수 있다고 느꼈다. 대니는 노래의 정서와 맥박에 마법을 투입해서 본질을 표현했다. 우리는 이 곡을 내가 제공한 대로 정확하게 녹음했다…… 내가 피아노를 맡고, 대니가 기타, 말콤 번이 키보드를 맡았다. 그는 결정적으로 순간을 표현했다. 시대 전체를 표현할 수도 있었다. 그는 일을 하면서 정확하고 역동적인 버전을 제시했다. 누구든지 그것을 알 수 있었다. 곡은 시작부터 끝까지 같은 톤을 유지했다. 대니는 모든 예리함과 조화로운 감각을 나타냈다. 여기서 그는 사운드 맨 이상의 역을 했다. 과학적인 원칙을 가진 의사라고 할 수 있었다. 나는 그에게 물었다.

"대니, 당신 박사예요?"

"그래요, 하지만 의학박사는 아니에요."

그가 미소 지으며 대답했다.

대니와 그의 팀들은 할리 데이비드슨 오토바이를 스튜디오의 안뜰과 뒷마당에 세워놓고 있었다. 머리 아홉 달린 히드라처럼 앞이 갈라진 목신牧神의 머리들, 크롬 주행등, 넓은 타이어, 미등, 주로 혼자 앉는 좌석, 나도 이 오토바이가 한 대 있어야 했다. 대니의 엔지니어이고 오토바이광인 마크 하워드가 내게 66년형 할리 폴리스 스페셜을 구해주었다. 플로리다산으로 파우더 코팅한 골조, 스테인레스 스틸 살, 검은 파우더를 바른 바퀴통과 테, 모든 것이 산뜻하고 힘이 좋았다. 일단 오토바이를 갖게 된 나는 스튜디오에서 쉬는 시간이나 이른 아침에 그것을 타기 시작했다. 페렛 스트리트를 달려 멀리 운하까지 갈 때도 있고, 가끔 해안선을 가로질러 이스트뉴올리언스에 가거나, 세인트루이스 성당 근처 잭슨 광장에 오토바이를 세워놓기도 했다. 한번은 오토바이를 타고 보그니 호수 근처의 야생생물 가든에 가서 호수 풍경과 선반 모양의 지형을 보았다. 그곳은 앤드류 잭슨이 해적들과 북미인디언인 촉토족, 자유 흑인들, 변호사들과 상인 의용군들을 데리고 영국군을 패배시키고 그들을 영원히 바다로 몰아낸 곳이었다. 역사책에 의하면 영국군은 1만 명의 병력으로 뉴올리언스를 공격했는데 잭슨은 오합지졸의 적은 병력으로 영국군을 물리쳤다고 한다. 잭슨은 항복하기 전에 뉴올리언스를 잿더미로 만들겠다고 위협했다. 종교에 무관심하고 잔인한 지도자였던 잭슨은 키가 크고 뼈가 앙상한 데다 숱이 많은 반백의 머리에 푸른 눈을 가지고 있었다. 시골뜨기에다 심술궂은 그는 은행제도에 반대했다. 그러나 적어도 시민과 순진한 어린이들을 죽이는 폭탄을 떨어뜨리지는 않았다. 그것 때문에 지옥에 가지는 않았을 것이다.

언젠가는 오토바이를 타고 스페인 광장까지 가서 커널 스트리트의 아래쪽에 세워놓고 있었는데 근처에 정박한 배에서 커준 밴드의 친카친카 비트가 거의 히스테릭하게 들려왔다. 목련과에 속하는 매그놀리아 밑에서 나는 「유성(Shooting Star)」이라고 불리게 될 곡에 대해 뭔가 느끼기 시작했다. 아직 쓰지는 않았지만 마음속으로 희미하게 들을 수 있었다. 정신이 맑은 상태에서 사물을 보고 느낄 때 그것을 듣지만 나머지 의식은 모두 잠들어 있다. 나는 그것을 잊고 싶지 않았고 도시를 떠나기 전에 써서 기록하고 싶었다. 그것이 대니가 찾는 것이 아닐까 하는 생각을 했다.

대니는 「모든 것이 부서졌어」를 버리는 곡으로 생각했다. 나는 그렇게 생각하지 않았지만 그것을 녹음하기 위한 유일한 방법은 트레몰로가 충분해야 한다는 것이었다. 우리는 풀 밴드로 큰 응접실에서 녹음했다. 토니 홀이 베이스, 윌리 그린이 드럼, 그라이언과 나는 기타를 연주했다. 나는 여전히 전기기타를 연주했다. 뮤지션들과 녹음할 때 다섯 혹은 여섯 명 전원이 동시에 같은 식으로 기분 좋게 느끼는 날은 매우 드물다. 대니는 누구보다도 이 곡을 녹음하는 일에 많이 기여했다. 나는 곡이 제대로 녹음이 됐다는 생각이 들어서 크게 고치는 것을 원하지 않았다. 대니는 너무 무력감에 빠질 필요가 없었다. 그 곡이 그에게 넘겨졌을 때는 이미 상당히 좋아져 있었다. 비평가들은 대개 나의 이런 곡을 좋아하지 않았는데 자서전적으로 보이지 않기 때문이다. 아닐 수도 있지만 내가 쓴 곡은 자서전적인 것이었다.

대니는 트랙을 보고 별로 흥분하지 않았지만 그것이 실패작이 아니라는 것도 알고 있었다. 나는 그가 무엇을 찾고 있는지 알고 있었다. 그는 나를 하나의 개인으로 정의하는 곡들을 찾고 있었지만, 내가 스튜디오에서 하는 일은 나를 개인으로 분명하게 나타내지 않았다. 그런 일은 매우 어려웠지만 그는 나를 돕고 있었다. 가수로서 적절한 마이크와 앰프가 없으면 실패할 수도 있었는데 라노아는 적절한 결합을 찾기 위해 최선을 다하고 있었다. 나는 대개 울적한 마음으로 밤에 스튜디오를 떠나곤 했는데 가끔 이렇게 말했다.

"대니, 우리 아직도 친구야?"

뉴올리언스에 머문 지 약 한 달쯤 되었을 때였다. 어느 날 일찍 잠이 깬 나는 아내를 흔들어 깨웠다. 날이 새려면 두 시간은 있어야 했다.

"무슨 일이에요. 뭐가 잘못됐어요?"

잘못된 건 없었다. 몇 분 내로 아내는 헐렁한 잠옷을 갈아입고 커피를 끓였다. 동이 틀 무렵 우리는 미시시피 강을 건너 브리지시티로 들어서서 90번 도로에 있는 티보도(Thibodaux)를 향해 달리고 있었다. 특별한 목적이 있는 것은 아니었고 그냥 그곳으로 가고 있었다. 레이슬랜드에서 308번 도로로 들어섰다. 나는 지루하고 답답함을 느꼈고 도시를 떠나는 것이 필요했다. 되는 일이 없고 세상이 눈에 보이지 않으면 그것을 찾는 것이 필요하다. 이 녹음의 나머지 세션에서 깨어 있기를 원하면 창문을 열고 뭔가를 움켜잡아야 하고 그것을 백 퍼센트 확신하는 것이 필요했다.

티보도를 가로지르면서 바유 라푸르쉐 부근을 달렸다. 축축하고 불쾌한 날씨였다. 가랑비가 오락가락하고, 구름이 흩어지고 있었다. 지평선에는 번개가 쳤다. 도시에는 나무 이름을 붙인 거리가 많았다. 오크 거리, 매그놀리아 거리, 버드나무 거리, 뽕나무 거리 등. 웨스트 1번가는 강어귀를 따라서 난 길이었다. 우리는 기괴한 습지대로 이어지는 산책로를 걸었다. 멀리 풀이 무성한 작은 섬과 보트들이 보였다. 조용하기 그지없었다. 자세히 보면 나뭇가지를 기어오르는 뱀을 볼 수도 있을 것 같았다.

나는 오토바이를 낡은 급수탑 가까이 끌고 갔다. 그리고 오토바이에서 내려서 주변을 걸어 다녔다. 부근의 도로들은 엄청나게 큰 삼나무들 때문에 상대적으로 작아 보였다. 수령이 700년이나 된 것들도 있었다. 무성한 사탕수수 들판에 나 있는 흙먼지 길, 이끼 낀 담들이 무너져 있는 미로, 늪지와 부드러운 진흙이 도시로부터 아주 멀리 왔다는 느낌을 주었다. 다시 오토바이에 올라타고 피칸 거리를 달려서 파리나 로마의 교회를 모델로 해서 지은 세인트 조셉 교회를 지나갔다. 안에는 초기 순교자의 절단된 팔이 실제로 있는 것으로 생각되었다. 가난한 사람의 하버드인 니콜라스 주립대학교가 거리 위쪽에 있었다. 세인트 패트릭 거리에서 궁전 같은 대저택들, 깊숙이 들어가 있는 현관과 창문이 많은 큰 농장 주택들을 지나갔다. 남북전쟁 전의 법원 건물이 비막이 널을 댄 홀 옆에 서 있었다. 고목이 된 오크 나무들과 노후한 오두막집들이 나란히 서 있었다. 아내와 둘이서 이렇게 멀리 왔다는 것이 기분 좋았다.

이른 오후였다. 먼지가 날려서 입이 마르고 코가 막혔다. 우리는 배가 고팠으므로 모건시티 근처의 20번 도로에 있는 체스터 사이프러스 여관에 들어갔다. 프라이드치킨과 생선과 개구리 다리 등을 파는 곳이었다. 나는 지치기 시작했다. 웨이트리스가 주문을 받으러 왔다.

"뭘 드시겠어요?"

나는 메뉴를 들여다보고 아내를 쳐다보았다. 아내에게서 내가 늘 좋아하는 점은, 누군가 다른 사람이 자신의 행복에 대한 답이라고 생각하는 사람들과 다르다는 것이었다. 그 대상이 나거나 그밖의 누구든. 아내는 항상 그녀 자신의 타고난 행복을 가지고 있었다. 나는 아내의 의견을 존중했고 아내를 믿었다.

"당신이 주문해."

웨이트리스가 튀긴 대구, 오크라와 미시시피 머드 파이를 테이블로 가져왔다. 부엌은 옆의 건물에 있었다. 대구와 파이 모두 종이 접시에 담겨 있었지만 나는 생각했던 것만큼 배가 고프지 않아서 양파 링만 먹었다.

식사 후에 후마를 향해 남쪽으로 달렸다. 도로의 서쪽에 소 떼가 풀을 뜯고 있었고 백로와 왜가리가 긴 다리로 얕은 물에 서 있었다. 작은 부두 근처에 펠리칸, 요트, 길가에서 낚시하는 사람, 굴양식 보트, 작고 보잘것없는 보트들이 한가롭게 흔들리고 있었다. 우리는 계속 달려서 여러 종류의 다리를 건넜는데 흔들리는 다리와 들어 올리는 개폐교도 건넜다. 스티븐슨빌 도로에서 작은 시골 가게 옆의 운하를 건넜다. 도로가 자갈길로 바뀌더니 늪지 사이로 꼬불꼬불 이어졌다. 고약한 냄새가 났다. 습한 공기, 악취와 썩는 냄새가 지독했다. 남쪽으로 계속 달려가자 마침내 유조트럭과 유조선이 보였다. 우리는 돌아서서 다시 달리기 시작했다. 유콘 지방으로 올라가면 따뜻하게 몸을 녹일 수 있는 곳이 있을 거라고 생각했다. 날이 어두워질 무렵 우리는 나폴레온빌 교외에 머물 곳을 찾아서 오토바이에서 내렸다. 멋진 드라이브였다.

침실과 아침 식사를 제공한다는 오두막집에 들었는데 커다란 농장 주택 뒤에 있었다. 기둥으로 건물을 받친 형태의 그 집은 정원의 오솔길 곳곳에 조각품들이 있었고, 크림색 회반죽을 바른 방갈로가 이상한 마력을 더하며 그리스 사원의 축소판처럼 서 있었다. 우리가 들어간 방에는 네 기둥이 있는 편안한 침대와 고풍스런 테이블이 하나 있었다. 나머지는 콘도 스타일의 비품들이었다. 취사도구를 갖춘 간이 부엌이 있었지만 우리는 거기서 음식을 먹지 않았다. 침대에 누워 창문 밖의 기괴한 어둠속에서 들리는 귀뚜라미와 야생생물들의 소리에 귀를 기울였다. 나는 밤을 좋아했다. 만물은 밤에 자라고 나의 상상력은 밤에 더욱 나래를 편다. 사물에 대한 편견이 사라지고 엉뚱한 곳에서 천국을 찾을 수 있다. 가끔 천국은 발밑에 혹은 침대에 있을 수 있다.

다음날 잠이 깬 나는 레코딩 세션이 잘 되지 않는다고 느꼈던 이유를 발견한 것 같았다. 문제가 있었다. 내게는 새로운 방식으로 자신을 표현하는 일에 신경을 쓰지 않는 경향이 있었다. 수년 동안 나의 연주에는 전혀 변화가 없었다. 변할 수 있는 기회가 많은 것은 아니었으나 다음 산을 올라갈 필요가 없었다. 내가 원하는 것은 지금 있는 곳을 안전하게 지키는 것이었다. 대니가 그것을 이해하고 있는지 확신할 수 없었다. 그것을 분명히 밝히지 못했다고 생각한다. 여러 말로 설명할 수가 없었다.

밤새도록 비가 내렸다 그쳤다 하더니 지금 다시 비가 조금씩 뿌리고 있었다. 늦은 아침에 모텔을 출발했다. 매서운 바람이 얼굴을 때렸지만 아름다운 날이었다. 하늘은 흐린 회색빛이었다. 우리는 푸른색 할리 오토바이에 올라앉아 베렛 호수를 돌아 내려갔다가 다시 올라와 거대한 오크나무, 피칸나무, 덩굴식물과 삼나무 그루터기를 지나 천천히 늪지대로 내려갔다. 거의 아멜리아까지 갔다가 돌아오는 길에 90번 도로의 주유소에서 멈췄다. 텅 빈 들판 너머 잘 보이지 않는 길가에 투트왕의 박물관이라는 허름한 판잣집이 눈길을 끌었다. 우리는 연료를 채운 다음 소들이 다니는 길을 천천히 달려서 그 집으로 갔다. 목재 건물인 그 집의 현관을 받치고 선 기둥들은 오래 전부터 부식된 것으로 보였고, 야채를 가득 실은 픽업트럭이 집 앞에 주차돼 있었다. 높이 자란 풀밭에 50년대 고물차가 처박혀 있었다. 어린 소녀가 발코니에서 깔개의 먼지를 털고 있었다. 길고 검은 고수머리를 가진 그녀는 분홍 체조복을 입고 어깨에 목욕 수건을 두르고 있었다. 먼지가 공중에 붉은 구름처럼 피어올랐다. 우리는 계단을 몇 개 올라가서 나는 안으로 들어가고 아내는 바깥의 흔들의자에 앉았다.

안에는 자질구레한 장신구, 신문, 사탕, 수공예품, 늪에서 나는 줄기식물로 정교한 무늬를 넣어서 짠 바구니 같은 것들이 진열되어 있었다. 작은 입상들과 가짜 보석들이 진열장 안에 있었고 우산, 슬리퍼, 주술 종교인 부두교도의 푸른색 구슬들과 봉헌용으로 쓰이는 양초가 있었다. 입구에는 철세공품, 오크 가지들, 도토리로 만든 장식품, 범퍼에 붙이는 스티커도 몇 개 있었다. '세상에서 가장 위대한 할아버지' 라고 쓴 스티커도 있고 '침묵' 이라고 쓴 것도 있었다. 방 한쪽의 작은 카운터에 가재관절이 있었고 벽에는 돼지 볼살, 돼지 귀를 비롯한 돼지의 부위들이 갈고리에 걸려 있어서 비명을 지르고 싶게 만들었다. 그곳은 선 파이라는 늙은 사람이 운영하는 가게였다. 그는 아주 기묘한 사람이었다. 키가 작고 퓨마처럼 깡마른 그는 검은 얼굴이지만 슬라브 민족의 용모를 지니고 있었는데 위가 납작하고 테가 좁은 밀짚모자를 쓰고 있었다. 그의 뼈에는 지구의 생살이 붙어 있었다. 발코니에 있던 어린 소녀는 그의 아내였다. 그녀는 여학생처럼 보였다. 가게 안은 아주 밝은 편이고 테이블은 윤이 나게 반짝거렸다. 선 파이는 높은 의자를 손보고 있었다. 의자는 성당에서 나온 것처럼 보였다. 그는 그것을 조각조각 해체해서 옆을 꺾쇠로 고정시키고 접착제로 붙였다. 그리고 육면의 다리 모서리를 사포로 문지르고 있었다.

"낚시가 잘 되는 곳을 찾으슈?"
"아니요. 그냥 지나가는 길입니다."
"재수 없는 일을 만날 수도 있어요." 그는 잠시 멈췄다가 말했다. "나도 가끔 그러거든."

그는 푸른색 경찰 오토바이 쪽을 가리키며 고개를 끄덕거렸다.
"한번 둘러봐요. 꽤 괜찮은 물건도 있으니까."

브루스 리와 마오 주석의 포스터도 붙어 있었다. 카운터 뒤의 거울에 중국의 만리장성을 찍은 넓은 사진이 테이프로 붙어 있었고 다른 벽에는 대형 미국 국기가 있었다.

벽 너머에서 라디오 소리가 들려왔다. 비틀스가 「비밀을 알고 싶나요(Do you Want to Know a Secret)」를 부르고 있었다. 그들은 받아들이기가 아주 쉬웠다. 나는 비틀스가 처음 왔을 때를 기억했는데 그들은 다른 그룹들과 달리 친분과 교우 관계를 제안했다. 그들의 노래는 최고의 지배력을 창조했다. 모두가 오래 전의 일처럼 보였다. 「비밀을 알고 싶나요」는 50년대의 완벽한 감상적 러브 발라드이고 그들만이 부를 수 있는 곡이었다. 선 파이는 연장을 내려놓고 일어섰다. 그의 뒤로 문이 활짝 열려 있어서 강어귀가 내다보였다. 뒷마당은 선 파이가 보트를 수리하는 곳이었다. 쇠지레와 부서진 사슬과 이끼 낀 통나무가 가득 널려 있었다. 아내가 들어왔고 선 파이는 문을 쳐다보다가 다시 나를 보았다.

"기도하는 사람이슈?"

"아~ 예."

"잘 됐군, 중국인들이 돌아올 때면 그래야 할 거요."

그는 나를 쳐다보지도 않고 말했다. 그는 묘하게 말하는 버릇이 있었는데 마치 내가 거기 없는 것처럼, 그가 한가롭게 내가 있는 곳으로 걸어오는 것처럼 느끼게 만들었다.

"그거 아슈, 중국인들이 처음에 여기 왔어요. 그들은 인디언들이야. 붉은 사람 말이요. 코만치, 수, 아라파호, 샤이엔, 모두 중국인들이었지. 그리스도가 병자를 고치고 있을 때 이곳으로 왔어. 북미 인디언 여자들과 추장들이 모두 중국에서 왔어요―걸어서 알래스카를 지나서 이곳을 발견했다우. 그들이 나중에 인디언이 되었지."

어디선가 그런 얘기를 들은 적이 있었다. 한때는 베링 해가 육지였으므로 아시아나 러시아로부터 누구나 걸어올 수가 있었다는 것이다. 그러면 선 파이가 말하는 것이 사실일 가능성이 있었다.

"중국인이라구요?"

"예, 맞아요. 문제는 그들이 파벌과 종족으로 갈라져서 깃털을 꽂기 시작했고 자기들이 중국인이라는 걸 잊어버린 거라우. 아무 이유도 없이 부족끼리 서로 싸우기 시작했지. 누구라도 적으로 만들 수 있는 거요. 가장 친한 친구끼리도 말이오. 그래서 인디언들이 자연스럽게 몰락한 거지. 백인들이 유럽에서 이곳을 정복하러 왔을 때 그처럼 쉽게 무너진 건 그런 이유가 있었기 때문이라우. 무르익은 복숭아처럼 떨어질 준비가 되어 있었던 거지."

나는 선 파이의 말에 호기심을 느끼고 부서질 것 같은 의자 하나를 끌어다가 앉았다.

"그들이 돌아오고 있어, 중국인 수백만 명이 오고 있다구. 그건 예정된 거야. 그들은 무력을 사용하지 않을 거요. 그냥 걸어 들어와서 자기들이 떠났던 곳을 차지할 거야."

선 파이는 조심스럽게 끌을 골라서 의자의 뒷다리를 긁어내기 시작했다. 다리의 가로장에 사자의 머리가 있고, 소용돌이 모양의 디자인이 복잡했다. 그는 바짝 들여다보며 일하고 있었다. 데일과 그레이스의 「내가 떠나는 것은 당신에게 달렸어요(I'm Leaving It Up to You)」가 라디오에서 흘러나왔다. 나는 전에 선 파이와 같은 얼굴을 본 적이 있다는 생각이 들었지만 어디서 보았는지 기억할 수가 없었다. 그에게는 특이한 버릇이 있었는데…… 느리게 말하다가 쾅하고 물건을 놓거나 세게 부딪치는 행동 언어로 이야기했다. 그는 연장을 내려놓고 미소를 지었다. 그리고 부드러운 목소리로 자신에 대한 이야기를 조금 했다. 서먹하게 대하거나 경계하는 기색은 없었다. 그는 사람을 찌른 죄로 한때 교도소에 있었다고 했다. 자신이 크게 힘들긴 했지만 그 작자는 당연한 대가를 치른 것이라고 말했다. 그는 내가 가진 다이아몬드와 에메랄드와 루비와 모든 것을 옥으로 교환해야 한다고 말했는데, 옥은 중국인들이 생선과 고기를 가지고 이곳을 차지했을 때 새로운 화폐가 될 것이기 때문이라고 설명했다.

"사람들은 내가 미쳤다고 생각하지만 상관 안해. 중국인들은 실속이 있고 순수해. 상스러운 언어는 쓰지 않아. 그들에게 십계명 따윈 있지도 않고, 또 필요하지도 않아. 여기서 페루까지 맨 중국인들이라니까. 당신 기도하는 사람이랬지? 뭘 기도하나? 세계를 위해 기도해?"

나는 세계를 위해 기도한다는 생각을 해본 적이 없었다.

"전 좀더 친절한 사람이 될 수 있기를 기도합니다."

밖에는 여전히 이슬비가 촉촉이 내리고 있었다. 양철 지붕 위로 부드럽게 떨어지는 빗소리가 들렸다. 뉴올리언스가 나를 끌어당기기 시작했고 나는 그 줄의 무게를 느끼고 있었다. 양치류의 식물과 하얀 꽃들을 담고 매달려 있는 바구니들을 지나 스페인식 안뜰의 등나무 덩굴 너머를 보려고 창문 밖을 기웃거렸다. 하늘 한쪽이 훤했지만 하늘 끝은 푸르스름한 빛을 띠고 있었다.

라디오에서 「사랑의 바다(Sea of Love)」가 흘러나오고 있었다. 나는 마치 어딘가에 버림받았다가 돌아갈 시간이 된 것처럼 느꼈다. 쓰라림과 적의를 가지고 뉴올리언스에서 나왔다면 그것은 이제 무의미한 일이 되어야 했다.

"여기 경마장과 마구간들이 있었지."

그가 말했다.

"약 100년 전에 허리케인이 덮쳤어. 높이가 3~4미터나 됐어. 2천 명이 목숨을 잃었지. 폭풍우가 오면 사람들은, '목숨을 살려주시면 무슨 일이라도 하겠다' 고 신께 빌지."
　그는 바닥에 깔아놓은 헌 신문지 위에서 니스 깡통을 집었다.
　"신이 죽이려는 사람은 결국 죽어."
　그는 작은 붓을 깡통에 담갔다가 의자 옆에 댄 가로장을 칠하기 시작했다. 그는 붓칠을 멈추더니 붓을 깡통 위에 뉘어서 올려놓았다. 신문지에 온통 니스 칠이 튀었지만 신문에 난 기사와 얼굴을 알아볼 수 있었다.
　"저건 무기야." 그가 신문을 가리키며 말했다. "난 바닥을 보호하려고 그걸 깔아놓은 건데. 나쁜 사람들 손에서는 무기가 된다구. 못된 악마들. 그자들은 친구를 몰라."
　그는 나무 자루가 달린 긴 신문지철을 꺼냈다.
　"여긴 평등한 게 없어. 우리 중에 어떤 사람들은 특별하고, 어떤 사람들은 그렇지 않아. 더 멋있고 똑똑한 사람도 있고, 더 약하고 덜 지혜로운 사람들도 있지. 어쩔 수 없는 일이야. 자네가 태어난 것도 어쩔 수 없는 일이고. 더 좋은 의사가 되는 사람들도 있고 희생자가 되는 사람들도 있지. 더 나은 생각을 하는 사람들도 있고, 더 나은 기계공이 되고, 더 나은 지도자가 되는 사람들이 있어. 여기 있는 사람들 중에 나보다 나은 목수는 없지만 나는 훌륭한 변호사가 될 수는 없어. 법조문을 읽을 수도 없지. 자신의 종족에서도 똑같지가 않아. 위에 있는 사람도 있고 바닥에 있는 사람들도 있어."
　그는 잠시 말을 멈추고 기름이 잔뜩 묻은 걸레를 집었다.
　"세상에서 좋은 일은 모두 이미 끝난 것 같아."
　선 파이는 뜻 모를 말을 했다.
　"브루스 리는 좋은 가문 출신이야. 그는 그들을 모두 물리쳤지. 모든 젊은 여자들, 욕심 많은 범죄자들, 갈고리 손을 가진 자들, 힘은 있지만 가치 없는 자들을 모두 물리쳤어. 그들은 브루스 리를 참을 수 없어 했지. 그들의 양심은 야비하고 타락했어."

선 파이는 좀처럼 만날 수 없는 독특한 사람이었다. 퍼레이드가 진행될 때 중심이 될 사람이거나, 어쩌면 오합지졸의 핵심이 될 수도 있었다.

가게 안을 둘러보고 나가서 바깥뜰에서 책을 읽던 아내가 다시 안으로 들어왔다. 아내는 창가에서 눈썹을 고쳐 그렸다. 우리가 떠날 시간이라는 것은 말할 필요가 없었다. 선 파이는 아내가 나와 함께 있는 것을 보고 말했다.

"어떻게 하실려구? 저녁식사나 뭘 좀 드시겠소?"

멀리서 기적이 울렸고 나는 정신이 들었다. 기적소리를 듣는 것은 즐거운 일이었다. 저녁을 먹을 생각은 없다고 말했다. 선 파이는 금테 안경을 쓰고 있었다. 이따금 안경에 부딪친 빛이 섬광처럼 번쩍였다.

"몇 주일 전에는 컨트리 뮤직의 여왕이 여기 와서 놋쇠 재떨이를 사 갔지."

"누가 왔었죠?"

"키티 웰스."

"아, 예."

선 파이에게 미묘한 변화가 일어났다. 그는 마오 주석의 포스터를 힐끗 보았다.

"전쟁은 나쁜 일이 아니야. 인구를 줄여주는 일이지."

나는 마음의 눈으로 피가 튀고 흐르는 것을 보았다. 그가 노리는 것이 무엇이든 나는 그것을 믿지 않았다.

"양심이 괴롭지 않아? 상관없어. 사람의 양심은 쓸모가 없으니까, 깨끗하든 죄가 있든, 산 사람은 적당히 살아가지."

이 양심이 내 마음을 찔렀다.

지팡이를 잡고 있는 내 손에 힘이 주어졌다. 나는 문으로 가서 무성한 나무를 쳐다보고 나를 마주 바라보는 아름다운 아내를 보았다. 선 파이가 행동적인 사람이라면 그로부터 벗어날 충분한 거리를 확보했다고 생각했다.

"준비 다 됐어요." 아내가 말했다.

범퍼 스티커를 하나 사려고 했으나 선 파이는 '세상에서 가장 위대한 할아버지'라고 쓴 스티커를 공짜로 주었다. 그것은 몇 년 안에 적어도 한 다스가 필요하게 되었을 때, 요긴하게 쓸 수 있었다. 선 파이는 머리가 빈 아이들 게임을 한 것이 아니라 영감을 주고 있었다. 그는 적절한 시기에 우연히 만난 적절한 사람이었다. 그는 즐겁게 사는 사람이었다.

"이제 충분하오?" 그가 물었다.

"예, 하지만 좀더 필요해요."

그는 껄껄 웃더니 몇 개를 더 주었다. 우리는 현관의 나무판자를 가로질러 푸른색 할리 오토바이까지 걸어갔다. 태양이 빛났고 인두처럼 뜨거웠다. 오토바이에 올라탄 나는 트럼펫 스타일의 경적을 울리고 시동을 걸었다. 우리는 기찻길로 나가서 제수잇 벤드에서 한 번 쉰 다음 땅거미가 지기 전에 세인트 찰스 에비뉴로 돌아왔다.

나는 머리가 맑아져서 뉴올리언스로 돌아왔다. 대니와 시작했던 일을 마무리하고, 다른 때라면 결코 쓰지 않았을 두 곡을 그에게 써주었다. 「검은 롱코트를 입은 남자(Man in the Long Black Coat)」와 「유성」이었다. 전에도 한 번 그런 일이 있었는데 프로듀서 아서 베이커와 일할 때였다. 베이커는 몇 년 전 뉴욕에서 「제국을 패러디하기(Empire Burlesque)」 앨범을 제작할 때 도와준 사람이었다. 베이커가 음반의 마지막에 앰프를 사용하지 않는 어쿠스틱 곡을 넣어야 한다고 계속 주장한 것 외에는 모든 곡들이 고루 섞여서 완성되었고 좋은 결과를 가져왔다. 앨범이 완성된 날 밤, 나는 내가 해줄 수 있는 것과 그것의 중요성을 알았다고 베이커에게 말했다. 자정이 넘은 후에 묵고 있던 59번가의 프라자 호텔로 돌아왔다. 엘리베이터에서 내렸을 때 복도에서 콜걸이 나를 향해 걸어오고 있었다. 연한 노랑머리에 여우 코트를 입고 마치 상대의 심장이라도 꿰뚫을 수 있을 것처럼 뾰족한 하이힐을 신고 있었다. 검은 아이라이너를 칠한 눈 주위가 시퍼렇게 보였다. 그녀는 얻어맞았고 또 맞을까봐 겁을 내는 것처럼 보였다. 손에는 진홍색 와인이 담긴 잔을 들고 있었다.

"한 잔 하고 싶어 죽겠어요."

내 옆을 지나가면서 그녀가 말했다. 아름다웠으나 세상에서 말하는 그런 것이 아니었다. 불쌍한 것 같으니, 평생 이 복도를 걸어다닐 운명이구나.

그날 밤 늦게 나는 창가에 앉아 센트럴 파크를 내다보면서 「슬픈 눈(Dark Eyes)」을 썼다. 다음날 밤에 나는 어쿠스틱 기타로만 그 곡을 녹음했다. 그것은 앨범에 아주 어울리는 곡이었고 그 곡으로 앨범이 완성되었다.

그러나 뉴욕시는 뉴올리언스가 아니었다. 점성술의 도시가 아니었다. 언제 누가 세웠는지 알 수 없는 불가사의한 곳, 으슥한 곳에 숨어 있는 신비로움이 없었다. 뉴욕은 복잡한 길 가운데서 얼어 죽는다고 해도 아무도 알아차리지 못할 그런 도시였다. 뉴올리언스는 그렇지 않았다.

아내가 곧 떠날 시간이었다. 볼티모어에서 가스펠 연주를 해야 하기 때문이었다. 우리는 현관 바깥에 앉아 커피를 마시고 있었다. 우레 소리가 낮게 울렸다. 아내가 혀를 내 귀에 넣었다.

"간지러워."

무엇에서든 작은 진실이라도 볼 수 있는 아내는 레코딩 세션이 쉽지 않다는 것과, 가끔 내가 열을 낸다는 것을 알고 있었다.

"너무 마시지 말아요." 아내가 나를 일깨웠다.

나중에 스튜디오에 가려고 했으나 마음을 바꿔 잠을 자기로 했다. 잠을 자고 깼으나 아침이 오지 않았고 다시 잠이 들어서 종일 자고 나니 다시 밤이었다. 나가기 전에, 부엌에 가서 커피를 만들었다. 라디오는 언제나처럼 켜져 있었다. 가수는 인생이 단조롭고 무거운 짐이라는 노래를 부르고 있었다. 어사 키트였다. 나는 혼자 중얼거렸다.

"어사, 그건 진실이야. 아주 좋아. 난 네 친구야. 어서 노래하라구."

우리는 풀 밴드와 「당신이 원하는 게 무엇인가요?」를 녹음했다. 말콤 번이 베이스, 메이슨 러프너가 기타, 윌리 그린이 드럼, 시릴 네빌이 타악기를 연주했다. 나는 기타와 하모니카를 맡았고 라노아도 기타를 연주했다. 간주곡에는 가사가 없었지만 있을 수도 있었다. 그때는 가사의 주제를 이해시키고 리드미컬한 박자를 유지하는 것이 더 중요했다. 마이크를 배치하는 방법이 구조적으로 분위기를 넉넉하고 취한 것처럼—몽롱하게 보이도록 만든다. 오크라나 닭고기 또는 생선이나 조개를 넣어 만드는 검보 스튜처럼 한데 뒤섞여 음울하고 꿈꾸는 듯 애매하게 시작한다. 대니의 음향 분위기는 마치 신비스러운 침묵의 땅으로부터 노랫소리가 들려오는 것처럼 만들었다. 녹음은 모든 종류의 다중 리듬으로 회전하고 이동한다. 나는 배리 화이트도 더 이상 잘 할 수는 없다고 생각했다. 이 곡에서 우리 모두의 관심이 일치했다.

압축장치와 가공장치와 빈티지 기어와 전자 증폭기와 에코 효과를 일으키는 반향장치가 모두 사용되어 대니가 머릿속에 그리던 어떤 낭만적인 소리가 만들어지기 시작했다. 모든 것이 활기차게 들렸다. 대니는 다중녹음에 크게 의지하지는 않았으나 특별한 경우 다중녹음을 하지 않는 것은 아니었다. 그 곡은 거울로 노랫말을 바라보고 반대 이미지를 점검하는 것 같았다. 두꺼운 연막을 쳐놓고 진짜 행동은 16킬로미터 떨어져서 하는 것 같았다. 「자만이라는 병」의 몇 곳은 강렬한 박자로 눈물을 짜는 블루스로 녹음되었다. B플랫이 어둡고 날카로운 느낌을 주었다. 나는 피아노를 연주하고 있었지만 차단된 코드로 연주하고 있었다. 앨런 투생이 연주한다면 더 잘 연주했을 수도 있었고, 그러면 나는 자유롭게 기타를 연주했겠지만 그러지 못했다. 아서 루빈스타인이라면 완벽한 최고의 연주를 했을 것이다. 나는 또 곡이 행진곡처럼 연주되는 것을 들을 수 있었다. 그 곡은 금관악기 밴드나 장례식 밴드와 녹음될 수도 있었다. 그러면 훨씬 더 완벽했을 것이다. 우리는 이 곡을 네다섯 가지 버전으로 녹음했는데 모두 요점을 금방 이해했고 영원한 순간에 닿는 것으로 보였다. 잘못된 것은 없었다.

우리는 나중에 베이스를 높이면서 큰 스피커로 들었는데 대니는 그냥 놔두어야 한다고 말했고 나름대로 괜찮았다.

"그렇게 생각해?"

"응, 대단해."

그것은 대니로부터 듣는 최고의 칭찬이었다. 그는 갑자기 방향을 바꾸거나 기타를 강타하지만 않으면 무슨 일에 감정이나 흥분을 드러내는 일이 거의 없었다. 그런 일이 자주 일어나는 것도 아니었다. 모든 준비를 마쳤고 바뀐 것은 없었다. 그 곡을 녹음했던 밤에 밖에는 번개와 폭풍우가 몰아쳐서 바나나 나무의 잎들이 철썩철썩 부딪쳤다. 무언가 곡을 인도하는 것이 있었다. 밖에 잔 다르크가 있는 것 같았다. (혹은 잔 아마트레딩이거나) 그게 누구든 바깥에서 맹렬히 일하는 사람이 있었다.

나는 잠시 머리를 식히기 위해 영화관에 갔다. 미키 루크가 주연하는 「홈보이(Homeboy)」를 보았다. 미키는 영화에서 쑥스럽고 수줍어하는 카우보이 권투선수 자니 워커를 연기했다. 크리스토퍼 윌킨도 나왔다. 영화에 나오는 사람이 모두 잘했지만 미키의 연기는 최고였다. 그는 보기만 해도 가슴을 찢어놓을 수 있었다. 영화는 그가 스크린에 나올 때마다 달까지 가는 것 같았다. 아무도 그에게 촛불을 쥐어줄 수 없었다. 그는 안녕 혹은 잘 가라고 말할 필요가 없었다. 그의 연기를 본 것이 앨범의 마지막 두 곡을 녹음하기 위한 영감을 주었다.

「유성」은 뉴올리언스에서 쓴 곡 중 하나였다. 나는 그 곡에 뉴올리언스를 충분히 나타내지 못한 것처럼 느꼈다. 호른 주자를 한두 명 쓰고 고동치는 허밍을 음악에 섞었으면 좋았겠지만 종전대로 녹음해야 했다. 브라이언이 기타, 윌리가 드럼, 토니가 베이스, 대니가 자동 하프와 같은 소리를 내는 플라스틱 악기 옴니코드, 내가 기타와 하모니카를 연주했다. 노래는 완벽하게 다가왔고 나는 햇빛 비치는 정원의 오솔길을 돌아다니는 것처럼 그것을 발견했다. 곡은 빛을 더했다. 우리 집 뒷마당에서 유성을 보았는데 그것은 아마 운석이었을지도 모른다.

우리가 녹음하는 큰 응접실은 자동으로 공기 조절이 되지 않았으므로 녹음 사이사이에 바깥으로 나가야 했다. 하지만 그것이 좋았다. 나는 원래부터 에어컨을 좋아하지 않았다. 뒷마당에는 짙은 안개처럼 비가 내리고 있었다.

「유성」을 녹음할 때 나는 리듬 코드를 연주하는 사람과 함께 현악기를 연주하고 싶었지만 그렇게 할 수 없었다. 이 곡을 녹음할 때 마이크가 평소와 다른 곳에 배치되었는데 밴드의 사운드가 만족스럽게 들렸다. 녹음하는 방법에 선택할 수 있는 폭이 늘어난 것 같지는 않았다. 나는 녹음이 끝났을 때 서너 가지 악기로 전오케스트라가 연주하는 것과 같은 효과를 희망했다. 하지만 개별적인 트랙킹으로 그렇게 하기는 어려웠다. 마지막 연주에서 대니는 작은북을 마구 부추겼고, 그런 가운데 곡의 본질을 표현했다. 그것은 냉담하고도 강렬한 동경이었고 고독하고도 독특한 표현이었다. 수백 킬로미터를 달려온 고통이 그 속에 녹아 있었다.

뉴올리언스는 뜨거워지고 있었다. 습도가 백 퍼센트로 올라간 건 아니었지만 높아지는 것을 느낄 수 있었다. 좋아하는 가수 이르마 토마스의 노래를 들으러 그라비에 거리에 있는 라이온스 덴 클럽에 갔다. 그녀는 60년대 이후 히트곡을 내지 못하고 있었지만 이곳에서는 아직도 「열병(Fever)」을 가지고 주크박스에 올라 있었다. 이르마는 라이온스 덴 클럽에서 자주 연주했다. 이르마의 공연을 보고 싶기도 했고, 나와 함께 「유성」을 부르는 일을 부탁하고도 싶었다. 기타리스트 미키와 여성 솔로 보컬리스트 실비아의 듀엣처럼, 함께 일하면 재미있는 공연이 될 것 같았다.

클럽 앞에서 오리너구리 모자를 쓴 한 사내가 호스로 차에 물을 뿌리고 있었다. 현관에 서너 사람이 앉아 있었고 거리에는 술 마시고 흥청대는 사람들이 몇 명 있었다.

"이르마는 오늘밤 여기 오지 않아요."

오리너구리 모자를 쓴 사내가 말했다. 스톤스가 성공하기 전에 「시간은 내편이에요(Time Is on My Side)」의 이르마 버전을 녹음한 일이 있었다. 어떤 신문기자가 기분 나쁘지 않느냐고 물었다. 이르마는 자신은 상관하지 않으며, 자신이 그 곡을 쓴 것이 아니라고 말했다. 오직 음악계에 몸담은 사람들만 그것을 이해할 수 있었다.

스튜디오로 돌아오는 길에 다시 녹음을 한다면 누군가 다른 사람을 뉴올리언스로 데리고 와야겠다고 생각했다. 음악인으로서 내가 좋아하는 사람, 아이디어를 가지고 있고, 그것을 연주할 수 있는 사람, 나와 같은 음악의 길을 걸어온 사람이면 좋을 것이다.

최근에 나는 짐 디킨슨(Jim Dickson)을 생각하면서 그를 여기 데리고 오면 좋겠다고 생각했다. 디킨슨은 멤피스에 있었다. 그는 나와 같은 시기인 57년 혹은 58년도에 연주를 시작했고, 같은 음악을 들었으며, 연주와 노래에 뛰어난 사람이었다. 우리는 미시시피 강의 반대쪽 끝에서 온 사람들이었다. 그때는 사람들이 로큰롤을 싫어하고 불쾌하게 여겼고 포크뮤직은 더 싫어했다. 그런데 디킨슨은 앞장서서 두 장르의 음악을 연주했다. 그가 영향력을 발휘한 것은 나와 마찬가지로 잡동사니 악대와 초기의 로큰롤 비밥이었다. 그는 스톤스의 「야생마(Wild Horses)」와 그밖의 다른 몇 곡을 연주했지만 그 전에 녹음한 일이 있었다. 그는 실제로 샘 필립의 선 레코드에서 「캐딜락 맨(Cadillac Man)」이라는 곡을 싱글로 낸 마지막 가수였다. 짐은 병적인 목표를 가지고 있었다. 우리는 많은 공통점을 가지고 있었는데 함께 지내는 것에 도움이 될 것으로 생각되었다. 그는 아이들도 있었는데 우리 애들처럼 음악을 연주했다. 그러나 나는 아무도 데려오지 않았고, 아무 장비도 가지고 오지 않았다. 나는 이번 일에 처음부터 회의적이 아니었나 생각한다. 대니가 자기 나름대로 어떻게 일하는지 보고 싶어 했다. 그가 나를 놀라게 하기를 바라고 있었다. 그런데 그는 정말 나를 놀라게 했다.

「검은 롱코트를 입은 남자」를 녹음했는데 묘한 변화가 조심스럽게 일어나고 있었다. 나는 그것을 느꼈고 대니도 마찬가지였다. 주요한 코드와 키의 변화가 최면을 거는 효과를 나타냈는데 가사도 그와 같을 것이라는 신호였다. 무서운 느낌의 서주가 끊임없이 돌진하는 인상을 준다. 어둠의 심연으로부터 오려낸, 미친 듯한 두뇌의 환영과 비현실적인 감정이, 무거운 황금이 되어 머리를 누른다. 견딜 수 있는 것은 아무것도 없고 썩은 것마저 부패시킨다. 위협적이고 끔찍하다. 노래는 점점 가까이 와서 가장 작은 장소에 모여든다. 우리는 그 곡을 연습도 하지 않고 시각적인 힌트를 가지고 작업을 시작했다. 가사가 나오기도 전에 이미 싸우고 있다는 것을 알았다. 이것은 대니의 영역이고 다른 곳으로부터 올 수는 없었다. 가사는 자신에게 속하지 않은 육체를 가진 사람에 대한 이야기를 한다. 그는 삶을 사랑하지만 살 수 없는 사람이다. 다른 사람들은 살 수 있다는 것이 그의 영혼을 괴롭힌다. 몇 번 연주를 해본 후, 대니는 바로 이거야 라고 말하는 것처럼 나를 건너다 보았다.

나는 그가 원했던 것처럼 역사적인 음반을 녹음한 것인지 확신할 수는 없었지만 마지막 두 곡은 근접했다고 생각하고 있었다. 「검은 롱코트를 입은 남자」는 사실이었다. 불가사의하게도 나는 그것을 나의 「당신이 내 사랑이기 때문에(I Walk the Line)」로 생각했다. 이 곡은 내가 항상 톱으로 생각하는 곡이고, 가장 신비스럽고, 혁명적이고, 취약점을 공격하는 곡이라고 여기고 있었다.

나는 늘 선 레코드와 샘 필립이 가장 중요하고 정신을 고양시키고 파워풀한 음반을 만들었다고 생각했다. 샘의 레코드를 제한 나머지는 모두 감상적으로 들렸다. 선 레코드의 가수들은 열심히 노래를 불렀고, 그 노래는 지구의 가장 신비스러운 곳으로부터 오는 것처럼 들렸다. 그들은 너무 강해서 남을 화나게 할 수도 있었다. 만약 걸어가다가 그들을 돌아보면 돌로 변할 수도 있었다. 자니 캐쉬의 음반들도 예외는 아니었지만 기대했던 것은 아니었다. 자니는 꿰뚫는 듯한 외침이 없었지만, 오랜 세월의 문화가 그로부터 흘러내렸다. 그는 동굴에 살았을 수도 있었다. 그는 불 옆에, 깊은 눈 속에, 혹은 영적인 숲에 있는 것처럼, 위험 때문에 완전히 기울고 진동하는 것처럼 들린다.

"나는 내 마음을 면밀히 지켜보고 있어요."

사실 나는 이 소절을 수도 없이 읊조렸다. 자니의 목소리는 너무 커서 세상을 작아지게 만든다. 특히 낮은 음으로 어둡고 쿵쿵 울리게 만든다. 그는 가볍고 율동적인 리듬을 연주하는, 그와 어울리는 밴드를 가지고 있었다. 내가 오래 전에 처음 「당신이 내 사랑이기 때문에」를 들었을 때 그것은 '너 거기서 무얼 하니?' 라고 소리치는 목소리처럼 들렸다. 나는 눈을 크게 뜨려고 애쓰고 있었다.

대니가 없다면 「검은 롱코트를 입은 남자」가 녹음될 수 있었을지 모르겠지만, 그는 샘 필립처럼 가수들을 심리적으로 밀어붙였고 내게도 그렇게 했다. 하지만 이 곡은 그럴 필요가 없었다.

우리가 함께 하는 시간도 끝날 때가 가까워지고 있었다. 대니와 나는 처음 만났을 때처럼 안뜰에 앉아 있었다. 열려 있는 문으로 바람이 휘몰아쳐 들어왔다. 또 다른 폭풍이 지면을 향해 우르르 울리고 있었다. 160킬로미터 거리에 허리케인이 와 있었다. 햇빛은 비치지 않았다. 나뭇가지에서 새 한 마리가 지저귀고 있었다. 우리는 아주 즐겁게 일을 마쳤고 더 이상 할 말이 없었다. 음반에 대해 내가 할 수 있는 일을 다했으니 이제 그것이 삶의 현실과 정면으로 마주서기를 바랄 뿐이었다. 그에게 고마움을 표하려고 했지만 가끔 입을 열지 않고도 그 뜻을 전할 수 있었다. 나는 불협화음으로 된 아이디어를 가지고 와서 눈을 부릅뜬 신들 밑에서 내가 가진 모든 것을 소진했다. 이따금 정신적인 충돌이 있었지만, 지독하게 괴롭거나 복잡한 싸움으로 밝혀진 것은 없었다. 결국 늘 개인적인 관심을 가진 화해가 필요했다. 하지만 음반은 나와 그의 목적을 만족시켰다. 우리가 원했던 것이 음반이었는지도 알 수 없다. 인간의 역동성은 대단한 역할을 하고, 늘 원하는 것을 얻는 것이 가장 중요한 것은 아니다.

음반은 라디오로 널리 알려지지는 않았지만, 희한하게도 두 장의 음반이 차트에 올랐고 그 중에 「더 트래블링 윌버리스(The Traveling Wilburys)」는 톱 텐에까지 올랐다. 다른 하나는 「딜런과 더 데드(Dylan & the Dead)」였다. 대니와 작업을 마친 음반은 좋은 평을 얻었지만 평이 좋다고 음반이 많이 팔리는 것은 아니었다. 음반을 제작하는 사람은 누구나 적어도 한 번은 좋은 평을 듣지만 언제나 새로운 음반들이 나오고 새로운 비평들이 쏟아졌다. 가끔 음반을 만들고 그것을 포기할 수 없는 때가 있다. 음악 사업은 이상하게 저주하면서도 사랑하지 않을 수 없다.

녹음을 끝냈을 때 스튜디오는 불길에 휩싸인 것처럼 느껴졌다. 지난 두 달여 동안 너무도 열성적으로 일했다. 대니는 불완전한 앨범이 아니라 잊혀지지 않는 앨범을 만들었다. 그는 내가 음반을 만들도록 도와주겠다고 말했고, 그 약속을 깨뜨리지 않았다. 에두르기는 했지만 우리는 목적지에 도착했다. 나는 늘 녹음이 귀에 거슬리게 들린다고 생각하지만 우리는 배짱이 잘 맞았다. 함께 일하면서 그가 나를 더 이해하고 싶어 하는 것을 알았는데도 수수께끼처럼 그게 잘 되지 않았다. 나는 결국 그가 포기했다고 생각한다. 많은 곡들이 꾸준히 좋은 반응을 얻었고 그 중 몇 곡은 수없이 많이 연주되었다. 나는 「전쟁의 도사」, 「강한 비」, 「에덴의 문(Gates of Eden)」처럼 그가 원했던 곡들을 줄 수 있었으면 하고 생각했지만, 그런 종류의 곡들은 다른 환경에서 씌어졌고 환경이 늘 같지는 않았다. 정확하게 같을 수가 없었다. 그러기 위해서는 정신력이 있어야 했다. 나는 한 번은 그렇게 했지만 그것으로 충분했다. 결국 누군가 우연히 그 힘을 다시 갖게 될 것이다. 비유적이 아니라 사물의 진실을 볼 수 있는 사람, 금속을 들여다보고 녹이기 좋아하는 사람이 험한 말과 악의적인 통찰력으로 그것을 드러낸다.

대니는 나에게 최근 누구의 노래를 듣고 있느냐고 물었고 나는 아이스 T(Ice-T)라고 대답했다. 그는 놀랐지만 그럴 필요는 없었다. 몇 년 전에 브루클린 출신의 랩가수이며 「브레이크스(The Breaks)」를 히트시킨 커티스 블로우(Kurtis Blow)가 그의 음반에 내 곡을 넣자고 요청하면서, 아이스 T, 퍼블릭 에니미(Public Enemy), N.W.A., 런-D.M.C.(Run-D.M.C.) 등과 사귀게 해주었다. 이 사람들은 허튼 수작을 하면서 우두커니 서 있는 작자들이 절대 아니었다. 그들은 드럼을 마음껏 즐기며 연주하고, 말들을 절벽 너머로 돌진시켰다. 그들은 모두 시인이고 무슨 일이 일어나고 있는지 알고 있었다. 머지않아 세상을 알게 될 사람이 태어나고 자라게 되어 있다. 누군가 개조되고 자기의 역할을 잘 할 수 있는 능력을 가진 사람이 공동체에 있다. 그는 한 다리로 팽팽한 밧줄 위에서 우주를 향해 몸을 쫙 펼 수 있다. 그가 왔을 때 그런 사람은 오직 한 사람이라는 것을 알게 된다. 청중은 그 길을 택하고 나는 그들을 비난할 수 없다. 대니와 내가 만들고 있던 음악은 구식이었다. 그에게 그런 말을 하지 않았지만 그것이 솔직한 내 느낌이었다. 아이스 T, 퍼블릭 에니미 같은, 프레슬리와는 다른, 새로운 연주자가 나타나게 되어 있었다. 그는 엉덩이를 흔들면서 아가씨들을 쳐다보는 것이 아니라 냉정한 말로 노래하면서 하루에 18시간 일할 것이다. 엘비스 이야기를 했던 선 파이는 엘비스가 아마존 여자이고 민주주의의 적이라고 했는데 당시에는 머리가 돈 사람의 말로 들렸지만 그렇다고 그렇게 확신할 수도 없었다.

노래에 나오는 말이 진실일 가능성이 적다 해도 사람들은 노래로 이야기한다. 때로는 정말 이야기하고 싶은 진실과 상관이 없는 일들을 말할 때도 있고, 모두가 진실이라고 알고 있는 것들을 말할 때도 있다. 동시에 세상에서 유일한 진실은 진실이 없는 것이라고 생각한다. 무슨 말을 하든, 사람들은 1920년대의 음악처럼 떠들썩하고 고풍스럽게 한다. 곰곰이 생각해볼 시간이 없는 것이다. 그냥 끌어모아 붙이고 누르고 포장해서 내보낸다.

대니는 다른 사람을 선발하고 스튜디오를 옮길 것이다. 그는 걸어다니는 컨셉이다. 음악 속에서 먹고 자고 살아가는 그는 순수한 천재성을 가지고 많은 일을 했다. 능숙하게 회전하고 당기며 녹음을 조종했다. 그는 종탑 위에 서서 골목과 지붕 꼭대기를 살폈다. 제한적인 시각을 가진 나는 주변의 모든 것을 볼 수 없었다. 발매되는 많은 레코드 가운데 장황하고 아부하고 감상적인 송시도 있지만, 우리는 그런 것을 원하지 않았다. 일을 시작했을 때 가진 것을 모두 공유했다. 그런데 이 음반에는 뭔가 불가사의한 것이 있었다. 집이나 응접실에 뭔가 있었다고 말할 수도 있지만, 집에는 아무런 마법이 없었다. 그것은 대니와 나와 윌리 그린과 대릴과 브라이언 스톨츠가 가져와서 만든 것이었다. 우리는 삶이 이끄는 대로 살아가면서 상황을 적절하게 만들어야 한다. 음반의 목소리는 끊임없이 슬퍼하는 순교자의 목소리가 되지 말아야 했다. 나는 처음부터 그렇게 생각했고, 대니는 그것을 받아들였어야 했다. 그가 고집을 포기했을 때 일이 되기 시작했다. 그의 많은 감정적인 실수를 진지하게 받아들일 수 없었지만, 우리는 무슨 친척이나 되는 것 같은 감정을 느꼈다. 앞으로 올 많은 날들은 어떤 의미를 갖는가? 나는 내가 가진 것을 가장 효과적으로 사용하려고 노력한다. 노래는 패배가 아니라 영광을 위해 씌어진 것이지만 이 곡들을 모두 합계를 내는 것이 내 인생의 전체 비전에 근접하는 것은 아니다. 가장 좋아하는 일과 가장 의미 있는 일이라도 처음 듣거나 보았을 때, 의미를 전혀 깨닫지 못하는 경우가 가끔 있다. 이 곡들 중에 몇 곡이 그랬다. 나는 모든 일을 단순하고 충분하다고 가정한다.

녹음할 때 나는 실제 상황과 아무 관계도 없는 순간적인 결정을 내려야 했지만 그것은 그런대로 괜찮았다. 리듬을 다양하게 하는 것도 좋은데 방법은 여러 가지가 있었다. 8박자에서 6박자 4박자까지. 네 소절에서 4박자로 연주할 수 있고 첫박자와 세번째 박자를 강조하고 두번째 박자를 약하게 할 수 있다. 이렇게 템포와 리듬을 바꾸면서 끝없이 계속할 수 있다. 리듬을 결합하는 일에 관심을 기울이고 있는 사람에게는 아주 좋은 방법이라고 할 수 있었다.

나는 대니가 한 일에 진심으로 감탄하지 않을 수 없었다. 여러 작업들이 독특하고 영구적이었다. 10년 뒤에 대니와 나는 다시 만나 신나게 떠들고 마시면서 열심히 일했다. 우리는 헤어졌던 곳에서 다시 일을 시작했고 음반을 만들었다.

5
얼어붙은 강

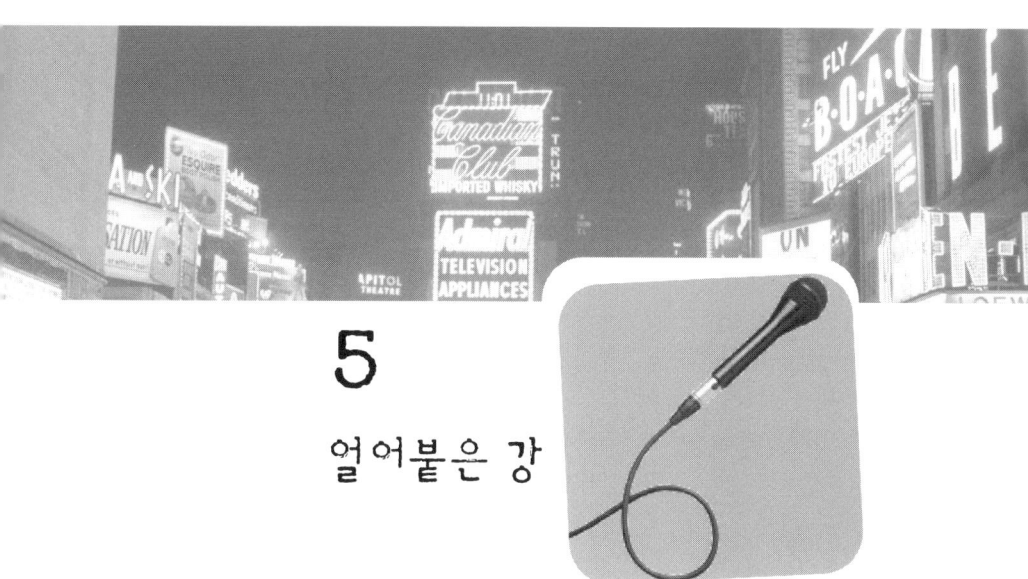

달이 크라이슬러 빌딩 뒤에서 떠오르고 있었다. 늦은 저녁이었고 가로등이 들어와 있었다. 아래 좁은 도로에서 육중한 차들이 낮은 소리로 부르릉대며 조금씩 움직이고 있었다. 진눈깨비가 사무실 창문을 가볍게 두드렸다. 루 레비는 큰 테이프 기계를 작동시켰다가 정지시켰다. 그의 분홍빛 손가락에서 다이아몬드 반지가 반짝거렸고 시가 연기가 공중에 걸려 있었다. 방은 꼭 취조실이나 되는 것처럼 보였다. 과일 그릇처럼 생긴 것이 머리 위에 매달려 있었고, 놋쇠로 만든 램프가 2개 있었다. 발밑은 무늬를 넣은 목재 바닥이었다. 별다른 특징이 없는 단조로운 방이었고 무역 관련 잡지들과 함께 캐시박스, 빌보드, 라디오 조사 차트들이 널려 있고 구석에는 구식 캐비닛이 있었다. 루가 쓰는 오래된 철제 책상 외에 나무 의자가 두어 개 있었고, 나는 그 의자에 앉아 기타를 퉁기고 있었다.

최근에 나는 집에 전화를 걸었다. 적어도 한 달에 두 번은 공중전화에서 전화를 거는데 전화 부스는 성소 같았다. 안으로 들어가서 아코

디언처럼 생긴 문을 닫으면 먼지도 없고 도시의 소음이 차단된 은밀한 장소가 되었다. 전화 부스는 개인적으로 사용할 수 있지만 집으로 들어오는 전화선은 그렇지 않았다. 대략 여덟 내지 열 가구가 같은 전화선에 번호만 다르게 사용했다. 수화기를 들었을 때 회선이 비어 있는 경우는 아주 드물었고 항상 다른 사람들의 목소리가 들려왔다. 중요한 일은 전화로 얘기할 수도 없고 길게 통화할 수도 없었다. 할 얘기가 있으면 전화를 이용하는 것이 아니라, 길거리나 아무도 없는 공터, 들판이나 카페에서 이야기했다.

모퉁이에 있는 전화 부스에서 10센트짜리 동전을 넣고 장거리 교환을 불러 콜렉트 콜로 전화를 부탁하면 곧 연결되었다. 내가 잘 지낸다는 것을 가능한 많은 사람들에게 알리고 싶었다. 어머니는 주로 제분소의 최신 운영에 대한 이야기를 했다. 아버지는 사물을 보는 나름대로의 방식을 가지고 있었다. 아버지에게 인생은 괴롭고 힘들었다. 아버지는 다른 가치관과 영웅들과 음악을 가진 세대에 태어났고, 진실은 누구든 자유롭게 한다는 것을 확신하지 못했다. 그는 실용적인 사람이었고 언제나 간결한 충고를 했다.

"로버트, 인생에는 무슨 일이나 일어날 수 있다는 것을 기억해라. 원하는 것을 모두 갖지 못했어도, 원하지 않는 일이 생기지 않은 것에 감사해라."

교육을 중요하게 생각한 아버지는 내가 기계를 다루는 기사가 되기를 원했다. 그러나 나는 힘껏 노력해야 평균 점수를 받을 수 있었다. 나는 공부할 타입이 아니었다. 어머니는 늘 나를 싸고돌았고 무슨 일에나 내 편이었다. 어머니는 '세상에 사기꾼이 너무 많은 것'을 더 걱정했다. 그리고 늘 이렇게 덧붙였다.

"보비, 뉴저지에 친척들이 있다는 걸 잊지 마라."

나는 벌써 뉴저지에 다녀왔지만 친척들을 찾아가지는 않았다.

루는 내 창작곡들 중 한 곡을 집중해서 듣고 나더니 큰 기계를 탁 닫았다.

"우디 거스리라? 그거 재미있군. 어떻게 해서 그 사람에 대한 곡이 쓰고 싶어진 거야? 난 거스리와 그의 파트너 리드벨리를 봤어. 렉싱턴 에비뉴의 의류노동자회관에서 공연하곤 했지. 자네 '나를 겁줄 수 없어요, 난 노동조합에 들어 있어요.' 라는 거 들어봤지?"

물론 나는 그것을 들었다.

"그런데 그 사람에게 무슨 일이 일어난 거야?"

"아, 지금 뉴저지에 있어요. 거기서 병원에 입원해 있죠."

루는 입안에서 무엇인가 씹고 있었다.

"심한 병이 아니었으면 좋겠군. 다른 곡들은 뭐가 있지? 모두 내놔 보라구."

나는 창작곡이 많지 않았지만 즉석에서 구식 블루스와 발라드를 다시 배치하고, 마음속에 떠오르는 시 구절들을 여기저기 덧붙이고, 제목을 아무렇게나 붙이면서 작사를 했다. 보수를 받고 있으므로 철저히 해야 한다고 느끼면서 최선을 다했다. 나는 실제로 작사가인지 아닌지 확신이 없었다. 불과 몇 블록 떨어진 브릴 빌딩의 노래공장(팝음악의 작곡과 녹음에 관련된 음악사들이 모여 있던 건물로 1962년에는 165개의 회사가 들어 있었음)에서 사역마처럼 일하는 것은 아니지만, 우주의 다른 쪽에 있는 편이 나을 수도 있었다. 그곳에서는 라디오로 방송될 리스트를 위해 기계적으로 히트곡을 만들어냈다. 게리 고핀과 캐롤 킹, 배리 맨과 신시아 웨일, 포무스와 슈만, 리버와 스트롤러 같은 젊은 작사가들이 웨스턴 음악세계의 대가들이었다. 그들은 인기곡들을 작사했고, 라디오 주파수를 장악하는 정교한 멜로디와, 단순한 가사를 가진 곡들을 썼다. 나는 닐 세다카를 좋아했는데 자신이 곡을 쓰고 연주하기 때문이었다. 나는 그들 중 누구와도 교류가 없었다. 인기곡들 중 어느 것도 포크뮤직이나 다운타운 무대와는 관련이 없었기 때문이다.

내가 몰두한 것은 전통적인 곡들이었고, 십대가 야단법석을 떠는 무대와는 거리가 멀었다. 나는 루의 테이프 레코더에 포크뮤직을 근거로 즉석에서 가사를 만들 수 있었다. 그것은 내게 자연스러웠다. 진지하게 작사를 계속하는 한, 내가 쓰는 곡은 자신이 노래하고 싶어 했던 곡들임을 알 수 있었다. 우디 거스리를 제외하고 자신이 노래하기를 원하는 곡을 썼던 사람은 한 사람도 보지 못했다. 루의 사무실에 앉아서 내가 알고 있는, 「컴버랜드 갭(Cumberland Gap)」, 「파이어 온 더 마운틴 페스티벌(Fire on the Mountain)」, 「그늘진 나무숲(Shady Grove)」, 「힘들진 않아요(Hard, Ain't It Hard)」와 같은 곡들을 근거로 노랫말을 줄줄 써내려갔다. 나는 단어들을 바꾸고 내 시도 여기저기 덧붙였다. 중요한 코드는 모두 「석탄 16톤(Sixteen Tons)」처럼 전형적인 단조였다. 멜로디 하나를 약간씩 변경함으로써 20곡 정도는 쓸 수 있었다. 구식 영가나 블루스에서도 몇 소절씩 슬쩍 가져왔다. 다른 사람들은 늘 그렇게 하니까 크게 문제될 것은 없었다. 정신노동과 관련된다고 할 것은 없었다. 대개 어떤 곡을 하나 선택한 다음, 변경해도 크게 영향을 미치지 않을 부분을 다른 행으로 바꾸고, 다른 소절을 추가해서 완성하는 것이었다. 나는 그것을 연습한 적도 없었고, 사고력이 많이 소모되지도 않았다. 나는 그렇게 만든 곡을 무대에서 노래하지 않았다.

루는 전에 이런 종류의 노래를 들어본 적이 없었다. 그래서인지 아무 반응도 나오지 않았다. 가끔 한 번씩 그는 기계를 멈추고 어떤 부분을 다시 해보라고 시켰다.

"재미있고 외우기 쉬운데."

그리고는 그 부분을 다시 해보라고 말했다. 그럴 때마다 나는 약간씩 다르게 했는데 방금 노래한 것에 주의를 집중하지 않았기 때문이다. 그래서 그가 들었던 그대로 반복할 수가 없었다. 그가 이 문제를 어떻게 해결했는지 모르겠다. 리드 뮤직사는 「부기우기 나팔 부는 젊은이(Boogie Woogie Bugle Boy)」, 「세 시 봉(C'est Si Bon)」, 「파리의 하늘 아래(Under Paris Skies)」, 「양자택일(All or Nothing at All)」, 헨리 맨시니의 「피터 건(Peter Gunn)」, 「다시는 미소짓지 않으리(I'll Never Smile Again)」, 그리고 브로드웨이 히트작 「안녕 버디(Bye Bye Birdie)」와 같은 곡들을 발매했다.

나는 리드 뮤직과 손잡게 되었다. 존 해먼드에게 나를 리드 뮤직으로 데리고 가야겠다고 확신을 주었던 것은 뛰어난 노래가 아니라, 나의 정체성과 운명의 출발점을 지적해 주었던 위대한 인물 우디 거스리에게 존경을 표하는 가사와 멜로디였다고 할 수 있다. 나는 마음속으로 그와 함께 노래를 썼고 그의 옛 노래로부터 멜로디를 가져왔는데, 그것이 내가 쓰게 될 천여 곡의 첫번째 곡이 될 것은 전혀 모르고 있었다. 나의 인생은 오래전 미니애폴리스에서 전축으로 우디의 곡을 처음 들은 이후 완전히 달라졌다. 그의 노래를 처음 들었을 때 마치 백만 톤의 폭탄이 떨어진 것 같았다.

1959년 이른 봄에 집을 떠난 나는 그해 여름 미니애폴리스에 있었다. 미네소타 북부의 광산 지역이고 철강 산업의 중심지인 메사비 레인지로부터 내려온 것이다. 나는 히빙에서 자랐지만 슈피리어 호수의 동쪽 끝에서 약 120킬로미터 떨어진 덜루스에서 태어났다. 슈피리어 호는 인디언들이 기치 구메라고 부르는 큰 호수이다. 히빙에 살았지만 주말이면 가끔 아버지는 우리를 구식 뷰익 로드마스터에 태워서 덜루스까지 달려가곤 했다. 아버지는 덜루스에서 태어나고 자란 사람이었다. 아직도 아버지의 친구들이 그곳에 남아 있었다. 다섯 형제 중 하나인 아버지는 어릴 때부터 평생 일을 했다. 열여섯 살 때 차가 전주를 들이받고 불이 나는 것을 본 아버지는 곧 자전거를 팽개치고 운전자를 끌어낸 후 자신의 몸을 그 위에 덮어서 불을 껐다. 알지도 못하는 사람을 구하기 위해 자기 생명을 위험에 빠뜨린 것이다. 나중에 아버지는 야간 학교에서 경리를 배웠고 내가 태어났을 때는 인디애나의 스탠다드 오일 회사에 근무하고 있었다. 소아마비 때문에 절름발이가 된 아버지는 덜루스를 떠나야 했다. 직업을 잃은 아버지는 어머니의 가족들이 있는 아이언 레인지로 갔다. 위스콘신 주의 슈피리어에 사촌들이 있었는데 악명 높은 매춘굴과 도박이 성행하는 곳으로 나는 가끔 사촌들과 함께 머물곤 했다.

덜루스에 대해 기억나는 것은 주로 푸른빛이 감도는 회색 하늘, 신비로운 농무경적, 항상 자신에게 곧장 달려오는 것처럼 보이는 심한 폭풍, 3미터가 넘는 위험한 파도가 몰아치는 검고 광대하고 신비스러운 호수에 울부짖듯이 잔인하게 부는 바람이었다. 사람들은 깊은 물에 들어가는 것은 사형선고와 같다고 말했다. 덜루스는 지형이 비스듬히 경사져 있어서 평평한 곳이 없었다. 도시는 가파른 언덕의 측면에 건설되었으므로 항상 올라가거나 내려가야 했다.

한번은 부모님이 나를 데리고 레이프 에릭슨 공원에서 해리 트루먼이 연설하는 정치 집회에 간 일이 있었다. 레이프 에릭슨은 최초의 이

주자들이 플리머스 바위에 상륙하기 전에 이 땅에 온 것으로 추정되는 바이킹이었다. 그때가 아마 일곱 살이나 여덟 살쯤이었을 텐데 군중들에게서 뿜어져 나오던 흥분을 느끼고 기억할 수 있었다는 것이 신기하다. 나는 작고 하얀 카우보이 장화를 신고 카우보이 모자를 쓰고 어떤 삼촌의 어깨 위에 올라타고 있었다. 트루먼이 말하는 한마디 한마디를 듣고 환호하고 갈채를 보내는 사람들과 함께 그곳에 있는 것은 신나는 일이었다. 회색 모자를 쓴 트루먼은 몸이 호리호리했는데 컨트리 가수와 같은 어조와 비음으로 말을 했다. 나는 그의 느린 말투와 진지한 의식과 사람들이 그의 모든 말에 주의를 기울이는 것에 매료되었다. 몇 년 후에 그는 백악관이 감방과 같다고 말했다. 트루먼은 아주 솔직한 사람이었다. 언젠가 자기 딸의 피아노 연주를 혹평했던 신문기자를 위협한 일도 있었다. 그러나 덜루스에서는 그런 일을 하지 않았다.

미드웨스트 북부는 노동자 농민당, 사회민주당, 사회주의자, 공산주의자들이 정치적으로 활발한 활동을 벌이는 곳으로 폭발하기 쉬운 지역이었다. 그들은 공화당의 정책에 별로 호의적이지 않았다. 존 케네디가 대통령이 되기 전 상원위원이었을 때 선거유세 중에 히빙에 온 일이 있었다. 그러나 그것은 내가 떠나고 6개월 후의 일이었다. 어머니 말에 의하면 재향군인 기념관에 1만8천 명이 케네디를 보려고 모여들었는데 서까래에 매달린 사람도 있었고 길에도 사람들이 넘쳤다고 한다. 케네디는 한 줄기 빛이었고 그가 방문하고 있는 지역을 완전히 이해하고 있었다고 한다. 어머니에 의하면 그는 영웅적인 연설을 했고 사람들에게 많은 희망을 주었다. 아이언 레인지는 전국적으로 알려진 정치인이나 유명 인사들이 거의 오지 않는 곳이었다. 세기 초에 열차를 타고 가던 우드로 윌슨이 기차를 멈추고 열차 뒤에서 연설을 했고 당시 열 살이던 어머니는 그를 보았다. 내가 투표권이 있으면 케네디가 히빙에 왔다는 것 때문에 그에게 투표했을 텐데. 나는 그를 볼 수 있었으면 좋겠다고 생각했다.

외가는 히빙에서 그리 멀지 않은 리토니아라고 부르는 작은 읍에 있었다. 철로가 끝나는 곳이었다. 어머니가 자랄 때 그곳에는 만물상이 하나, 주유소가 하나, 마구간이 몇 개, 그리고 학교 사택이 있었다. 내가 자랄 때는 좀더 현대화되었지만 여전히 대부분이 자갈길인 도로, 늪지대, 얼음이 덮인 언덕, 도시 변두리에 펼쳐진 나무들의 가파른 스카이라인(skyline), 무성한 숲, 크고 작은 태고의 호수들, 철을 캐는 탄갱, 기차, 그리고 1차선의 고속도로가 도시를 이루고 있었다. 겨울에는 영하 10도라고 해도 체감온도는 영하 20도가 되는 날이 흔했다. 봄이 되어 날이 풀리면 곧 고온다습한 여름이 왔다. 온도가 37도를 넘고 뜨거운 태양이 내리쬐는 여름에는 장화를 뚫고도 물어뜯는 모기가 기승을 부렸다. 폭풍설이 몰아치는 겨울에는 사람이 동사할 수도 있었다. 하지만 매우 상쾌한 가을도 있었다.

나는 자라는 동안 주로 때를 기다리며 지냈다. 더 큰 세계가 있지만 지금 내가 있는 곳도 괜찮다는 것을 늘 알고 있었다. 바깥 세상에 대해 알려주는 매체가 많지 않았으므로 기본적으로 다른 사람들처럼 살았다. 그 당시 누구나 그랬듯이 퍼레이드에 참가하고, 자전거 경주를 하고, 아이스하키를 했다. 축구, 농구, 야구는 아무나 하는 것이 아니지만 아이스하키와 스케이트 타는 법은 알아야 했다. 수영과 낚시, 썰매타기도 일상적으로 하는 일이었고 범퍼 타기라는 것도 했는데 자동차 뒤의 범퍼에서 잡을 만한 곳을 잡고 눈 위를 달리는 것이었다. 7월 4일 독립기념일의 불꽃놀이와 나무 위의 집에서 노는 것을 즐겼으며, 기분전

환으로 마녀의 비약을 만들기도 했다. 철광석을 실은 열차에 쉽게 올라탈 수 있었으므로 열차의 양쪽에 붙은 철제 사다리를 잡고 있다가 호수 옆을 지날 때 사다리에서 손을 놓으면서 물로 뛰어들었다. 위험하지만 아이들이 좋아하고 또 많이 하는 놀이였다. 공기총과 BB총(0.18인치 탄환용의 공기총)과 진짜 22구경으로 양철 깡통이나 병, 쓰레기 더미에서 포식한 쥐들을 쏘았다. 또 고무총 싸움을 했다. 고무총은 소나무를 Y자 형으로 깎아서 만들었다. 타이어 안쪽의 튜브를 가늘게 자른 다음 이 고무를 Y모양의 나무 양 끝에 묶고 고무줄을 힘껏 잡아당겼다 놓으면 빠르고 강한 힘을 받은 고무는 딱 소리를 내며 3-4미터 떨어진 목표물도 명중시킬 수 있었다. 사람을 다치게 할 수도 있었다. 고무총을 맞으면 얼얼하고 화끈거리며 자국이 남는다. 온종일 편을 갈라서 이런 놀이를 했다. 어떤 아이들은 총을 서너 개씩 가지고 있었다. 총을 맞으면 나무 밑에 지정된 장소에 가서 다음 게임이 시작될 때까지 기다려야 했다. 어느 해 모든 것이 변했다. 광산에서 트랙터와 트럭에 합성고무를 사용하기 시작한 것이다. 합성고무는 진짜 고무만큼 만지기가 좋거나 정확하지 않았다. 총신 끝에서 퉁하고 떨어지거나 1미터 남짓 날아가서 떨어졌다. 합성 고무는 쓸모가 없었다. 지금 생각해보면 진짜 고무를 사용했다면 덤덤탄(명중하면 파열하여 상처구멍을 크게 하는데 맹수 사냥용으로 쓰임) 같았을 거라는 생각이 든다.

합성고무가 도입된 것과 같은 시기에 차를 탄 채 들어가는 대형 스크린 영화관이 생겼다. 그러나 자동차를 타고 가야 했기 때문에 영화를 보는 일은 가족적인 행사였다. 다른 일도 있었다. 시원한 여름밤에 석탄재를 깐 경주로에서 레이스용으로 개조한 자동차 경주가 열렸다. 주로 49년형이나 50년형 포드 자동차에서 좌석을 떼어내고, 충돌을 대비한 보강용 철봉을 붙여서 곱사등이 새장처럼 만들고, 휴대용 소화기를 비치하고 도어는 용접으로 닫은 후, 0.8킬로미터를 우르르 쾅쾅 달리고 회전하고 공중제비를 했다. 경주로에는 폐품처리장처럼 자동차가 어지럽게 널려 있었다. 일 년에 두세 차례 가까이 있는 세 곳의 공연장에서 동시에 쇼를 할 수 있는 서커스가 들어왔다. 이상하게 생긴 기인들과 쇼걸, 어릿광대들도 한몫을 하는 서커스가 들어오면 완전히 축제 분위기였다. 군에서 주최하는 카니발에서 흑인분장을 한 음유시인을 보았다. 전국적으로 알려진 컨트리 웨스턴 스타들이 공연할 때도 있었는데 버디 리치(Buddy Rich)와 그의 빅 밴드가 와서 고등학교 강당에서 연주한 일도 있었다. 여름에 가장 스릴 넘치는 행사는 킹 앤 히즈 코트(The King and His Court) 소프트볼 팀이 와서 최고의 선수들에게 도전하는 경기였다. 야구를 좋아하면 볼 만한 경기였다. 이 팀은 네 명의 선수로 이루어졌는데 포지션은 투수, 포수, 1루수, 그리고 유격수였다. 투수는 아주 잘 던졌다. 그는 가끔 2루에서도 볼을 던졌고, 눈을 가리고 던질 때도 있었다. 더러는 다리 사이로 던질 때도 있었지만 그의 볼을 맞히는 선수는 거의 없었다. 킹 앤 히즈 코트 팀은 절대로 경기에 지지 않았다.

 텔레비전도 들어왔다. 집집마다 한 대씩 있는 것은 아니었다. 이 브라운관 TV는 보통 오후 3시에 시험방송을 시작해서 뉴욕이나 헐리우드의 쇼를 몇 개 보여주고 7시나 8시에 끝났다. 볼 만한 게 별로 없었는데…… 밀턴 벌리, 하우디 두디, 시스코 키드, 루시와 악단장인 그녀의 남편, 데시가 등장하는 시트콤 「아버지는 가족을 가장 잘 안다(Father Knows Best Family)」는 프로그램이 있었다. 이 프로에서는 가족 모두가 집에서도 정장을 하고 있는 것이 인상적이었다.

큰 도시에 사는 것은 아니지만 TV를 보면 많은 일들이 일어나고 있었다. 히빙에는 지붕이 있는 야외 음악당과 같은 시설은 없었다. 물론 다른 할 일들도 있었다. 하지만 작은 읍내였으므로 편협하고 지방적이고 실제로 모두가 서로 아는 곳이라서 불편한 점도 있었다.

마침내 해방감과 함께 들뜬 기분으로 미니애폴리스에 도착했다. 절대 돌아가지 않을 생각이었다. 나는 남의 눈에 띄지 않고 미니애폴리스에 왔다. 그레이하운드 버스를 타고 왔는데 나를 맞아주는 사람도 없었고 아는 사람도 없었다. 그게 아주 좋았다. 어머니는 유니버시티 에비뉴에 있는 대학생 동아리 회관의 주소를 알려주었다. 나도 조금 아는 사촌 척키가 동아리의 회장이었다. 그는 나보다 네 살 위였고 고등학교 때부터 여러 면에서 모범적인 학생이었다. 풋볼팀의 주장이고 반장이었고 졸업생 대표로 고별연설을 했다. 그런 그가 동아리 회장이 된 것은 놀라운 일이 아니었다. 어머니는 숙모에게 청을 넣어 내가 거기 머물 수 있게 해 놓았다고 말했다. 적어도 그곳의 멤버들이 나가서 방이 비는 여름 동안은 머물 수 있다는 것이다. 회관에 도착했을 때 두 명이 있었는데 그 중 하나가 내게 2층의 복도 끝에 있는 방을 써도 좋다고 말했다. 2단 침대 하나와 커튼도 없는 창문 옆에 테이블이 놓여 있는 것 외에 아무것도 없는 방이었다. 나는 가방을 내려놓고 창문 밖을 내다보았다.

나는 『길 위에서』에서 읽은 것을 찾고 있었던 것 같다. 위대한 도시를 찾고, 스피드와 그 사운드, 엘런 긴즈버그가 "수소 주크박스 세계"라고 불렀던 것을 찾고 있었다. 평생을 그 안에서 살았는지 모르지만 아무도 내가 주크박스의 세계에서 살았다고 말하는 사람은 없었다. 다른 비트 시인의 한 사람인 로렌스 퍼링게티(Lawrence Ferlinghetti)는 그것을 "플라스틱 변기 좌석, 생리대, 택시의 세계와 키스하는 증거"라고 말했다. 그것도 괜찮았지만 그레고리 코르소(Gregory Corso)의 시 「폭탄」은 좀더 핵심에 가깝고 시대의 정신을 더 잘 건드린다. 피폐하고 완전히 기계화된 세계―야단법석, 치워야 할 많은 선반들, 쌓아올린 상자들, 나는 거기에 희망을 걸지 않으려고 했다. 창조적으로 많은 것을 할 수 없었다. 어쨌거나 나는 이미 평행하는 우주에 착륙했고 구식 원칙과 가치관을 가지고 있었다. 행동과 덕목이 구식이고 판단하는 일들이 머리에서 나오는 세계였다. 사회규범을 지키지 않는 여자들, 무서운 살인자들, 마귀 찬미자들과 복음서의 진리들…… 거리와 골짜기, 토탄을 잔뜩 함유한 늪지대, 지주와 석유업자들, 스태거 리, 프리티 폴리와 존 헨리―희미하게 빛나는 복도의 벽을 넘어 머리 위에 높이 솟은 보이지 않는 세계가 있다. 모두 거기 있는 것이 분명하다―이상과 신에 대한 두려움이 있지만 그것을 찾으러 가야 한다. 그것은 종이 접시에 담겨나오는 것이 아니다. 포크뮤직은 빛나는 차원의 진실이었다. 그것은 모든 인간의 이해를 뛰어넘는 것이고, 당신을 부르면 당신은 사라질 수도 있고 그 안에 빨려 들어갈 수도 있다. 나는 이 신화적인 영역이 개별적으로 구성된 것이 아니라 오히려 인류의 원형이 선명하게 그어진, 형이상학적인 형태로, 각각 타고난 지식과 내면의 지혜로 가득 찬 주름진 영혼으로 구성된 것임을 느꼈다. 나는 포크뮤직의 완전한 스펙트럼을 믿을 수 있고 노래할 수 있었다. 그것은 너무나 현실적이고 삶 자체보다 더욱 진실하고 확대된 삶이었다. 내가 존재하기 위해 필요한 것은 오직 포크뮤직이었다. 문제는 포크뮤직이 충분하지 못하다는 것이었다. 구식인 데다가 현실성과 시대의 경향과 적절히 연결되지 못하고 있었다. 엄청난 이야기가 있지만 발견하기가 어려웠다. 언젠가 살짝 그 경계를 넘어갔더니 여섯 줄 기타가 마법의 수정 지팡이가 되었고 물건을 마음대로 움직일 수 있었다. 전에 경험하지 못한 일이었다. 나는 포크뮤직 외에 다른 염려나 관심거리가 없다. 나는 포크뮤직과 함께 살기로 작정했다. 같은 의견을 갖지 않은 사람과는 통하는 것이 없다.

나는 2층 창문으로 푸른 느릅나무들이 서 있는 유니버시티 에비뉴와 느리게 이동하는 차량들, 낮게 걸린 구름들을 내다보았다. 새들이 울고 있었다. 장막이 올려진 것 같았다. 6월의 아름다운 봄날이었다. 숙소에는 사촌 척키 외에 몇 사람이 더 있었다. 그들은 주로 건물의 지하에 있는 식당과 부엌에 머물렀다. 최근에 모두 대학을 졸업했고 여름 동안 아르바이트를 하면서 좋은 직장에 갈 날을 기다리고 있었다. 그들은 티셔츠에 진 반바지를 입고 둘러 앉아 카드를 하거나 맥주를 마시며 시간을 보내는 건달들이었다. 내게는 신경을 쓰지 않았다. 나는 쉽게 오고 갈 수 있고 아무도 나를 귀찮게 하지 않는다는 것을 알았다.

나는 먼저 더 이상 소용이 없게 된 전기기타를 어쿠스틱 기타로 교환했다. 가게 주인은 제값을 쳐서 교환해 주었고 나는 기타를 케이스에 넣어 가지고 가게를 나왔다. 그 뒤 나는 그 기타를 몇 년 동안 연주했다. 대학교 주변 지역은 딩키타운으로 알려져 있는데 빌리지를 약간 닮은 곳으로 미니애폴리스의 나머지 전통적인 지역과 달랐다. 주로 빅토리아풍의 집들이 많았는데 학생들의 아파트로 사용되었다. 학기 중이 아니었으므로 집들은 대부분 비어 있었다. 딩키타운의 중심부에서 레코드 가게를 발견했다. 포크뮤직 음반들을 찾았는데 처음 본 것은 트래디션 라벨의 오데타였다. 나는 그것을 들으러 부스에 들어갔다. 오데타는 훌륭했다. 그때까지 그녀의 곡을 들어본 적이 없었다. 그녀는 깊은 통찰력을 지닌 가수였고 기타 줄을 강하게 퉁기며 해머를 치는 듯한 연주를 했다. 나는 그곳에서 거의 모든 신곡을 들었는데 해머를 두드리는 듯한 스타일을 그녀로부터 빌리기도 했다.

새롭게 익힌 레퍼토리를 가지고 거리로 나온 나는 비트 다방인 텐 오클럭 스칼라에 들러서 비슷한 목적을 추구하는 연주자들을 찾기 시작했다. 미니애폴리스에서 처음 만난 사람은 거기 앉아 있던 존 쾨너(John Koerner)로 그 역시 어쿠스틱 기타를 가지고 있었다. 쾨너는 마르고 키가 컸으며 얼굴에 늘 즐거운 표정을 짓고 있었다. 우리는 당장에 죽이 맞았다. 우리는 「워배쉬 특급열차(Wabash Cannonball)」와 「기차를 기다리며(Waiting for a Train)」 같은 곡을 알고 있었다. 해병대에서 막 제대한 쾨너는 항공공학을 공부하는 학생이었다. 뉴욕 주 로체스터에서 왔고 결혼했으며 나보다 2년 먼저 포크뮤직에 빠져서 해리 웨버라는 사람에게 주로 거리 발라드를 많이 배웠다. 그러나 그는 전통적으로 바에서 연주되는 블루스 타입의 곡을 많이 연주했다. 우리는 함께 앉아 나는 오데타의 곡과 오데타보다 먼저 들었던 리드벨리의 곡들을 연주했고, 존은 「케이시 존스(Casey Jones)」와 「골든 배니티호의 어린 선원(Golden Vanity)」을 연주했다. 그는 「댈러스 랙(Dallas Rag)」처럼 선율에 당김음을 쓴 랙타임 스타일의 곡을 많이 연주했다. 쾨너는 평소에는 조용히 말하는 사람이지만 노래할 때는 큰 소리로 외치듯 노래했다. 활력이 넘치는 가수였고 우리는 함께 많은 곡을 연주하기 시작했다.

나는 그와 하모니를 이루어 노래하면서 많은 곡을 암기했다. 그의 아파트에는 내가 모르는 연주자들의 포크 음반들이 있었다. 나는 그 음반들을 많이 들었고 특히 뉴 로스트 시티 램블러스의 음반을 듣고 즉시 그들을 좋아하게 되었다. 그들의 스타일, 노래, 사운드, 어느 것 하나 매력적이지 않은 것이 없었다. 나는 그들의 모습, 옷차림, 특히 그들의 이름을 좋아했다. 마운틴 발라드에서부터 바이올린 곡들과 철도 블루스까지 전음역을 망라하는 곡들이었다. 모든 곡들이 아찔하고 놀라운 진실로 사람을 감동시켰다. 여러 날 동안 램블러스의 음악에 빠져 있었다. 그때 나는 그들이 과거 싱글 음반에 녹음했던 것을 반복하고 있다는 사실을 알지 못했다. 하지만 무엇이 문제인가? 전혀 문제가 되지 않았다. 나에게는 분명 독창성을 가진, 모든 면에서 신비로운 사람들이었다.

쾨너는 포크 라벨의 다른 중요한 음반들도 가지고 있었다. 나는 「배에서 부르는 노래와 바닷가 오두막집(Foc' sle Songs and Sea Shanties)」을 듣고 또 들었다. 이 곡은 데이브 밴 론크, 로저 에이브럼즈, 그외 몇 사람들의 특징을 잘 보여주고 있었다. 그 음반은 나를 압도했다. 완전히 앙상블을 이룬 곡으로 「트럭을 모는 조(Haul Away Joe)」, 「망나니 자니(Hangin' Johnny)」, 「래드클리프 고속도로(Radcliffe Highway)」처럼 맹렬하게 질주하는 곡들이었다. 이따금 쾨너와 나는 그 곡들을 듀엣으로 불렀다. 그가 가지고 있는 다른 음반으로는 다양한 가수들의 곡이 실린 일렉트라 포크송 「샘플러(Sampler)」가 있었다. 그때 처음으로 데이브 밴 론크와 페기 시거, 심지어 앨런 로맥스가 직접 카우보이 곡 「목동과 그의 연인(Doney Gal)」을 부르는 것을 들었다. 그 곡을 내 레퍼토리에 추가했다. 쾨너는 다른 음반들도 몇 개 가지고 있었다. 아홀리 레코드사에서 나온 블루스 음반에서 블라인드 레몬 제퍼슨, 블라인드 블레이크, 찰리 패턴과 토미 존슨의 곡을 처음 들었다.

존 제이콥 나일스(John Jacob Niles)의 음반도 많이 들었다. 나일스는 전통적이 아닌 것 같은데도 전통적인 곡들을 불렀다. 캐롤라이나 출신으로 메피스토펠레스처럼 냉소적 성격을 가진 그는 하프처럼 생긴 악기를 세차게 때리면서 냉랭한 소프라노로 노래했다. 나일스는 섬뜩하고 비논리적이고 무섭게 열정적이고 소름끼치게 하는 사람이었다. 마약에 취해 있는 것이 분명한 그는 거의 마술사처럼 굴었다. 현세를 사는 사람 같지 않았고 이상한 주문을 외는 것처럼 고함을 질렀다. 나는 「교수대에서 풀려난 처녀(Maid Freed from the Gallows)」와 「내 창문에서 떠나줘요(Go Away from My Window)」를 많이 들었다.

쾨너가 영문학 교수인 해리 웨버(Harry Webber)를 만나야 한다고 말해서 나는 그를 만났다. 트위드 천의 옷을 입은 그는 고루한 냄새가 풍기는 지식인이었다. 그는 주로 방랑하는 발라드, 황량하고 잔인한 일을 의미하는 곡들을 많이 알고 있었다. 나는 「턱수염을 기른 늙은 남자(Old Greybeard)」라는 곡을 배웠다. 어린 소녀의 어머니가 딸에게 결혼하기로 정해져 있는 늙은 남자에게 키스하라고 말했을 때, 소녀는 어머니가 직접 그에게 키스하라고 말하고…… 늙은 남자는 이제 수염을 깨끗이 면도했다는 곡이었다. 그 곡은 첫번째, 두번째, 세번째 사람이 부르게 되어 있었다. 나는 즉시 이 발라드를 아주 좋아했다. 내가 들어본 어떤 러브 송보다 수준 높고 로맨틱한 곡이었다. 어휘는 계속 공부하지 않으면 어휘의 결합이 모두 소진될 수 있었다. 어휘들은 어떤 초자연적인 단계에서 서정적으로 작용하면서 그들 나름의 의미를 지녔다. 그 뜻을 이해할 필요가 없었다. 나는 「남자가 사랑할 때(When a Man's in Love)」라는 또 다른 곡을 노래했다. 사랑에 빠진 한 소년이 추운 줄도 모르고 하얗게 쌓인 눈을 뚫고 소녀를 만나러 가서 그녀를 조용한 장소로 데리고 간다는 곡이었다. 나는 이 노래에 나오는 인물처럼 느끼고 생각하기 시작하고 있었다. 「로저 에스콰이어(Roger Esquire)」도 웨버에게 배운 곡으로, 공상에 빠지게 만들고 눈을 현혹시키는 돈과 아름다움에 대한 노래였다.

나는 지혜롭고 시적인 단어들이 마치 나 자신의 것처럼 아무런 의견도 없이 그 곡들을 줄줄이 노래했다. 그 곡들은 아름다운 멜로디를 가지고 있었고 이발사, 하인, 여주인, 군인, 선원, 농장노동자, 그리고 공장의 소녀들처럼 일상을 살아가는 연주자들로 가득 차 있었다. 그들이 오고 가면서 말하는 것은 노래로 나의 삶에 들어왔다. 포크뮤직보다는 강도가 덜했지만 나는 시골풍의 블루스에도 빠져 있었다. 그것은 나 자신과 아주 비슷했다. 컨트리 블루스는 초기 로큰롤에 연결되었고 1950년대의 뮤지션 머디와 울프(Muddy Waters and Howling Wolf)가 부르는 것보다 오래되었기 때문에 좋아했다. 컨트리 블루스의 주요한 가도인 하이웨이 61번 도로는 내가 출생한 곳…… 정확히 말해 덜루스에서 시작한다. 나는 항상 그곳에서 시작했고, 그곳에 있으며, 그곳으로부터 어디든 갈 수 있었다. 미시시피의 삼각주에도 갈 수 있다고 느꼈다. 그것은 같은 길, 같은 모순이 가득하고, 같은 2류의 읍들, 같은 영적인 조상을 가지고 있었다. 블루스의 혈류인 미시시피 강도 내가 살던 지역으로부터 출발한다. 나는 그 강에서 멀리 떠난 적이 없었다. 미시시피는 우주에서 나의 집이고 나의 피에 항상 흐르는 강이다.

포크 가수들은 트윈 시티(미시시피 강 양 기슭에 있는 세인트폴과 미니애폴리스의 두 도시)를 통해서도 배출되었다. 흘러간 연주자들인 조 힉커슨, 로저 에이브럼즈, 엘런 스티커트, 롤프 칸으로부터도 노래를 배울 수 있었다. 진짜 포크 음반은 닭의 이빨만큼이나 보기 힘들었으므로 누가 그 음반을 가지고 있는지 알아야 했다. 쾨너를 비롯한 소수의 사람들만이 가지고 있었다. 수요가 매우 적었으므로 레코드 가게는 음반을 많이 갖다 놓지 않았다. 쾨너와 나 같은 연주자들은 듣고 싶은 연주자들의 곡을 듣기 위해 어디든 갔다. 「플로이드 콜린스의 죽음(Death of Floyd Collins)」을 부른 블라인드 앤디 젠킨스의 음반을 가졌다는 사람의 집을 찾아 세인트폴까지 간 적도 있었다. 그 사람은 집에 없었고 우리는 목적을 이루지 못했다. 나는 그것의 복사 음반을 가진 어떤 사람의 집에서 톰 다비와 지미 태얼턴의 곡을 들을 수 있었다.

쾨너와 나는 듀엣처럼 많은 곡을 함께 연주하고 노래했지만 각자 자신의 일을 했다. 나는 아침과 정오와 밤에 연주했다. 하는 일이 연주였고 대개는 기타를 손에 잡은 채 쓰러져 잠들었다. 온 여름을 그렇게 보내고 가을이 되었을 때 나는 그레이의 드러그스토어 안에 있는 간이식당에 앉아 있었다. 그곳은 딩키타운 중심부에 있었는데 나는 식당 바로 위의 방으로 이사했다. 학기가 시작되자 사촌인 척키와 그의 친구들은 모두 동아리 회관을 떠났고, 곧 예비 회원들이 나타났다. 그들은 내가 누구이며 여기서 뭘 하느냐고 물었다. 나는 아무것도 하는 일이 없었다…… 잠을 자고 있었다. 무슨 일이 일어날 것인지 알아챈 나는 재빨리 가방을 챙겨서 그곳을 떠났다. 드러그스토어(약 외에도 일용잡화, 화장품, 책 등을 판매한다) 2층 방세로 한 달에 30달러를 내기로 했다. 괜찮은 방이었고 무리 없이 월세를 낼 수 있었다.

그 무렵 나는 다방이나 세인트폴의 퍼플 오니언 피자 팔러라고 부르는 곳에서 연주할 때마다 3달러 내지 5달러를 벌고 있었다. 새로 옮긴 방이래야 싱크대 하나와 골목을 내다볼 수 있는 창문이 있는 텅 빈 창고나 다름없는 곳이었다. 찬장 같은 것도 없고 화장실은 복도 끝에 있었다. 나는 바닥에 매트리스를 깔고 중고 서랍장을 하나 사서 그 위에

핫플레이트를 놓고 사용했다. 추울 때는 창문 밖으로 선반처럼 쑥 나온 곳을 냉장고로 사용했다. 어느 날 나는 그레이의 카운터에 앉아 있었다. 겨울이 일찍 왔고 센트럴 에비뉴 브리지를 가로지르는 바람 소리가 요란했다. 눈이 땅 위에 카펫처럼 덮이기 시작하고 있었다. 바스티유 다방에서 알게 된 플로 캐스트너가 들어와 내 옆에 앉았다. 플로는 드라마 아카데미의 배우였는데 야망을 가진 비극배우였다. 그녀는 아름다웠지만, 길고 빨간 머리에 밝은 색 피부, 머리부터 발끝까지 검은색 옷을 입은 괴상한 차림이었다. 그녀는 부유한 동네에 살면서도 소탈하게 굴었다. 그리고 나무의 불가사의한 힘 같은 것을 믿는 신비스러운 초월주의자였다. 환생에 대해서도 진지한 태도를 가지고 있었다. 우리는 이상한 대화를 나누곤 했다.

"다른 생에서 내가 당신이 될 수도 있어요." 플로가 말했다.

"예, 그런데 그 삶에서는 내가 같은 사람이 아니겠지요."

"예, 맞아요. 그걸 연구합시다."

그 특별한 날, 우리는 같이 앉아 이야기를 하고 있었다. 그녀는 우디 거스리에 대해 들은 적이 있느냐고 물었다. 나는 스틴슨 음반에 소니 테리(Sonny Terry)와 시스코 휴스턴(Cisco Houston)과 같이 들어 있는 곡을 들었다고 말했다. 그러자 그녀는 우디가 혼자 부른 음반을 들었느냐고 물었다. 나는 확실한 것을 기억할 수 없었다. 플로는 자기 오빠 린이 그의 음반을 좀 가지고 있는데 나를 오빠네 집에 데리고 가서 그 곡들을 듣게 해주겠다고 말했다. 우디 거스리는 내가 반드시 알아야 하는 훌륭한 사람이라는 것이었다. 귀가 솔깃해지는 얘기였다. 드러그 스토어에서 린의 집까지는 그리 멀지 않았다. 아마 8백 미터쯤 되는 것 같았다. 린은 시의 사회복지사업부에서 일하는 변호사였다. 마른 체구의 린은 머리숱이 적었고 나비넥타이를 매고 제임스 조이스가 쓴 것과 같은 작은 안경을 쓰고 있었다. 여름이 지나는 동안 우리는 두어 번쯤 본 적이 있었다. 그가 포크송을 부르는 것을 들은 적이 있었지만 그는 말을 많이 하지 않는 사람이었고, 나도 그에게 말을 걸지 않았다. 그는 음반을 들으러 오라고 나를 초대한 적이 없었다.

플로가 나를 데리고 갔을 때 그는 집에 있었다. 린은 음반 콜렉션을 둘러보라고 말하면서 분당 78회전하는 싱글 앨범을 몇 장 꺼냈다. 그는 내가 그 곡들은 꼭 들어야 한다고 말했다. 하나는 「카네기 홀의 영가와 스윙 콘서트(Spirituals to Swing Concert at Carnegie Hall)」였다. 카운트 베시, 미드 룩스 루이스, 조 터너와 피트 존슨, 시스터 로제타 사프가 함께 연주한 콜렉션이었다. 다른 콜렉션은 플로가 말했던 우디 거스리의 곡을 12곡 담은 정규 앨범이었다. 음반을 턴테이블 위에 놓고 바늘을 올려놓은 나는 놀라서 기절할 지경이었다. 마약에 취한 건지 제정신인지 알 수가 없었다. 우디가 자신이 작곡한 「러들로우 탄광촌 대학살(Ludlow Massacre)」, 「1913년 캘루메의 대참사(1913 Massacre)」, 「지저스 크라이스트(Jesus Christ)」, 「프리티 보이 플로이드(Pretty Boy Floyd)」, 「힘든 여행(Hard Travelin)」, 「착암기를 가진 존(Jackhammer John)」, 「그랜드 쿠울르 댐(Grand Coulee Dam)」「비옥한 목초지」, 「모래폭풍 부는 곳을 이야기하며(Talkin' Dust Bowl Blues)」, 「이 땅은 당신의 나라(This Land Is Your Land)」와 같은 작품을 노래하고 있었다.

노래를 차례로 들으면서 현기증이 나는 것을 느꼈다. 숨이 막히고 땅이 갈라지는 것 같았다. 전에도 거스리의 곡을 들었지만 주로 여기저기 한 곡씩 다른 가수들과 함께 노래한 것들이지 실제로 이렇게 세상이 산산조각나는 식으로 들어본 적이 없었다. 믿을 수가 없었다. 거스리는 사람의 마음을 장악하는 힘이 있었다. 그는 너무 시적이고 멋있고 리드미컬했다. 긴장감이 넘치는 목소리는 단검과도 같았다. 내가 전에 들었던 다른 가수들의 곡과 달랐고 그 자신의 곡들과도 같지 않았다. 모든 것을 술술 말하는 틀에 박힌 매너리즘은 충격이었다. 축음기 자체가 나를 들어서 방바닥에 던지는 것 같았다. 나는 그의 발성법도 주의해서 들었다. 누구도 생각지 못한 완벽한 스타일로 노래하고 있었다. 필요할 때마다 단어의 마지막 철자에 목소리를 높였는데 활력을 불어넣는 효과를 가져왔다. 그의 레퍼토리는 범주를 넘는 것이었다. 그의 노래에는 인류의 무한한 흐름이 들어 있었다. 평범한 곡은 한 곡도 없었다. 우디 거스리는 그의 길에 있는 모든 것을 조각조각 찢었다. 내게는 신의 출현과 같았다. 마치 이제 막 항구에 들어와 무거운 닻을 내린 것 같았다.

그날 오후 내내 나는 최면상태에서 거스리의 곡을 들었다. 마치 극기의 본질을 발견한 것처럼 느꼈고, 어느 때보다도 본질적인 감정의 막다른 곳에 있는 것을 느꼈다. 나는 이 곡들을 모두 노래할 수 있었다. 한 곡 한 곡 모두 내가 부르고 싶은 곡들이었다. 지금까지 깜깜한 어둠 속에 있었는데 누군가 스위치를 올린 것 같았다.

엄청난 존경심과 호기심이 나를 사로잡았다. 우디 거스리라는 인물을 알아야 했다. 그것은 오래 걸리지 않았다. 악의적으로 남을 조종하는 스벤갈리 타입의 비트족 데이브 휘태커(Dave Whittaker)가 우연히 우디의 자서전 『바운드 포 글로리(Bound for Glory)』를 가지고 있다가 내게 빌려주었다. 나는 첫 페이지에서 마지막 페이지까지 단어 하나하나에 집중하면서 정신없이 책을 읽었다. 그 책은 내게 라디오처럼 노래를 불러주었다. 거스리는 회오리바람처럼 써내려갔다. 책에서는 단어의 소리만 들리는 것이 아니라 책을 집어서 어떤 페이지를 펼쳐도 그는 새로운 사업을 시작하고 있었다. 우디 거스리는 누구인가? 그는 오클라호마에서 왔고, 전에는 일을 잘 하는 간판장이였다. 성장하는 동안 상징적으로 그리고 실제로 대공황기와 1930년대에 미 중남부를 휩쓴 황진 피해를 겪었고, 서부로 이주해서 가엾은 어린 시절을 보낸, 인생에 많은 고난을 겪은 반유물론자였다. 그는 노래하는 카우보이였지만 그 이상의 인물이었다. 우디는 강렬한 시적 영혼을 가지고 있었는데 딱딱한 외피 속에 말랑말랑한 찰흙이 들어 있는 시인이었다. 그는 일하는 사람과 일하지 않는 사람들로 세상을 나누고, 인류의 해방에 관심이 많았고, 살 만한 세상을 만들고 싶어 했다. 『바운드 포 글로리』는 굉장하고 놀랍고도 멋진 책이었다.

그의 노래들은 너무나 대단해서 그 책을 읽지 않은 사람도 노래를 통해 그가 누구인지 알 수 있었다. 내게 있어서 그의 노래는 모든 것이 비명을 지르며 멈추게 만들었다. 나는 즉시 그 자리에서 거스리의 곡 외의 다른 노래를 부르지 않겠다고 결심했다. 다른 선택이 없는 것 같았다. 나는 「옥수수빵과 고기와 당밀(Cornbread, Meat and Molasses)」, 「베티 앤드 듀프리(Betty and Dupree)」, 「목화를 따요(Pick a Bale of Cotton)」와 같은 내 레퍼토리를 나름대로 좋아했다. 하지만 당분간 그것들은 뒷전으로 미루어 놓아야 했다. 다시 부를 수 있을지 어떨지도 알 수 없었다. 그의 음악을 통해서 나는 예리하게 초점을 맞추며 세상을 보기 시작했다. 거스리의 가장 위대한 제자가 되겠다고 단단히 마음먹었다. 그것은 가치 있는 일로 보였고, 내가 그와 인척관계라도 되는 것 같았다. 멀리서도 그를 본 적이 없었지만 그의 얼굴을 또렷이 인식할 수 있었다. 그는 우리 아버지의 젊은 시절과 닮은 것도 같았다. 그런데 우디에 대해서 아는 것이 없었다. 아직 그가 살아 있는지도 확신할 수 없었다. 책을 보면 그는 나이가 많은 사람 같았다. 휘태커가 그의 근황을 알려주었다. 건강이 좋지 않아서 동부 어디엔가 있다는 것이다. 나는 곰곰이 생각했다.

다음 몇 주일 동안 나는 그 음반들을 듣기 위해 린의 집을 들락거렸다. 린은 거스리의 음반을 많이 가진 유일한 사람이었다. 나는 하나씩 하나씩 그 곡들을 부르면서 모든 면에서 노래가 연결되어 있음을 느꼈다. 그의 노래는 광대무변한 우주였다. 확실한 것은 우디 거스리는 나를 본 적이 없고 나에 대해 들은 적도 없다는 사실이었다. 하지만 그가 이렇게 말하는 것처럼 느꼈다.

"나는 떠나겠지만 이 일을 네 손에 맡긴다. 네가 믿을 만하다는 걸 알고 있어."

나는 분수령을 넘었으므로 쾨너가 있든 없든, 파티석상이나 다방, 거리 공연, 어디서든, 전적으로 거스리의 곡만 불렀다. 샤워를 하면서도 그 곡들을 불렀다. 그의 작품은 많아도 유명한 곡 이외의 곡들을 발견하기란 쉽지 않았다. 오리지널 외에 재발매된 것이 없었지만 하늘과 땅을 뒤져서라도 찾아내려 했던 나는 미니애폴리스 공공도서관에도 갔다. 공공도서관은 무슨 이유인지 포크 음반을 대부분 가지고 있었다. 다른 가수들이 혹시 내가 모르는 거스리의 곡을 알고 있는지 조사하면서 우디의 경이로운 범위를 느끼기 시작했다. 사코와 밴제티 발라드, 1930년대 황진 피해를 입은 중남부 평원과 어린이를 위한 곡들, 세계 최대의 그랜드 쿨리 댐 노래, 성병에 대한 노래, 노조와 노동자 발라드, 심지어 그의 쓰라리고 가슴 아픈 러브 발라드도 있었다. 곡 하나하나가 각각의 다른 상황에 적절히 어울리는 시나리오를 가진 우뚝 솟은 건물처럼 보였다. 우디는 단어를 각기 가치 있게 만들고 거기에 물감을 입혔는데 이것은 그의 표현 양식과 잘 어울렸다. 먼지투성이 카우보이의 무표정한 얼굴이지만, 놀랍도록 진지했고, 선율적인 감각을 전달하고 표현하는 방식은 내 머리에 전기톱을 댄 것 같았다. 나는 어떻게 해서든 그를 모방하려고 노력했다. 많은 사람들이 우디의 곡을 구식으로 생각할 수 있었지만 나는 아니었다. 그 곡들은 전적으로 현재와 앞으로 올 일까지 예언하는 것으로 느껴졌다. 나는 불과 6개월 전에 불쑥 나타난 어리고 시시한 포크 가수였다. 그러나 임명을 받지 않은 지원자에서 이제는 계급장을 단 명예로운 기사로 승진한 것 같은 느낌이 들었다.

우디의 곡들은 나에게 큰 영향을 미치고 있었다. 내가 먹는 것, 입는 옷, 알고 싶은 사람, 알고 싶지 않은 사람 등 나의 모든 움직임에 영향을 미쳤다. 50년대 말과 60년대 초, 10대의 반항은 시끄러운 문제가 되기 시작했으나 전혀 나의 관심을 끌지 못했다. 그것은 조직적인 형체가 없었다. 이유 없는 반항은 실제로 실험할 수 있는 일이 아니었다. 나는 실패로 끝난 운동도 이유 없는 것보다는 낫다고 생각했다. 비트족들에게 마귀는 부르주아의 틀에 박힌 관습과 사회적인 모조품과 회색 프란넬 양복을 입은 남자였다.

포크송은 자동적으로 이 모든 것에 대항했고 우디의 곡들도 마찬가지였다. 비교해보면 모든 것들이 1차원적으로 보였다. 포크와 블루스의 가락은 이미 나에게 적절한 문화의 개념을 심어주었다. 이제 거스리의 곡과 함께 내 마음과 정신은 그 문화의 또 다른 우주론적인 장소로 보내졌다. 세상의 모든 문화들이 훌륭하지만, 나의 문화, 내가 태어난 문화가 내게 영향을 주었고 거스리의 곡들은 훨씬 더 많은 영향을 주었다.

태양이 나의 길을 흔들었다. 문지방을 넘었는데 아무것도 보이지 않는 것처럼 느껴졌다. 우디의 곡을 노래하면서 모든 것과 안전한 거리를 유지할 수 있었다. 그러나 이 환상은 오래 가지 못했다. 가장 멋있는 제복을 입고 가장 반짝거리는 장화를 신고 있는 것으로 생각하던 나는 급격한 충격을 느끼면서 길을 멈추고 말았다. 누군가 내게서 큰 덩어리를 빼간 것 같았다. 존 팬케이크(Jon Pankake)는 순수한 포크뮤직광이고 가끔 문학 선생도 되는 영화 학자였다. 한동안 나를 지켜보던 그가 일삼아 나를 따라다니며 잔소리하기 시작했다.

"무슨 생각을 하는 거야? 거스리의 곡 외에는 부르지 않으니."

불쌍한 바보에게 말하는 것처럼 그는 손가락으로 내 가슴을 쿡쿡 찌르면서 말했다. 그는 위압적이었고 뭐든 그냥 지나치지 않는 사람이었다. 팬케이크는 진짜 포크 음반을 엄청나게 가지고 있다는 소문이 있었다. 그는 경찰청장은 아니라도 포크계의 경찰 노릇을 하고 있었으므로 새로운 재능에도 웬만해선 감동하지 않았다. 그가 보기에는 포크에 통달한 사람이 없었고, 권위 있게 전통적인 곡에 손을 대서 성공할 수 있는 사람도 없었다. 물론 그가 옳았다. 그런데 팬케이크는 연주나 노래를 하지 않았다. 자신을 판단받는 자리에 세우지 않는 것 같았다.

그는 영화 비평도 했다. 다른 지식인들이 T. S. 엘리엇과 E. E. 커밍스의 시적 차이를 논하는 동안 팬케이크는 존 웨인이 「잃어버린 전설(Legend of the Lost)」보다 「리오 브라보(Rio Bravo)」에서 카우보이 역을 더 잘 하는 이유를 제시하곤 했다. 그는 하워드 호크스나 존 포드가 다른 감독들과 달리 존 웨인에게 배역을 맡긴 이유를 자세히 설명했다. 어쩌면 팬케이크가 맞을 수도 있고 맞지 않을 수도 있었다. 그것은 큰 문제가 아니었다. 웨인과 나는 60년대 중반에 만난 일이 있었다. 육중한 체구를 가진 그는 당시 하와이에서 「위험한 곳에(In Harm's Way)」라는 진주만에 관한 전쟁 영화를 촬영하고 있었다. 미니애폴리스에서 알고 지냈던 보니 비처가 영화배우가 되었고 그 영화에 조연으로 출연하고 있었다. 나와 우리 밴드 호크스는 호주에 가는 길에 잠시 하와이에 들렀는데 그녀가 나를 영화 세트장인 해군 전투함에 초대했다. 웨인이 연기하는 것을 지켜보고 있었는데 쉬는 시간에 보니가 나를 웨인에게 데리고 가서 소개했다. 군복을 입은 그는 군인들에게 둘러싸여 있었다.

"포크 가수라고 들었는데."

그의 말에 나는 고개를 끄덕였다.

"뭐든 한 곡 해 보슈."

그가 말했다. 나는 기타를 꺼내서 「버팔로 스키너스(Buffalo Skinners)」를 불렀다. 그는 미소를 지었다. 그리고 캔버스 의자에 앉아 있던 배우 버제스 메레디스(Burgess Meredith)를 쳐다보더니 다시 내게로 시선을 돌리며 말했다.

"그 곡 좋군. 가축상인의 해골을 하얗게 되도록 놔두란 말이지?"

"예."

그는 「안장 위에 흘린 피(Blood on the Saddle)」를 아느냐고 물었다. 나는 그 곡을 좀 알지만 「하이 눈(High Noon)」을 더 잘 알고 있었다. 만약 게리 쿠퍼와 함께 서 있었다면 「하이 눈」을 연주했을 것이다. 그러나 존 웨인이 그 곡을 좋아할지 알 수 없었다. 존 웨인은 거구였다.

그와 어깨를 나란히 하고 설 수 있는 사람은 없는 것 같았다. 영화에도 그런 사람은 없었다. 나는 그의 카우보이 영화가 다른 영화보다 재미있는 이유를 물어볼까 생각했지만 그것은 미친 짓이었다. 아닐 수도 있을 것 같고…… 모르겠다. 어느 경우든, 미니애폴리스에서 존 팬케이크와 얼굴을 맞대고, 태평양에 떠 있는 전투함 위에서 위대한 카우보이 존 웨인을 위해 노래를 부르리라는 것은 내게 꿈도 꾸지 못했던 일이었다.

"자네가 열심히 노력하고 있지만, 절대로 우디 거스리가 될 수는 없어."

팬케이크는 뭔가 자신의 심기를 건드린 것처럼, 마치 높은 언덕에서 내려다보고 있는 것처럼 내게 말했다. 팬케이크 주변에 있는 것이 즐겁지 않았다. 그는 나를 짜증나게 만들었다. 코로 불을 내뿜고 있었다.

"달리 생각하는 게 좋을걸. 그래 봐야 소용없으니까. 잭 엘리엇이 이미 거쳐 간 길이라구. 그 친구 얘기 들어 봤어?"

나는 잭 엘리엇에 대한 얘기를 들어본 적이 없었다. 팬케이크가 그의 이름을 말했을 때 처음 들었을 뿐이었다.

"아니요. 못 들었는데요. 그 사람 사운드는 어땠는데요?"

나에게 그의 음반을 들려주겠다는 존의 말에 나는 깜짝 놀랐다.

팬케이크는 맥코쉬 서점 위의 아파트에 살고 있었다. 맥코쉬 서점은 절충주의에 관한 고서들, 고대의 텍스트들, 1800년대부터 최근까지 철학적이고 정치적인 팸플릿들을 취급하는 곳이었다. 빅토리아풍의 건물 1층에는 근처의 지식인들과 비트족들이 모여들었다. 팬케이크의 집으로 간 나는 그가 믿을 수 없을 만큼 많은 음반을 가졌다는 소문이 사실이라는 것을 알았다. 전혀 보지 못한 음반들과 어디서 구해야 될지 모르는 음반들이 거기 있었다. 노래를 부르지 않고 연주를 하지도 않는 사람이 그처럼 많은 음반을 가진 것이 놀라웠다. 그가 처음 틀어준 음반은 런던의 토픽 레코드에서 나온 「잭 테이크스 더 플루어(Jack Takes the Floor)」라는 수입 음반이었는데 잘 알려지지 않은 곡이었다. 이 음반은 전국에 약 10장 정도 있을까 말까 한 귀한 음반이었다. 어쩌면 팬케이크가 유일하게 가지고 있는지도 알 수 없었다. 그가 틀어주지 않았다면 결코 듣지 못했을 음반이었다. 음반이 돌기 시작했고 잭의 목소리가 방안에서 폭발했다. 「샌프란시스코만 블루스(San Francisco Bay Blues)」, 「올릴리(Ol' Riley)」, 「빈대 블루스(Bed Bug Blues)」가 순식간에 지나갔다. 나는 '빌어먹을, 이 친구 정말 굉장하군' 하고 속으로 중얼거렸다. 그는 우디 거스리가 노래하는 것처럼 노래했다. 그런데 거스리의 곡을 노래하고 있었지만 남에게 좀 기대는 초라한 곡으로 들렸다. 나는 갑자기 지옥에 던져진 것처럼 느껴졌다.

 잭은 음악적인 트릭의 대가였다. 음반의 커버가 신비로웠지만 불길한 느낌을 주진 않았다. 경솔하고 방탕하게 보이는 멋쟁이 방랑자가 말을 타고 있는 모습이었다. 카우보이 차림의 그는 목소리 톤이 날카로웠고, 몰입해서 부르는 사운드는 귀청을 찢는 것 같았다. 모음을 길게 늘여서 발음하는 그의 지나친 자만심에 나는 싫증이 났다. 그는 기타를 완벽한 스타일로 흐르는 듯이 연주했다. 그의 목소리는 게으르게 온 방안을 다니다가 원할 때면 폭발했다. 우디 거스리의 스타일을 완전히 꿰뚫고 있다는 것을 알 수 있었다. 또 다른 하나는 그가 뛰어난 연예인이라는 것이고 대부분의 포크 뮤지션들이 그로 인해 괴롭지 않았다는 것이다. 포크 뮤지션들은 누군가 그들에게 오기를 기다렸는데 잭이 먼저 나선 것이다. 나보다 10년 전에 태어난 엘리엇이 거스리와 실제로 여행했고, 그의 노래와 스타일을 먼저 배웠고 완전히 통달했다.

팬케이크가 옳았다. 엘리엇은 나를 훨씬 앞서고 있었다. 방랑에 관한 음반이 두세 장 더 있었다. 하나는 그가 친구인 디롤 애담스와 노래한 것이었다. 가수인 디롤은 포틀랜드 출신으로 밴조를 연주했는데, 건조하고 간결한 스타일로 잭과 완벽하게 어울리는 노래를 불렀다. 그들의 노래는 두 마리의 말이 질주하는 것처럼 들렸다. 그들은 「예쁜 여자들이 더 많아요(More Pretty Girls Than One)」, 「괴로운 사람의 블루스(Worried Man Blues)」, 「존 헨리의 죽음(Death of John Henry)」을 연주했다. 잭 혼자 연주한 것도 있었다. 「잭 테이크스 더 플루어」 음반 커버에서 그의 눈을 볼 수 있었다. 그 눈은 뭔가 말하고 있었지만 그게 무엇인지 알 수 없었다. 팬케이크는 그 음반을 반복해서 들려주었다. 그것은 격려가 되기도 했지만 동시에 나를 넘어뜨리는 것이기도 했다. 팬케이크는 예전에 잭이 포크싱어의 왕인 것처럼 말했는데 그의 음반을 들으면 그 말을 의심할 수가 없었다. 나는 팬케이크가 나를 가르치려는 것인지 꼼짝 못하게 만들려는 것인지 알 수 없었다. 그것은 문제가 아니었다. 엘리엇은 사실 거스리를 이미 넘어섰는데 나는 아직 가고 있었다. 나는 음반으로 들었던 위압적인 자세의 근처에도 가지 못하고 있었다.

기가 푹 죽어서 차가운 거리로 나온 나는 목적도 없이 돌아다녔다. 갈 곳도 없었고, 내가 마치 지하납골당을 걸어다니고 있는 죽은 사람인 것처럼 느껴졌다. 방금 들은 사람의 영향을 받지 않기는 어려운 일이었다. 그러나 나는 그것을 차단하고 잊으려고 했다. 그 음반을 듣지 않았고 그가 존재하지 않는다고 스스로에게 말해야 했다. 그는 유럽에 있었고 아무튼 자진해서 유랑하고 있었다. 미국은 그를 받아들일 준비가 안 되어 있었다. 좋다. 그가 없는 채로 나는 거스리에 대한 탐구를 계속하고 싶었다.

몇 주일 후에 팬케이크는 내가 다시 연주하는 것을 들었다. 그리고 내가 거스리를 흉내내 왔으나 이제 엘리엇을 흉내내고 있으며 어떤 면에서 그와 동등하다고 생각하는 것 아니냐고 재빨리 지적했다. 팬케이크는 내가 로큰롤 연주로 돌아가야 하고 그렇게 하리라는 것을 알고 있다고 말했다. 그가 어떻게 아는지 모르겠다. 스파이일지도 모르지만 어쨌든 나는 누구도 속이려는 생각은 없었다. 내가 있는 곳에서 내가 가진 것으로 할 수 있는 일을 하고 있을 뿐이었다. 그러나 팬케이크가 옳았다. 댄스 교습 두세 번 받은 걸 가지고 자신이 프레드 아스테어라고 생각할 수는 없는 것이다.

존 팬케이크는 전통적인 포크 속물 중의 한 사람이었다. 그들은 영리성의 냄새가 나는 것은 뭐든 멸시하고 그것에 대해 마음대로 지껄였다. 전통적인 포크 속물들은 브라더스 포, 채드 미첼 트리오, 저니맨, 하이웨이맨과 같은 그룹들이 신성한 것을 이용하는 것으로 생각했다. 그런 일들은 나를 흥분시키지도 않았지만 위협적이지도 않았다. 그래서 나는 상관하지 않았다. 포크뮤직을 하는 대부분의 사람들은 상업적인 포크를 쓰레기 취급했다. 일반이 아는 포크뮤직은 「월칭 마틸다(Waltzing Matilda)」, 「리틀 브라운 저그(Little Brown Jug)」, 「바나나 보트 송(Banana Boat Song)」 같은 곡들이었고 몇 년 전에 나는 이 모든 곡들에 매료되었으므로 비난할 필요를 느끼지 않았다. 공정히 말해서 다른 쪽의 속물들, 즉 상업적인 포크 속물들이 있었다. 이런 사람들은 전통적인 가수들을 구식이고 거미줄에 싸여 있다고 경멸했다. 시카고 출신으로 상업적인 포크 가수가 분명한 밥 깁슨은 엄청난 지지자를 가지고 있으며 음반도 나왔다. 만약 그가 공연을 보러 들렀다면 맨 앞줄에 앉을 것이다. 처음 한두 곡이 끝난 후, 그 곡이 충분히 상업적이지 못하고, 너무 거칠고 귀에 거슬리면 남의 이목을 끌 정도로 벌떡 일어나서 투덜거리며 나갈 수도 있었다. 중간은 없이 모든 사람이 이쪽 아니면 저쪽 속물인 것으로 보였다. 나는 모든 일에 균형 잡힌 시각을 유지하려고 노력했다.

사람들이 무슨 말을 하든, 그것이 좋든 나쁘든 나와는 관련이 없었고, 거기 휘말려 들지 않았다. 하여튼 미리 바람직한 조건을 갖춘 청중은 나에게 없었다. 내가 해야 할 일은 똑바로 앞을 보는 것이고 나는 그렇게 했다. 앞길에는 항상 방해하는 그림자가 있었다. 이제 또 다른 하나가 생긴 것이다. 잭이 거기 어딘가에 있었고 나는 팬케이크가 그에 대해 말했던 것을 간과할 수 없었다. 그것은 사실이었다. 잭은 포크 가수들 중 왕이었다.

존 바에즈(Joan Baez)는 '포크 가수의 여왕'이라고 할 수 있었다. 존은 나와 같은 해에 태어났고 우리의 미래는 깊은 관련이 있지만, 당시에는 그런 생각조차 터무니없는 일이었다. 존은 밴가드 레코드사에서 「존 바에즈」라는 음반을 냈다. 나는 그녀를 TV에서 보았는데 전국적으로 방송되는 CBS의 포크뮤직 프로그램에 출연하고 있었다. 쇼에는 시스코 휴스턴, 조쉬 화이트, 라이트닝 홉킨스를 포함하여 다른 연주자들도 있었다. 존은 발라드를 혼자 부른 다음 라이트닝과 나란히 앉아 함께 몇 곡을 더 불렀다. 나는 그녀에게서 눈을 뗄 수가 없었다. 너무 멋있게 보였다. 날씬한 허리까지 내려온 반짝이는 검은 머리, 내리 깔았다가 치켜뜨는 속눈썹, 아름다웠지만 무표정한 인형이 아니었다. 그녀를 보는 것이 나를 들뜨게 만들었다. 게다가 그녀의 목소리는 악령을 몰아내는 목소리였다. 마치 다른 행성에서 내려온 것 같았다.

그녀의 음반이 많이 팔리는 이유를 쉽게 알 수 있었다. 포크 음악을 하는 여자 가수로는 페기 시거, 진 리치와 바버라 데인이 있었는데 그들은 현대 청중들의 성향을 따라가지 못했다. 존은 그들과 전혀 달랐다. 존 같은 사람은 없었다. 몇 년 전이라면 주디 콜린스나 조니 미첼이 무대에 나왔을 것이다. 나는 나이 많은 여자 가수, 앤트 몰리 잭슨과 지니 로빈슨을 좋아했지만 그들은 존의 꿰뚫는 듯한 면모를 갖지 못했다. 나는 멤피스 미니와 마 레이니 같은 여가수들의 블루스를 많이 듣고 있었다. 존은 어떤 면에서 그들 이상의 능력을 갖고 있었다. 그들에게는 소녀다운 면이 없었고 존에게는 소녀다운 천진난만함이 있었다. 존은 종교적인 상징처럼 보였다. 존은 자신을 바쳐야 될 사람처럼, 유난히 뛰어난 도구주의자로서 신을 향해 성실하게 노래를 불렀다.

밴가드 음반은 허황된 가짜가 아니었다. 그것은 놀랄 정도로 나무랄 데 없는 레퍼토리의 전통 하드코어 곡들이었다. 그녀는 매우 성숙하고 매력적이고 강렬하고 신비롭게 보였다. 그녀가 하지 않으면 되는 일이 없었다. 우리가 같은 나이라는 걸 생각하면 나는 아무것도 못하는 열등한 사람으로 느껴졌다. 그런데 정말 말도 안 되는 소리 같지만 그녀가 나의 상대역이고 내 목소리와 완벽한 조화를 이루는 사람이라는 느낌을 떨칠 수가 없었다. 당시 그녀와 나 사이에는 거리와 세상과 큰 경계선이 가로막고 있었다. 나는 여전히 오지에 처박혀 있었음에도 불구하고, 어떤 이상한 느낌이 우리는 필연적으로 만나게 되리라는 말을 들려주고 있었다. 나는 존 바에즈에 대해 아는 게 없었다. 그녀가 나처럼 진짜 외톨이로 있는지도 알 수 없었다. 그러나 존은 바그다드에서 산

호세까지 옮겨 다니며 살고 있었다. 나보다 더 많은 세상을 경험한 사람이었다. 그녀가 나보다 나를 더 좋아할 것이라는 생각은 좀 지나쳐 보였다.

존의 음반을 들으면 사회의 변화에 관심이 있다는 표시는 없었다. 그녀는 일찍부터 올바른 종류의 포크뮤직에 몰두할 수 있었고, 비판과 범주를 초월해서 전문적으로 포크뮤직을 연주하고 노래하는 법을 배우는 행운을 가진 것으로 생각되었다. 그녀와 동급의 가수 중에 그런 사람은 없었다. 그녀는 닿을 수 없는 먼 곳에 있었다―클레오파트라가 이탈리아인의 궁에서 살고 있었다. 그녀의 노래를 들으면 입을 다물 수가 없었다. 존 제이콥 나일스처럼 대단히 불가사의했다. 그녀를 만나는 것이 두려웠다. 송곳니로 내 목덜미를 물 수도 있었다. 만나고 싶지 않았지만 내가 그녀를 만나리라는 것을 또한 알고 있었다. 당시 나는 그녀보다 한참 뒤에 서 있었지만 우리는 같은 방향으로 가고 있었다. 그녀는 불을 가지고 있었고 나도 같은 종류의 불을 가지고 있다고 느꼈다. 나는 그녀가 부르는 「메리 해밀턴(Mary Hamilton)」, 「은빛 단검(Silver Dagger)」, 「존 릴리(John Riley)」, 「헨리 마틴(Henry Martin)」 등의 곡을 불렀다. 그녀처럼 부를 수도 있었지만 다르게 부를 수 있었다. 가수가 모두 설득력 있게 노래를 부를 수 있는 것은 아니다. 가수는 청중이 들은 것을 믿게 만들어야 하는데 존이 바로 그런 사람이었다. 포크뮤직은 다름 아닌 바로 당신을 납득시키는 음악이다. 나는 킹스턴 트리오의 데이브 가드 역시 그럴 수 있다고 믿었다.

주변에 다른 가수들도 있었다. 열두 줄 기타를 치며 리드벨리와 보 디들리의 곡을 연주하는 고등학생 데이브 레이가 있었는데 아마 미드웨스트 전체에서 유일하게 열두 줄 기타를 치는 사람일 것이다. 그리고 가끔 나와 쾨너와 함께 하프를 연주하는 토니 글로버가 있었다. 그는 노래를 부르기도 하지만 주로 하프를 연주했다. 양손을 컵처럼 만들면서 소니 테리나 리틀 월터처럼 연주했다. 나도 하프를 연주했는데 하모니카 악보대를 사용했다. 그것은 당시 미드웨스트에서 유일한 하모니카 악보대였을 것이다. 얼마 동안은 코트 걸이를 한쪽으로 기울여서 사용했는데 불편했다. 그 후 헤니픈 에비뉴의 한 음악 가게 지하실에서 1948년부터 상자 속에 들어 있던 진짜 하모니카 악보대를 찾았다. 하프를 연주할 때마다 나는 그것을 사용했다.

나는 글로버나 다른 사람처럼 연주할 수 없었고 하려고도 하지 않았다. 주로 우디 거스리처럼 연주했다. 글로버의 연주는 유명했고 그에 대한 이야기들을 많이 했지만 나에 대한 이야기를 하는 사람은 없었다. 내가 들은 유일한 논평은 뉴욕의 로우어 브로드웨이에 있는 존 리후커의 호텔방에서였다. 소니 보이 윌리엄슨이 거기 있다가 내 연주를 듣고 이렇게 말했다.

"젊은이, 자넨 너무 빠르게 연주하는군."

결국 미니애폴리스에서 떠날 때가 되었다. 트윈 시티는 히빙처럼 갑갑한 구석이 있었고 일이 많지 않았다. 포크뮤직의 세계는 너무 폐쇄적이었고 도시가 진흙 웅덩이처럼 느껴지기 시작했다. 내가 가고 싶은 곳은 뉴욕시였다. 어느 눈 오는 새벽 쾨너와 내가 연주했던 피자 팔러의 뒷방에서 잠을 깬 나는 가방에 헌 옷 몇 벌을 싸고 기타와 하모니카 악보대를 챙겨서 집을 나섰다. 그리고 얼마 후에는 우디 거스리를 찾아 동쪽으로 가는 차를 얻어 타려고 변두리 길가에 서 있었다. 우디 거스리는 아직 살아 있었다. 매섭게 추운 날씨였다. 매사에 꾸물거리기는 하지만 내 마음은 정해졌고 단련이 되어 있었으므로 추위를 느끼지 못했다. 곧 나는 눈 덮인 위스콘신의 들판을 달리고 있었다. 어렴풋이 나타나는 바에즈와 엘리엇의 그림자가 그리 멀리 있지 않았다. 내가 향하고 있는 세상은, 많은 변화를 겪겠지만 실제로 잭 엘리엇과 존 바에즈의 세계였다. 존과 엘리엇의 세계를 향하는 것이기도 했지만, 나 역시 양손에 도끼를 들고 뭔가 더 약속된 삶을 방해하는 것이 있으면 잘라내는 것이 필요했다. 내 목소리와 기타가 새로운 상황에 대처하게 해줄 것이라고 느꼈다.

1961년 겨울 나는 뉴욕에 있었다. 시작한 일은 잘 되었고 그대로 밀고 나갈 작정이었다. 나는 무엇인가 다가오고 있는 것을 느꼈다. 축제가 벌어진 것처럼 떠들썩한 맥두걸 거리에서 1위를 차지하는 클럽 빌리지 〈개스라이트〉에서 고정 급료를 받고 연주하게 된 것이다. 내가 처음 일을 시작했을 때 〈개스라이트〉는 브루클린 사람인 존 미첼의 소유였다. 나는 그를 두세 번 보았을 뿐이었다. 비열하고 호전적인 그에게 이국적으로 보이는 여자친구가 있었다. 잭 케루악은 그녀를 모델로 소설을 쓰기도 했다. 미첼은 이미 전설적인 사람이었다. 빌리지에 이탈리아인들이 많았지만 미첼은 그 구역의 마피아들로부터 한 발자국도 물러나지 않았다. 그가 원칙에서 벗어나는 돈을 지불하지 않는다는 것은 잘 알려진 사실이었다. 소방서장, 경찰서장 그리고 보건소 직원들이 수시로 클럽에 들락거렸다. 그러나 미첼은 변호사를 고용해서 시청을 상대로 싸웠고 어떻게든 클럽 문을 열었다. 미첼은 권총과 칼을 지니고 있었다. 그는 뛰어난 목수이기도 했다. 내가 거기서 일하는 동안 몇 명의 미시시피 사람들이 〈개스라이트〉를 샀는데 미첼은 클럽을 판다거나 소유권이 바뀐다는 말을 아무에게도 하지 않았다. 소리 없이 클럽을 팔고 떠난 것이다.

고딕 양식의 포크 클럽은 지하에 위치하고 있었지만 바닥을 낮추었기 때문에 지하처럼 보이지 않았다. 여섯 내지 여덟 명의 연주자가 어두워질 무렵부터 새벽까지 교대로 연주했다. 나는 주급으로 현금 60달러를 받았다. 더 많이 받는 연주자들도 있었을 것이다. 그리니치 빌리지의 클럽 무대는 위로 수많은 단계가 있었다.

나중에 피터, 폴 앤드 메리의 멤버가 된 노엘 스투키가 사회를 보았다. 노엘은 흉내내기 전문 연예인이고 코미디언이며, 가수이고 기타 연주자였다. 낮에 카메라 상점에서 일하다가 밤이 되면 조끼를 받쳐서 양복을 말쑥하게 차려 입었다. 깨끗하고 단정한 복장을 한 그는 매부리코에 턱수염이 조금 있었는데, 몸이 말랐고 키가 컸다. 그를 냉담하다고 말하는 사람들도 있었다. 스투키는 옛날 잡지에서 오려낸 사람처럼 보였다. 그는 막힌 배수관, 화장실 물 내리는 소리, 증기선과 제재소, 교통 혼잡, 바이올린과 트롬본 등 무엇이든 흉내낼 수 있었다. 다른 가수를 흉내내는 가수를 흉내낼 수도 있었다. 아주 재미있는 사람이었다. 그가 흉내내는 것 중 압권은 리틀 리처드를 흉내내는 딘 마틴 흉내를 내는 것이었다.

나중에 사이키델릭 광대 웨이비 그래비로 유명한 휴 롬니도 거기서 공연했다. 휴 롬니였을 때 그는 가장 성실한 재즈광이었다. 그는 주로 브룩스 브라더스 양복점에서 맞춘 옅은 회색 양복을 멋지게 입었다. 롬니는 혼자 공연했다. 눈을 가늘게 뜨고 반체제의 랩을 길게 읊조렸다. 눈을 감은 것인지 뜬 것인지 알 수가 없었다. 마치 시각에 장애가 있는 것 같았다. 무대 위에서 푸른 스포트라이트를 받으며 그는 먼 왕국으로부터의 긴 여행을 마친 사람처럼 이야기를 시작한다. 마치 콘스

탄티노플이나 카이로에서 막 도착한 것처럼 고대의 미스터리로 사람들을 일깨우려고 한다. 그런 공연을 하는 사람들이 몇 명 있었지만 롬니가 가장 유명했다. 롬니는 로드 버클리의 영향을 받았지만 버클리와 같은 유형은 아니었다.

버클리는 1950년대 기성사회에 강한 소외감을 품은 히피와 비트족인 힙스터 비밥의 전도사였다. 부르퉁하니 골을 내고 있는 비트족 시인이 아니라 수퍼마켓에서부터 폭탄과 십자가의 고난까지 온갖 종류의 일들을 반복 악절로 연주하는 성난 이야기꾼이었다. 그는 간디나 줄리어스 시저와 같은 인물들을 랩으로 노래했다. 버클리는 처치 오브 리빙 스윙이라는 재즈 교회를 조직하기도 했다. 그는 말을 확대해석하는 신기한 방법을 사용했다. 모든 사람들이 어떤 식으로든 그의 영향을 받았다. 버클리는 내가 뉴욕에 오기 약 1년 전에 사망해서 그를 직접 보지 못했지만 음반을 들었다.

〈개스라이트〉의 다른 뮤지션으로는 포크송을 품위 있게 부르는 해설자 할 워터스와 바이올린 현을 가진 기타를 연주하고 오페라에 맞는 목소리로 포크송을 부르는 존 윈이 있었다. 나와 좀더 성격이 맞는 사람은 다섯 줄 밴조를 연주하고 아팔라치안 발라드를 부르는 루크 파우스트와, 나중에 할리우드에서 배우가 된 루크 애스큐였다. 조지아 출신인 루크는 머디와 울프, 지미 리드의 곡들을 불렀다. 그는 기타를 연주하지 않았지만 기타 주자를 데리고 있었다. 백인인 루크는 블루스 보컬리스트인 보비 블루 브랜드처럼 노래를 불렀다.

렌 챈들러 역시 〈개스라이트〉에서 연주했다. 렌은 원래 오하이오 출신으로 고향의 오케스트라에서 오보에를 연주했었고 교향곡을 편곡할 수 있는 훌륭한 음악인이었다. 그는 상업적인 경향을 가진 포크곡들을 불렀다. 성격이 활발하고 사람들이 카리스마라고 부르는 것을 가지고 있는 렌은 사물을 베어내듯이 노래했다. 그의 레퍼토리에는 개성이 뚜렷이 나타났다. 렌은 또 신문의 1면에 난 기사를 가지고 노래를 작사하기도 했다.

폴 클레이턴도 가끔 〈개스라이트〉에서 연주했다. 폴은 옛날 곡들을 나름대로 편곡해서 자신의 곡을 만들었다. 그는 수백 곡의 노래를 알고 있었는데 뛰어난 기억력을 가지고 있는 것이 틀림없었다. 클레이턴의 곡은 애조를 띠기도 하고 위엄도 있는 독특한 스타일이었다. 북부의 신사적인 부분과 남부 멋쟁이의 방탕한 기질이 섞여 있었다. 그는 머리부터 발끝까지 검은 양복을 입고 셰익스피어를 인용했다. 클레이턴은 버지니아에서 뉴욕까지 정기적으로 여행했는데 우리는 친구가 되었다. 그의 친구들은 외지에서 온 사람들로서 '폐쇄적인' 태도를 가지고 자기들끼리만 알고 지내는 비서민적인 무리들이었다. 진짜 비동조자들이지만 케루악 타입이나 재기 불능자들이 아니었고, 남이 쳐다볼 정도의 행동을 하는 사람들도 아니었다. 나는 클레이턴과 그의 친구들을 좋아했다. 폴을 통해 나는 여기저기서 사람들을 만났고 그들은 나에게 필요하면 어느 때나 걱정 말고 그들에 아파트에 머물러도 좋다고 말했다.

클레이턴은 밴 론크와도 좋은 친구였다. 데이브 밴 론크, 그는 내가 특히 배우기를 열망하는 연주자였다. 음반도 훌륭하지만 인간적으로 더 훌륭했다. 브루클린 출신인 그는 선원 자격증을 가지고 있었고, 숱이 많은 콧수염을 기른 얼굴 위로 긴 갈색의 생머리가 반쯤 가리며 흘러내렸다. 그는 모든 포크송을 초현실적인 통속극, 연극적인 작품으로 바꿔서 마지막 순간까지 긴장감을 지속시켰다. 데이브는 매사에 철저

했다. 마치 그는 끝없이 독을 공급하는 것 같았고, 그것이 없으면 살 수 없는 나는…… 그 독을 원하는 것 같았다. 밴 론크는 구식 연주자이고, 경험이 풍부한 전투를 하는 것처럼 보였다. 매일 밤 나는 오래된 기념상의 발치에 앉아 있는 것처럼 느꼈다. 데이브는 포크송, 재즈, 딕시랜드(미국 뉴올리언스에서 기원한 초기 재즈음악의 한 형식), 블루스 발라드를 특별한 순서에 따르지 않고 불렀다. 그의 노래는 섬세하고, 포괄적이고, 개인적이고, 역사적이고, 또 공기처럼 가벼웠다. 그는 모든 것을 머리에 넣었다가 순식간에 새로운 것으로 내놓았다. 나는 데이브로부터 엄청난 영향을 받았다. 내가 첫 앨범을 녹음했을 때 그 절반은 밴 론크가 불렀던 곡들을 내 버전으로 연주한 것이었다. 일부러 계획한 것은 아니었지만 저절로 그렇게 되었다. 무의식적으로 나 자신의 곡을 연주하는 것보다 그의 곡을 믿었던 것이다.

밴 론크의 목소리는 녹슨 유산탄을 발사하는 소리 같았지만, 그는 그것을 묘하게 세분화해서 섬세하고 우아하게 때로는 거칠고 폭발적으로 노래하면서, 가끔 이 모든 요소를 같은 곡에 포함시켰다. 그는 공포, 절망, 무엇이든 불러내어 표현할 수 있는 전문적인 기타 연주자이기도 했다. 또 냉소적이고 유머러스한 면도 있었다. 밴 론크는 나를 〈개스라이트〉에 데리고 갔고, 나는 밤마다 무대에서 그와 함께 연주하는 행복을 누렸기 때문에 누구보다도 그에게 다른 감정을 느꼈다. 〈개스라이트〉는 진지한 청중이 있는 진짜 무대였고 진정한 연주가 있는 곳이었다. 밴 론크는 다른 방법으로도 나를 도왔다. 웨이벌리 플레이스의 그의 아파트에는 내가 원하면 어느 때든 살짝 들어가서 잘 수 있는 소파가 있었다. 그는 그리니치 빌리지의 사람들이 모여드는 다른 클럽들, 〈트루디 헬러스〉, 〈밴가드〉, 〈빌리지 게이트〉, 〈블루 노트〉

같은 주로 재즈 클럽들을 보여주었고 나는 많은 재즈 대가들을 가까이에서 볼 수 있었다. 연주자로서 밴 론크는 호기심을 자아내는 또 다른 면을 가지고 있었다.

극적인 효과를 일으키는 독특한 방법은 청중 가운데 누군가를 강렬하게 응시하는 것이었다. 그 사람을 위해 노래를 부르는 것처럼 비밀을 속삭이고 삶에서 해결되지 않은 문제를 이야기하면서 그에게 시선을 고정시켰다. 그는 또 같은 일을 같은 식으로 두 번 말하는 법이 없었다. 가끔 그가 앞의 무대에서 불렀던 곡을 다시 부르는 것을 들을 때도 있지만, 완전히 다른 식으로 불러서 충격을 주었다. 그가 어떤 곡을 연주하면 전에 한 번도 들어본 적이 없는 곡 같거나 내가 기억하는 방법이 전혀 아니었다. 그의 곡들은 아주 단순한 것 같으면서도 예상외로 복잡했다. 청중을 진정시킬 수도 있고 매료시키거나 놀라게도 할 수 있고, 비명을 지르거나 고함을 치게 만들 수도 있었다. 원하는 대로 뭐든 할 수 있는 사람이었다. 그는 벌목꾼 같은 체격에 술을 많이 마셨고 말이 별로 없었다. 그러나 자기의 영역을 철저히 관리했고 모든 것이 순조롭게 흘러가도록 만들었다. 데이브는 당당한 사람이었다. 만약 저녁에 맥두걸 거리에서 누군가 연주하는 것을 보러 나온 사람이 있다면, 반드시 그의 공연을 선택해야 할 그런 사람이었다. 그는 산처럼 우뚝 솟아 있었지만 공연을 펑크내는 일이 없었다. 변명하는 일도 없었고 너무 많은 것을 포기하지도 않았다. 남이 시키는 대로 하는 사람이 아니었다. 그는 위대하고 하늘처럼 높았고 나는 그를 존경했다. 그는 거인국에서 온 사람이었다.

밴 론크의 아내 테리 역시 절대 시시한 인물이 아니었다. 그녀는 데이브의 공연 예약을 관리했는데, 특히 외부 공연을 조정했다. 그런 그녀가 나를 돕기 시작했다. 테리는 데이브처럼 정치 문제에 솔직하고 독선적이었다. 정치 문제라기보다는 오히려 정치적인 시스템 뒤의 과장된 신학적인 견해에 대해 거리낌 없이 말했다. 니체 철학 지지자인 그녀는 정치가 무기력하게 매달려 있다고 말했다. 지적으로 그녀와 보조를 맞추는 것은 어려운 일이었다. 만약 그녀와 논쟁을 시도하면 외계에 있는 자신을 발견하게 될 것이다. 그녀는 반제국주의자이고 반물질주의자였다.

"전기 깡통 따개라니, 무슨 바보 같은 짓이람."

언젠가 테리는 8번가의 철물점 진열창 앞을 지나가면서 말했다.

"누가 어리석게 저런 걸 사겠어?"

테리는 데이브가 보스턴과 필라델피아, 훨씬 더 먼 세인트 루이스의 라핑 부다라는 포크클럽 같은 곳에서 공연하도록 계약하는 솜씨를 발휘했다. 나로서는 그런 재즈 연주회를 생각도 할 수 없었다. 유명 클럽에서 일을 얻으려면 아무리 작은 회사에서 낸 음반이라도 음반이 하나는 나와 있어야 했다. 테리는 엘리자베스, 뉴저지, 그리고 하트포드에서 두세 번, 피츠버그의 포크클럽에서 한 번, 몬트리올의 또 다른 클럽에서 데이브가 연주를 할 수 있게 주선했다. 데이브는 공연 무대가 사방에 흩어져 있는 셈이었다. 나는 주로 뉴욕에 머물렀다. 사실 뉴욕 밖으로 나가고 싶지도 않았다. 그것을 원했다면 뉴욕에 오지도 않았을 것이다. 〈개스라이트〉에서 정기적으로 연주할 수 있다는 것만도 나에게는 큰 행운이었으므로 다른 곳에 간다는 부질없는 시도는 하지 않았다. 나는 숨을 쉴 수 있었고 자유로웠다. 강요되는 느낌도 없었다. 무대 중간에 주로 케틀 오브 피시 선술집에서 차가운 슈리츠 맥주를 마시며 머물렀다. 그리고 〈개스라이트〉의 이층에서 카드놀이를 했다. 일은 잘 풀려나갔다. 나는 가능한 모든 것을 배우고 있었고 긴장 상태를 유지했다. 한번은 테리가 나를 잭 홀즈먼에게 데리고 가겠다고 말했다. 잭은 데이브가 음반을 낸 회사인 엘렉트라 레코드를 경영하고 있었다.

"내가 약속을 잡아 줄 수 있는데. 그 사람 만나 볼래?"

"전 아무도 만나고 싶지 않아요."

그 아이디어는 나에게 별 도움이 되지 않았다. 얼마 후 여름에 테리는 내가 리버사이드 처치로부터 생방송되는 라디오 포크 호화 쇼에 출연하도록 주선했다. 상황이 다시 새롭고 이상하게 바뀌고 있었다.

무대 뒤는 습도가 치솟고 있었다. 연주자들은 차례를 기다리면서 무대로 나갔다 들어오는 일을 반복했다. 평소처럼 진짜 쇼는 무대 뒤에서 벌어졌다. 나는 검은 머리의 소녀 칼라 로톨로에게 말을 걸고 있었다. 칼라는 앨런 로맥스의 개인 보조원이었는데 전부터 얼굴을 아는 사이였다. 칼라는 나를 자신의 여동생에게 소개했다. 동생의 이름은 수지(Suzie)였는데 스펠링은 수즈(Suze)라고 썼다. 그녀는 내가 지금까지 본 가장 관능적인 여자였다. 아름다운 피부에 금발 머리가 나부끼는 순수한 이탈리아인이었다. 나는 처음부터 그녀에게 빠져들었다. 방 안에 갑자기 바나나 향기가 가득했다. 우리는 대화를 나누기 시작했고 나는 현기증을 느꼈다. 전에도 큐피드의 화살이 귀를 스친 적이 있지만 이번에는 심장을 맞추었고 그 무게가 나를 짓누르고 있었다. 열일곱 살의 수즈는 이스트 코스트에서 태어나 퀸스에서 자랐다. 그녀는 좌익 가정에서 자랐는데 공장에 근무하던 아버지가 최근에 사망했다. 수즈는 뉴욕에서 다양한 출판물에 그림을 그렸고, 오프브로드웨이 연극의 그래픽 디자인 관련 일을 하고 있었다. 인권위원회에서도 일한 적이 있었다. 많은 일을 할 수 있는 사람이었다. 그녀를 만난 것은 『아라비안나이트』의 1001가지 이야기 속으로 들어간 것 같았다. 그녀는 사람들이 가득한 거리를 환하게 할 수 있는 미소를 지녔고, 대단히 활기찼고 특히 육감적이었다. 로댕의 조각품이 살아난 것 같았다. 방탕한 여주인공을 생각나게 하는 그녀는 바로 내 타입이었다.

다음 주일에도 나는 그녀에 대한 생각을 많이 하고 있었다. 그녀 생각을 떨칠 수가 없었다. 우연히 만날 수 있기를 간절히 원하며 생전 처음 사랑에 빠진 것처럼 느껴졌다. 40킬로미터 밖에서도 그녀를 느낄 수 있었다. 그녀의 몸이 내 옆에 있기를 간절히 원했다. 영화는 늘 신비한 경험이었고 동양의 사원처럼 생긴 타임스 스퀘어 영화관은 영화를 볼 수 있는 최고의 장소였다. 최근에 나는 「쿼바디스」와 「더 로브」를 보았다. 나는 「잃어버린 대륙, 아틀란티스」와 「왕 중 왕」을 보러 갔다. 잠시 수즈를 잊어버리고 마음을 바꾸는 것이 필요했다. 「왕 중 왕」은 립 톤, 리타 갬이 출연했고, 제프리 헌터가 예수로 나오고 있었다. 화면에 보이는 배우들의 진지한 연기에도 불구하고, 나는 몰두할 수 없었다. 두번째 작품 「잃어버린 대륙, 아틀란티스」가 상영되었을 때 그것도 재미없기는 마찬가지였다. 살인광선 수정체, 거대한 해저 어류, 지진, 화산폭발, 높은 파도, 뭐 그런 것들이 화면을 채우고 있었다. 그것은 가장 흥미진진한 영화일 수도 있었다. 그러나 나는 집중할 수가 없었다.

운명이란 기이하여 나는 우연히 칼라를 다시 만났고 동생에 대해 물었다. 칼라는 내게 동생을 만나고 싶으냐고 물었다.

"물론이지. 넌 상상도 못할 만큼."

그러자 칼라가 말했다.

"어머나, 그 애도 널 만나고 싶어 하는데."

곧 다시 만난 우리는 점점 더 가까워졌고 결국 떨어질 수 없는 사이가 되었다. 음악 외에 수즈와 함께 있는 것이 내 인생의 중요한 일로 보였다. 아마 우리는 영적인 소울 메이트였는지도 몰랐다.

그러나 수즈의 어머니 메리는 그것을 받아들이지 않았다. 의학 저널의 번역가로 일하는 메리는 쉐리던 스퀘어의 아파트 맨 위층에 살고 있었는데 나를 성병에 걸린 사람처럼 취급했다. 만약 그녀가 멋대로 상상하는 것이 사실이라면 경찰이 나를 잡아갔을 것이다. 메리는 작은 체구에 성질이 급하고 변덕스러웠다. 새까만 두 눈으로 뚫어질 듯이 노려보는 그녀는 매우 방어적이었다. 항상 내가 뭔가 잘못했다고 느끼게 만드는 사람이었다. 그녀는 내가 무명의 가수이고 아무도 부양할 수 없을 거라고 여겼지만, 나는 다른 이유가 있다고 생각했다. 내가 적절하지 않은 때에 나타난 것이라고 생각한 것이다.

"그 기타는 가격이 얼마나 되는가?" 언젠가 그녀가 물었다.

"비싸진 않아요."

"알아, 싸구려겠지. 하지만 괜찮은 것 같군."

"별것 아니죠."

그녀는 담배를 입에 물고 나를 노려보았다. 그녀는 늘 나를 자극해서 뭔가 논쟁을 하게 만들었다. 나를 불쾌하게 여겼지만 그녀의 인생에 내가 무슨 문제를 일으킨 것은 아니었다. 수즈가 아버지를 잃은 것은 내가 책임질 일이 아니었다. 언젠가 나는 수즈의 어머니에게 공정하지 못하다고 말한 일이 있었다. 그녀는 마치 멀리 보이는 물체를 보는 것처럼 내 눈을 쳐다보며 말했다.

"무슨 소리야! 내가 있는 한 너희들은 안 돼."

수즈는 나중에 어머니가 나쁜 뜻으로 한 말은 아니라고 말했지만, 그런 뜻으로 말한 것이 사실이었다. 그녀는 우리를 떼어 놓으려고 별별짓을 다했다. 그러나 우리는 더욱 가까워졌다.

이 질식할 것 같은 상황이 문제가 되고 있었다. 그것은 내가 침대와 스토브, 그리고 테이블이 있는 집을 가져야 한다는 신호를 보내고 있었다. 이제 때가 된 것이다. 일찍부터 그렇게 했어야 했지만, 나는 다른 사람들과 함께 있는 것을 좋아했다. 내 집은 다툼이 없고 편안하고 책임질 일이 없고, 가끔 열쇠가 있어야 하지만 자유롭게 드나들 수 있고, 방에는 많은 책을 꽂을 수 있는 서가와, 음반을 보관할 수 있는 선반이 있어야 했다. 아무것도 하지 않을 때 책을 보며 음악을 들을 수 있을 것이다.

뉴욕에 온 지 1년 가까이 되었을 때 집이 없다는 것이 나의 과민한 성격에 영향을 미치기 시작했다. 나는 웨스트 4번가 161번지 엘리베이터가 없는 건물 3층에 매달 60달러를 내기로 하고 집을 빌렸다. 방 두 개짜리의 자그마한 그 집은 브루노의 스파게티 가게 위에 있었다. 브루노 가게의 한쪽 옆은 레코드 가게, 다른 쪽은 가구점이었다. 아파트는 작은 침실과 부엌, 그리고 거실이 전부였다. 벽난로가 있는 거실에는 소방 대피로와 작은 안뜰이 내다보이는 창문이 있었다. 한 사람이 쓰기에 적당한 집이었고 저녁이 되면 히터가 꺼졌기 때문에 가스버너를 완전히 틀어놓아야 했다. 집이 비어 있었으므로 곧 이사한 후 가구를 조립하기 시작했다. 연장을 빌려다가 테이블 2개를 만들었는데 하나는 책상으로 만들었다. 또 선반과 침대 받침을 짜 맞추었다. 모든 목재는 아래층 가게에서 가져왔다. 못, 현관문의 금속 장식, 경첩, 0.95센

티미터의 정사각형 연철 조각, 놋쇠와 동, 머리가 둥근 나사못과 같은 철물들을 목재와 같이 가져와서 가구를 조립했다. 그런 것들을 구하러 멀리 갈 필요가 없이 모든 것을 아래층에서 구했다. 쇠톱과 정과 스크루드라이버로 가구를 조립했다. 고등학교 시절 목공 시간에 배운 기술로 유리판과 수은, 그리고 은박지를 가지고 거울도 2개 만들었다.

나는 음악을 연주하는 외에 이런 일들을 좋아했다. 중고 TV를 사다가 선반 위에 올려놓았고, 매트리스와 깔개를 사다가 딱딱한 바닥에 깔았다. 울워스에서 사온 전축을 테이블 위에 놓으니 작은 방은 부족한 것이 없는 것처럼 보였고 처음으로 내 집이 있다는 느낌이 들었다.

수즈와 나는 점점 더 많은 시간을 함께 보냈다. 나는 그녀의 세계, 특히 오프브로드웨이 무대를 많이 보면서 시야를 넓히기 시작했다. 르로이 존스의 「네덜란드 사람(Dutchman)」, 「세례(The Baptism)」와 같은 작품들을 보았다. 또 겔버의 마약 중독자를 다룬 「커넥션(The Connection)」, 「더 브리그(The Brig)」를 비롯해서 다른 연극들도 보았다. 수즈와 함께 예술가와 화가들이 자주 가는 카페 시노, 카미노 갤러리, 에이지스 갤러리에 갔다. 로우어 이스트 사이드의 코미디아 델 아르에도 갔는데 작은 극장으로 지어진 건물 앞에 거대한 꼭두각시들이 가볍게 몸을 흔들고 있었다. 나는 두 편의 연극을 보았다. 하나는 군인, 매춘부, 판사와 변호사가 모두 꼭두각시였다. 그 꼭두각시들은 사이즈와, 작고 제한적인 공간 때문에, 이상하고 불안하고 적대적으로 보였다…… 우리 모두가 알고 사랑하는, 턱시도를 입은 찰리 매카시, 에드거 벌전처럼 익살맞은 꼭두각시가 아니었다.

새로운 예술의 세계가 열리고 있었다. 가끔 아침 일찍 시립 미술관에 가서 벨라스케스, 고야, 들라크루아, 루벤스, 엘 그레코와 같은 화가

들이 캔버스에 그린 유화를 감상하곤 했다. 피카소, 브라크, 칸딘스키, 루오, 보나드와 같은 20세기 작가들의 작품도 보았다. 수즈가 좋아하는 현대 화가는 행위 예술가인 레드 그룹스였다. 나 역시 그를 좋아하게 되었다. 나는 그가 모든 것을 압착시켜서 부서질 것 같은 부분들을 함께 묶고, 뒤로 물러나서, 뒤엉킨 전체를 볼 수 있게 하는 방법을 좋아했다. 그룹스의 작품은 나에게 볼륨을 말했고 그는 내가 주목해야 할 예술가였다. 그의 작품은 비현실적이고 마치 산酸에 의한 것처럼 갈라졌다. 그는 크레용, 그림물감, 구아슈 물감, 조각품이나 혼합된 매체 등 별로 관련이 없는 매개물로 콜라주를 만들었는데 나는 그가 작품을 구성하는 방식을 좋아했다. 대담한 그의 작품은 그 존재를 너무나 명백하게 알리고 있었다. 그룹스의 작품과 내가 부르는 많은 포크송 사이에 관련이 있었다. 그것은 같은 무대에 있는 것으로 보였다. 포크송이 서정적이라면 그룹스의 곡들은 시각적이라고 할 수 있었고—떠돌이와 경찰, 미친 듯한 소동, 폐쇄 공포를 일으키는 골목길—모두가 활력이 넘쳤다. 그는 미술계의 엉클 데이브 메이컨(내슈빌의 유명한 피들 연주자)이었다. 그는 살아 있는 모든 것을 혼합해서 뭔가를 만들고, 그것이 비명을 지르게 만들었다. 낡은 테니스화, 자동판매기, 하수구를 통해 기어가는 악어, 결투용 권총, 스테튼 아일랜드 페리와 트리니티 교회, 42번가, 마천루의 윤곽 등 모든 것을 평등하게 만들었다. 힌두교 황소, 목장일하는 여자, 로데오 퀸과 미키마우스 머리들, 망루, 오릴리 부인의 암소, 기는 것, 기름 치는 사람, 괴짜와 쓴웃음 짓는 사람들, 보석을 장식한 누드모델, 우수 어린 표정의 얼굴들, 슬픔으로 시야가 흐린 사람들, 이 모두가 들떠서 법석대지만 웃음거리는 아니었다. 링컨, 휴고, 보들레르, 렘브란트 등 역사적으로 낯익은 인물들도 사실적으로 교묘하게 처리되어 힘차게 빛을 내며 타버렸다. 그룸스가 웃음을 사악한 무기로 사용하는 것을 좋아했다. 나는 무의식적으로 노래를 그렇게 작사하는 것이 가능한 일일까 하는 생각을 했다.

그 무렵 그림을 그리기 시작했다. 실제로 그림을 많이 그리는 수즈로부터 얻은 습관이었다. 무엇을 그릴 것인가? 가까이 있는 것부터 시작하기로 했다. 테이블에 앉아서 연필과 종이를 꺼내서 타이프라이터, 십자가상, 장미, 연필과 칼과 핀, 빈 담뱃갑을 그렸다. 나는 시간의 트랙을 완전히 잃어버렸다. 한두 시간이 쉽게 지나갔고 그것은 한순간처럼 보였다. 내가 그림을 잘 그리는 사람이라고 생각하지는 않았지만, 그룸스처럼 주변의 혼돈에 질서를 심는 것으로 느꼈다. 그러나 그룸스는 웅대한 차원에서 작품 활동을 하고 있었다. 그것은 이상하게 내 눈을 순화시켰고, 나는 앞으로 그림을 그리게 될 것임을 깨달았다.

내가 앉아서 그림을 그리는 테이블은 작곡도 하는 같은 테이블이다. 아직 많이 작곡하지는 못했다. 어디서든 이끌어 줄 사람을 찾아야 하는데 주변에 작사 작곡을 하는 사람은 불과 몇 사람 되지 않았다. 내가 좋아하는 사람은 렌 챈들러였다. 그러나 개인적으로 좋아하는 것이지 작곡하도록 영감을 주기에는 충분하지 않다고 여겼다. 우디 거스리가 가장 훌륭한 곡을 썼고 그를 뛰어넘는 사람은 절대 없다는 생각은 변함없었다. 그를 능가하는 사람을 발견하지 못한 가운데 나는 약간 아이러니한 곡「자유롭게 살다가 죽게 해주오(Let Me Die in My Footsteps)」를 작곡했다. 로이 어커프의 옛 발라드에 기초해서 이 곡을 만들었다. 이 곡은 냉전 시대의 산물인 방사능 낙진 지하대피소가 유행하는 바람에 영감을 받은 곡이었다. 어떤 사람들은 그런 곡을 내놓는 것을 급진적이라고 생각했지만 나에게는 전혀 급진적이 아니었다.

아이언 레인지에서 무슨 일이 일어나든 북부 미네소타의 방사능낙진 지하대피소는 아무 영향도 받지 않았다. 공산주의자들이 멀리 있는 한 그들에 대한 편집증은 없었다. 사람들은 그들을 무서워하지 않았고 아무것도 아닌 일에 야단법석을 떠는 것으로 보였다. 빨갱이들은 외계에서 온 여행자들을 상징했다. 광산 소유주들이 더 무서운 존재였고 적이었다. 그러나 낙진대피소 건설을 권하는 건설업자들은 사람들로부터 경멸을 당했다. 낙진대피소를 짓는 사람은 없었다. 그러나 주택에는 두툼한 벽을 가진 지하실이 있었다. 게다가 다른 사람은 지하실이 있는데 자신은 없다는 걸 좋아하는 사람은 없었다. 혹은 자신은 있는데 다른 사람이 없으면 그것 또한 기분 좋은 일이 아닐 수도 있었다. 이웃끼리, 친구끼리 적대적이 될 수도 있었다. 이웃 사람이 당신의 문을 두드리며 이렇게 말하는 것을 상상해 보라.

"이거 봐, 죽고 사는 문제라구. 우리 우정이 이렇게 아무런 가치가 없단 말이야? 이게 나한테 할 짓이냐구!"

자기 마음대로 폭군처럼 굴면서 이렇게 말하는 친구에게 어떻게 반응할 것인가?

"내 말 들어봐. 난 어린 아이들이 있어. 딸은 겨우 세 살이고 아들은 두 살이야. 자네가 그 애들을 들어오지 못하게 한다면 총을 가지고 오겠네."

명예로운 해결책은 없었다. 낙진대피소는 가족들을 나누었고 폭동을 일으킬 수 있었다. 사람들은 버섯구름을 걱정하지 않는 것이 아니라 진심으로 걱정했다. 하지만 낙진대피소를 건설하는 건설업자들이 만난 것은 사람들의 무표정한 얼굴들이었다.

대피소 외에 핵 공격이 있을 경우 실제로 필요한 것은 가이거 방사능 측정기라는 것이 일반적인 의견이었다. 가장 소중한 물건이 될 수 있는 측정기는 무엇을 먹어야 안전한지 혹은 위험한지 알려줄 수 있었다. 가이거 방사능 측정기는 쉽게 구할 수 있었으므로 나도 사실은 뉴욕 아파트에 그것을 하나 가지고 있었다. 그러므로 낙진대피소가 무익하다는 노래를 쓰는 것은 과격한 것은 아니었다. 그것을 위해 어떤 원칙을 따라야 했던 것은 아니다. 노래는 개인적인 동시에 사회적이기도 하다. 그렇더라도 이 곡은 나를 위해 어떤 장벽을 무너뜨리거나 기적을 일으키지는 않았다. 내가 말하고 싶은 거의 모든 것은 대개 옛날 포크송이나 우디의 곡에서 발견할 수 있었다.「자유롭게 살다가 죽게 해주오」를 연주하기 시작했을 때 내가 썼다는 말은 하지 않았다. 그냥 어디선가 슬쩍 끼워넣으며, 그것은 베짜는 사람들의 노래라고 말했다.

나는 모든 것을 보는 시각이 변하기 시작했다. 태도가 당당해지고 더욱 힘을 갖게 되었다. 내 작은 집은 적어도 작사를 하는 곳으로는 영광스러운 대성당이 되었다. 수즈는 크리스토퍼 거리에 있는 극장의 무대 뒤에서 일을 했다. 무대는 버톨트 브레히트와 커트 베일이 쓴 곡들을 발표하는 자리였다. 버톨트 브레히트는 반파시스트 마르크스주의자로 독일의 시인이며 극작가지만 독일에서는 그의 작품이 금지된 사람이었고, 커트 베일의 멜로디는 오페라와 재즈를 합친 것 같았다. 전에 그들은 크게 히트한 곡「칼잡이 맥(Mack the Knife)」을 내놓았는데 보비 다린이 불러서 인기곡이 되었다. 지금 공연하는 것은 연극이라고 부를 수는 없었고, 배우들이 부르는 노래의 흐름이라고 할 수 있었다.

나는 극장에 가서 수즈를 기다리면서……「아침의 찬가(Morning Anthem)」,「웨딩 송(Wedding Song)」,「험한 세상(The World Is

Mean)」, 「폴리 송(Poly's Song)」, 「탱고 발라드(Tango Ballad)」, 「안락한 삶의 발라드(Ballad of the Easy Life)」와 같은 노골적이고 강렬한 사운드를 듣고 충격을 받았다. 거친 언어로 된 노래였다. 괴상하고, 리드미컬하기보다 발작적이었고, 기묘한 환영을 갖게 하는 노래였다. 가수들은 도둑, 청소부, 혹은 불량배로 분장해서 모두 으르렁거리고 고함을 질렀다. 무대는 네 개의 좁은 거리로 한정되어 있었다. 작은 무대 위는 겨우 물체를 구별할 수 있을 정도의 달빛이 가로등, 테이블, 현관계단, 창문, 건물 모퉁이, 지붕을 지나 안뜰을 비추었고, 주변 환경은 소름이 끼치는 느낌을 주었다. 모든 곡이 숨겨진 전통에서 생겨난 것으로 보였다. 등장인물들이 뒷주머니에 권총, 곤봉, 벽돌조각을 가지고, 목발을 짚고, 부목을 대고, 휠체어를 타고 사람들을 공격하는 것으로 보였다. 그 곡들은 성격상 포크송이라고 말할 수 있었지만 진정한 포크송과는 달랐다. 순수함을 잃었기 때문이었다.

  나는 몇 분 동안 얼마나 몰두했는지 30시간 동안 잠도 못 자고 음식을 먹지도 못한 것처럼 느껴졌다. 가장 강한 인상을 준 곡은 큰 갈채를 받은 발라드 「검은 화물선(A Ship the Black Freighter)」이었다. 그 곡의 진짜 제목은 「해적 제니(Pirate Jenny)」였지만 나는 그 제목을 알지 못했다. 그 곡은 어딘가 남성적인 느낌을 주는 여성이 불렀는데 그녀는 초라한 부둣가 호텔에서 잠자리를 정돈하고 허드렛일을 하는 하녀의 옷차림을 하고 있었다. 처음에 나를 매료시킨 것은 검은 화물선에 관한 소절이었다. 그 특별한 소절은 어렸을 때 들었던 배의 농무경적과 마음속에 새겨져 있던 그 웅장한 소리를 생각나게 했다. 그 소리가 바로 위에서 들리는 것 같았다.

  슈피리어 호수의 동쪽 끝에 위치한 덜루스는 가장 가까운 바다로부터 3200킬로미터 떨어져 있지만 국제적인 항구이다. 남아메리카, 아시아, 유럽으로부터 오는 배들이 들어오고 나갔으며 크고 둔탁한 농무경적이 정신 놓고 있는 사람을 일깨웠다. 안개 때문에 배를 볼 수 없어도, 베토벤의 5번 교향곡의 제1주제처럼 울려 퍼지는 경적 때문에 배들이 거기 있다는 것을 알 수 있었다. 두 번의 낮은 음에서, 첫 음은 바순처럼 깊고 육중한 음이 길게 퍼졌다. 농무경적은 위대한 발표문처럼 들렸다. 대형 선박들이 들어오고 나갔다. 약하고 내성적이고 천식에 시달리던 어린 시절, 그 소리는 너무 커서 나는 온몸으로 그것을 느낄 수 있었고, 공허한 느낌을 갖게 만들었다. 소리가 나는 어디쯤에서 뭔가가 나를 집어삼킬 것 같았다.

노래를 두 곡쯤 들은 후 농무경적에 대해 어느 정도 잊어버린 나는 그녀에게 관심을 돌렸다. 가장 건조하고 추운 곳으로부터 온 그녀의 태도는 매우 강렬하고 불타는 듯했다. 그녀가 잠자리를 펴주던 '신사들'은 그녀의 내면에 있는 적개심을 알지 못하고, 검은 화물선은 메시아적인 일의 상징으로 보였다. 점점 가까이 오는 그것은 지금쯤 현관에 이르렀는지도 모른다. 허름한 옷을 입은 그녀는 힘이 있지만 하찮은 사람처럼 가장하고 머리수를 세고 있었다. 노래는 무서운 지옥에서 곧 일어날 일을 노래한다.

"모든 건물이…… 무너지고, 악취를 풍기는 집들이 무너지리라."

그녀의 집을 제외한 모든 집들이 무너진다. 그녀의 집은 안전하다. 노래의 후반에 신사들은 누가 거기서 사는지 궁금해지기 시작한다. 그들은 곤경에 처해 있지만 그것을 알지 못한다. 사람들이 부둣가로 몰려나오고 신사들이 사슬에 묶여서 그녀에게 끌려온다. 그녀는 신사들에게 지금 죽을 것인지 나중에 죽을 것인지를 묻는다. 그들의 목숨이 그녀에게 달려 있었다. 노래 마지막에 그녀의 눈은 빛을 발한다. 배는 선수로부터 대포를 발사하고 신사들의 얼굴에는 웃음이 사라진다. 배는 아직도 항구에서 방향을 바꾸고 있다. 늙은 그녀가 '그들을 당장 죽여, 배우는 게 있겠지'라고 말한다.

신사들이 무슨 짓을 했기에 그런 운명에 처했는가? 노래는 알려주지 않는다.

거칠고 주술적인 노래였다. 비극적인 연기가 펼쳐졌다. 3미터 거리에서 들리는 악구가 청중을 공격하고 급히 사라진 후, 턱을 치는 펀치처럼 또 다른 악구가 들려온다. 그때 유령 합창단이 들어온다. 노래는 악령이 부르는 몹시 불쾌한 곡이었다. 공연이 절정에 달했을 때 작은 극장의 모든 청중은 깜짝 놀라 등을 기대고 앉아 가슴을 끌어안는다. 나는 그 이유를 깨달았다. 청중이 그 노래의 '신사들'이었기 때문이다. 그녀가 자리를 편 것은 그들의 침대였고, 우편물을 분류하는 곳은 그들의 우체국이고, 가르치는 곳은 그들의 학교였다. 이 작품은 청중을 완패시켰다. 우리는 그런 곡을 쓴 일이 없었다. 그것은 저항이나 시사문제를 다룬 곡도 아니었고 사람들에 대한 사랑이 없었다.

나중에 나는 작품을 왜 그런 식으로 만들었는지, 왜 그렇게 효과적이었는지 알아내기 위해 그 곡을 분석하고 있는 자신을 발견했다. 공연을 분명히 보았지만 잘 깨닫지 못했던 것을 알 수 있었다. 모든 것이 튼튼한 까치발로 단단히 벽에 고정되었지만 뒤로 물러서서 끝날 때까지 기다리지 않으면 각 부분이 어떻게 전체가 되는지 볼 수 없었다. 마치 피카소의 그림 「게르니카」를 보는 것 같았다. 이 비극적인 작품은 나에게 새로운 자극을 주었다. 그것은 사실 포크송 같았지만 다른 배경의 다른 그릇으로부터 가져온 포크송이었다. 열쇠 한 다발을 뺏어

가지고 그곳에 가서 뭐가 있는지 보고 싶었다. 나는 그 곡을 분석하고 지퍼를 열었다—그것은 형식과, 자유로운 시의 연합과, 구조였다. 그리고 중요하게 만들기 위해 확실하게 알려진 멜로디 패턴을 무시하는 것이었다. 또 가사에 어울리는 이상적인 합창을 가지고 있었다. 나는 이 특별한 구조와 형식을 조작하고 통제하는 방법을 알아내고 싶었다. 구조와 형식은 「해적 제니」에게 탄력성과 멋진 파워를 주는 열쇠였다.

나중에 집에서 나는 이 문제를 생각했다. 아직 아무것도 이룬 것이 없고 작사가도 아니지만, 가사와 멜로디의 범위 안에서 물질적이고 관념적인 가능성에 의해 올바른 감동을 받게 되었다. 내가 좋아하는 경향의 노래 유형은 존재하지 않는다는 것을 알 수 있었다. 나는 형식을 파악하려고 노력하면서 연주를 시작했고, 정보와 성격과 줄거리를 초월하는 노래를 만들려고 노력했다.

전체적으로 「해적 제니」의 영향을 받은 나는 그 이데올로기적 중심에서 멀리 있긴 했지만 그 비슷한 곡들에 시간을 낭비하기 시작했다. 클리블랜드의 사기꾼이 일으킨 비열한 사건 「경찰관 가제트(Police Gazett)」나, 스노우 화이트라는 목사의 딸이 기괴하고 추한 방법으로 고객을 살해한 일에서 이야기를 끌어냈다. 나는 다른 곡을 원형으로 이용하면서 거기에 몇 줄을 더했다. 「프랭키와 앨버트」 발라드의 처음 두 줄을 합창곡으로 사용했다.

"프랭키는 착한 소녀였어요. 모든 사람이 그걸 알아요. 앨버트의 새 양복에 백 달러를 냈어요."

나는 그 아이디어를 좋아했지만 노래는 성공하지 못했다. 나는 뭔가를 놓치고 있었다.

수즈와 나의 관계는 휴일을 숲에서 보내는 것이 아님이 밝혀졌다. 결과적으로 운명이 신호를 보냈고 우리는 완전히 멈추게 되었다. 끝을 내야만 했다. 그녀는 다른 길을 택했고 나도 다른 길을 택했다. 서로의 삶을 떠났지만, 열정이 사라지기 전에, 우리는 웨스트 4번가 아파트에서 많은 시간을 함께 보냈다. 여름 동안 작은 집은 숨 막히는 열기로 가득 찬 오븐 같았다. 겨울에는 히터가 없었고 살을 에는 듯이 추웠다. 우리는 담요 밑에서 서로를 끌어안고 따뜻하게 녹였다.

수즈는 내가 콜롬비아 레코드에서 녹음을 시작할 때 옆에 있었다. 그 일은 전혀 예상 밖의 일이었고 나는 실제로 대형 레코드 회사에 눈독을 들여 본 적이 없었다. 누가 나에게 콜롬비아 레코드에서 녹음을 할 거라고 말해도 믿지 않았을 것이다. 콜롬비아 레코드는 최고의 레코드사 중 하나였고 조니 마티스, 토니 베넷, 그리고 미치 밀러와 같은 거물급 가수들과 일하는 회사였기 때문이다. 나를 그곳으로 데리고 간 사람은 존 해먼드였다. 존은 캐롤린 헤스터의 아파트에서 나를 처음 보고 내 노래를 들었다. 캐롤린은 텍사스 출신으로 기타를 치며 노래하는 가수였는데 나를 알고 있었다. 캐롤린은 멋있고 다정하고 아름다웠다. 그녀가 버디 홀리를 알고 있으며 그와 함께 일한다는 사실은 내게 적지 않은 감동을 주었고, 그녀 근처에 있는 것을 좋아했다. 버디는 로큰롤의 왕족이었고, 그녀는 로큰롤과 그 정신에 연결될 수 있는 연줄처럼 느껴졌다.

캐롤린은 소설가인 리처드 퍼리나와 결혼했다. 사람들 말로는 리처드가 시에라 마드레 산맥에서 카스트로와 함께 있었던 모험가이고 IRA와 함께 싸웠다고 한다. 소문이 어찌됐건, 나는 캐롤린과 결혼한 그가 세상에서 가장 운이 좋은 사나이라고 생각했다. 나는 그녀의 아파트에서 기타 연주자 브루스 랭혼과 베이스 빌 리를 만났다. 그때 네 살이었던 빌 리의 아들 스파이크 리는 자라서 영화감독이 되었다. 나중에 브루스와 빌은 나의 레코드에 연주를 맡게 된다. 그들은 오데타와 연주했고 재즈부터 로큰롤 블루스까지 모든 것을 연주할 수 있었다. 그들과 함께 연주를 하려면 필요한 것이 많았다.

캐롤린은 콜롬비아에서 자신의 데뷔 음반을 녹음하는데 나에게 하모니카를 연주해달라고 부탁했다. 그리고 내가 전에 연주했던 몇 가지를 가르쳐 달라고 말했다. 나는 캐롤린의 부탁을 받고 몹시 기뻤다. 해먼드는 우리를 만나고 싶어 했다. 그는 캐롤린이 녹음하려는 곡을 듣기 위해 모든 일을 주선해놓고 있었다. 아파트에서의 그 만남이 모든 것을 결정지었다. 거기서 해먼드는 처음 내가 노래하는 것을 들었다. 내 하프 연주와 기타 연주를 들었고 캐롤린과 함께 노래하는 것도 들었다. 나는 그가 나를 눈여겨보고 있다는 것을 깨닫지 못했다. 그런 것은 생각지도 않았다. 나는 캐롤린을 위해서 갔고 그것이 전부였다. 해먼드는 떠나기 전에 지나가는 말처럼 누구와 녹음한 일이 있느냐고 내게 물었다. 그는 처음으로 그런 것을 내게 물어본 권위 있는 사람이었다. 나는 머리를 흔들었고 그의 대답을 기다리느라 숨을 죽였다. 그러나 그는 아무 반응을 보이지 않았다. 그뿐이었다.

그때부터 그를 다시 만날 때까지, 내게는 대변동이 일어난 것 같았다. 미국에서 가장 이름 있는 포크클럽 〈거디스 포크 시티〉에서 연주했고, 블루그래스 밴드인 그린브라이어 보이스와 같이 프로그램에 이름이 올랐고, 《뉴욕타임스》의 포크 재즈 섹션 비평에서 격찬을 받았다. 그것은 특별한 일이었다. 나는 프로그램에 조연으로 올랐는데 그린브라이어 보이스는 논평에 거의 언급되지 않았기 때문이었다. 전에도 한

번 포크 시티에서 연주한 일이 있었는데 그때는 아무런 평도 받지 못했다. 이 기사는 캐롤린의 녹음 세션 전날 밤에 게재되었고 다음날 해먼드는 신문을 보았다. 세션은 잘 끝났고 사람들이 모두 짐을 꾸려서 떠나는데 해먼드는 나를 스튜디오의 조정실로 데리고 갔다. 그는 콜롬비아 레코드사에서 음반을 내게 하고 싶은데 어떠냐고 말했다. 나는 물론 그렇게 하고 싶다고 대답했다. 가슴이 뛰고 은하계의 별까지 날아오르는 것처럼 느꼈다. 정신이 불안정한 상태에 있었지만 나는 그것을 깨닫지 못했다. 믿을 수가 없었다. 너무 행복해서 진짜 같지가 않았다.

나의 인생은 이제까지의 궤도를 벗어나려 하고 있었다. 미니애폴리스 린의 아파트에서 「영가에서 스윙까지(Spirituals to Swing)」 앨범과 우디 거스리의 곡을 듣던 때부터 영겁이 흐른 것처럼 느껴졌다. 이제 믿을 수 없게도 그 앨범을 내는 책임을 맡았던 사람의 사무실에 앉아 있고 그는 나를 콜롬비아 레코드사에 전속시키려고 하고 있었다.

해먼드는 철저한 음악인이었다. 간결하고 날카로운 표현을 사용하면서 빠르게 말했다. 그는 나와 같은 언어로 말했고 자신이 좋아하는 음악에 대해 모든 것을 알고 있었으며 자신이 음반을 낸 가수들을 모두 알고 있었다. 그는 일을 계획하고 그것을 뒷받침할 수 있었다. 허튼소리를 하는 사람이 아니었다. 돈은 그에게 그리 큰 영향을 주지 않았다. 어떻게 그럴 수 있는가? 그의 선조인 코넬리우스 밴더빌트가 한 말이 있다.

"돈? 뭣 때문에 돈 걱정을 해? 권력을 가지고 있잖아!"

진정한 미국의 귀족인 해먼드는 녹음 경향이라든가 음악적인 흐름의 변화를 중요시하지 않았다. 그는 자신이 좋아하는 것을 마음대로 할 수 있었고 평생을 그렇게 살았다. 그는 겸손한 사람과 상처받기 쉬운 사람에게 오래 기억될 수 있는 기회를 주었다. 지금은 나를 미로의 중심에 있는 콜롬비아 레코드에 데리고 온 것이다. 포크 음반사들은 모두 나를 거절했지만 지금 생각하면 오히려 잘된 일이었다. 나는 해먼드 씨의 사무실을 둘러보고 내 친구 존 해먼드 주니어의 사진을 보았다. 맥두걸 거리에서 존 혹은 지프로 알려진 존은 나와 비슷한 나이로 블루스 기타를 연주하는 가수였다. 나중에 그는 혼자 힘으로 호평받는 가수가 되었다. 나는 그가 대학을 막 졸업했을 때 만났는데 그가 기타에 입문한 것이 오래되지 않았던 것으로 기억한다. 가끔 우리는 맥두걸 거리에 있는 그의 집에 놀러갔다. 그가 성장기를 보낸 그 집에는 놀랄 정도의 음반 콜렉션이 있었고 우리는 주로 블루스와 서민적인 로큰롤을 많이 들었다. 나는 그가 전설적인 존 해먼드의 아들이라고는 생각도 하지 않았다. 사진을 보고서야 겨우 아버지와 아들을 연결할 수 있었다. 나는 우리 친구들 중에 누가 지프의 아버지를 알아보았다고 생각하지 않는다. 그는 그 사실을 한 번도 말하지 않았다.

존 해먼드는 내 앞에 계약서를 내놓았다. 모든 신인 가수와 맺는 전형적인 것이었다. 그가 말했다.

"이게 뭔지 아는가?"

나는 콜롬비아 레코드라고 쓴 첫 페이지를 보면서 말했다.

"어디에 서명하죠?"

해먼드는 내게 서명할 곳을 알려주었고 나는 침착하게 이름을 썼다. 나는 그를 믿었다. 누가 믿지 않겠는가? 세상에는 왕이 아마 천 명쯤 있을 텐데 그는 그 중의 한 사람이었다. 그날 헤어지기 전에 그는 아직 일반인들이 입수할 수는 없지만 내가 관심을 가질 것으로 생각한 음반 두 장을 주었다. 콜롬비아사는 30년대와 40년대의—브런즈윅, 오크,

보칼리온, ARG 등의 — 음반들을 사들였는데 그 중 몇 장을 다시 내놓을 예정이었다. 그가 준 음반은 델모어 브라더스가 웨인 레이니와 함께 연주한 것과, 로버트 존슨(Robert Johnson)이란 가수의 「델타 블루스의 왕(King of the Delta Blues)」이란 음반이었다. 나는 라디오에서 웨인 레이니의 연주를 자주 들었다. 그는 내가 좋아하는 하모니카 주자이며 가수였고, 델모어 브라더스도 좋아했다. 그러나 로버트 존슨에 대해서는 들어본 적이 없었다. 이름을 듣지 못했을 뿐아니라 편집한 블루스 음반에서도 그 이름을 보지 못했다. 해먼드는 로버트 존슨이 '누구에게나 채찍을 들 수 있는' 사람이라며 내가 그 음반을 들어야 한다고 말했다. 그는 삽화를 보여주었는데 특별한 그림이었다. 화가가 천장에서 중간 정도의 키에 어깨가 곡예사처럼 생긴 맹렬한 가수이며 기타 연주자를 내려다보고 있었다. 얼마나 사람을 흥분시키는 커버인지 몰랐다. 나는 그 그림을 뚫어지게 들여다보았다. 그림에 있는 가수가 누구든 그는 벌써 나를 사로잡은 것이다. 해먼드는 옛날부터 그를 알고 있었다고 말했다. 그를 뉴욕으로 데려와서 유명한 스피리추얼스 투 스윙 콘서트에서 공연을 시키려고 했는데 존슨이 이미 미시시피에서 불가사의하게 사망한 것을 발견했다는 것이다. 그는 약 20장을 녹음했는데 콜롬비아 레코드가 그 모든 것을 소유하고 있으며 이제 몇 장을 재발행할 예정이라고 말했다.

해먼드는 달력을 보며 내가 녹음을 시작할 날짜를 정하고, 어떤 스튜디오로 가야 하는지 알려주었다. 나는 정신이 몽롱한 상태로 그곳을 나와 지하철을 타고 밴 론크의 아파트로 달려갔다. 테리가 문을 열어 주었다. 그녀는 부엌에서 일을 하고 있었다. 작은 부엌은 스토브 위에 푸딩, 도마 위에 바케트 빵, 조리대에 건포도와 바닐라와 계란이 놓여 있어서 아주 복잡했다. 그녀는 팬에 마가린을 입힌 다음 설탕이 녹기를 기다리고 있었다.

"데이브에게 틀어줄 음반을 가져왔어요."

데이브는 《데일리 뉴스》를 읽고 있었다. 미국 정부가 네바다에서 핵실험을 하고 있다는 기사가 있었다. 러시아인들도 그 나라 도처에서 핵실험을 하고 있었다. 제임스 메레디스라는 미시시피 주의 흑인 학생이 주립대학교에서 교실에 들어가는 것을 금지당했다. 좋지 않은 뉴스들이었다. 데이브는 얼굴을 들고 뿔테 안경 너머로 나를 올려다보았다. 나는 로버트 존슨의 음반을 들어 보이며 들어본 적이 있느냐고 물었다. 데이브는 못 들어봤다고 대답했다. 나는 음반을 축음기에 올려놓았다. 첫 음부터 스피커를 통해 들리는 바이브레이션이 머리칼을 곤두서게 만들었다. 기타의 꿰뚫는 듯한 사운드는 창문을 깨뜨릴 지경이었다. 노래를 시작했을 때 존슨은 완전 무장을 하고 제우스의 머리로부터 뛰어나온 것처럼 보였다. 나는 즉시 존슨을 다른 사람과 구별할 수 있었다. 노래는 습관적인 블루스 곡들이 아니었다. 완전한 작품으로 각 곡이 4절 내지 5절로 되어 있었고 모든 대구對句가 전혀 거슬리지 않게 다음 행과 얽혀 있으면서 너무나도 유려하게 흘러가고 있었다. 처음에는 빨라서 이해할 수가 없었다. 여기저기 사방으로 껑충거리더니 주제와 짧고 힘 있는 연聯이 파노라마와 같은 이야기를 엮어냈다. 인류의 열정이 회전하는 이 플라스틱 조각의 표면에서 폭발하고 있었다. 「다정한 여인(Kind Hearted Woman)」, 「강가를 여행하는 블루스(Traveling Riverside Blues)」, 「내 부엌으로 와요(Come On in My Kitchen)」를 들었다.

존슨의 목소리와 기타 연주가 방안을 울렸고 나는 그 안에 몰입했다. 다른 사람에 대해서는 신경도 쓰지 않았다. 그러나 데이브는 달랐다. 그는 이 곡은 다른 곡에서 따 온 것이고, 저 곡은 또 다른 노래를 정확하게 복제한 것이라고 계속 지적했다. 그는 존슨이 독창적이지 않다고 생각하고 있었다. 나는 데이브가 의미하는 것을 알지만 그와 반대로 생각했다. 존슨은 정말 독창적이고 그의 노래는 다른 곡들과 비교될 수 없다고 생각했다. 데이브는 나중에 르로이 카르와 스킵 제임스, 그리고 헨리 토마스의 몇 곡을 들려주고는 이렇게 말했다.

"내 말이 무슨 말인지 알겠어?"

나는 그가 의미하는 것을 알았지만 우디는 카터 패밀리의 곡에서 많은 것을 취해서 자신의 곡에 추가했고 자신의 것으로 만들었다. 나는 그것이 무엇을 의미하는지 깊이 생각하지 않았다. 데이브는 존슨이 노래를 잘 하고 파워풀하지만 모두 모방한 것이라고 생각하고 있었다. 아무튼 데이브와 논쟁을 벌여 보았자 헛수고일 뿐이었다. 나는 사물을 바라보는 원시적인 방법을 가지고 있었고, 시골의 공정한 정치를 좋아했다. 내가 좋아하는 정치인은 애리조나 주의 상원의원 배리 골드워터였는데 그를 보면 톰 믹스가 생각났고 그것을 누구에게 설명할 방법이 없었다. 나는 정신병자들이 주절거리는 소리를 들으면 편치 않았다. 그것은 나의 특별한 잔칫상이 아니었다. 최근의 뉴스도 사람을 짜증나게 만들었다. 나는 옛날 뉴스가 더 좋았다. 새로운 뉴스는 모두 좋지 않은 소식들이었다. 뉴스 때문에 하루 종일 얼굴을 찌푸릴 필요가 없었으면 좋겠다는 생각이 들었다. 24시간 뉴스 보도는 살아 있는 지옥이 될 수 있었다.

나는 데이브에게 나중에 보자고 말하며 신문을 다시 읽으라고 했다. 그리고 하얀 종이 케이스에 음반을 넣었다. 종이 케이스에는 글씨가 씌어 있지 않았다. 음반에 손으로 쓴 글자는 유일하게 로버트 존슨이라는 이름과 노래의 목록이었다. 그 음반이 데이브에게 별로 강한 인상을 주지 못한 것을 보고 마치 진정제를 맞은 것처럼 멍한 기분이었다. 웨스트 4번가 아파트로 돌아온 나는 혼자 다시 음반을 듣기 시작했다. 누구에게도 그 음반을 들려주고 싶지 않았다.

다음 몇 주 동안 그 음반을 반복해서 들었다. 전축을 들여다보고 앉아서 한곡 또 한곡 들었다. 그럴 때마다 무서운 유령이 방안에 들어온 것처럼 느껴졌다. 노래는 놀랄 만큼 효율적인 층을 이루고 있었다. 존슨은 20명 이상이 존재하는 것처럼 가장하고 있었다. 나는 노래 하나하나에 집중해서 그가 어떻게 그렇게 할 수 있었는지 생각했다. 작곡은 그에게 대단히 세련된 업무였다. 작품들은 그의 기억이 아니라 입에서 곧바로 나오는 것처럼 보였다. 나는 시행의 구조가 우디의 것과 다른 것을 보면서 깊은 생각에 잠겼다. 존슨의 노랫말은 피아노 줄처럼 내 신경을 떨리게 만들었다. 그것들은 의미와 감정에 너무 기본적이어서 내면의 그림을 너무 많이 보여주었다. 모든 순간을 분류할 수 있는 것이 아니었다. 빠진 표현이 너무 많고 이중으로 들어간 말이 너무 많았다. 존슨은 다른 블루스 작사가들이 곡 전체에 쓰는 장황한 묘사를 무시했다. 노래의 한 줄 한 줄이 실제 일어난 것인지 상상한 것인지 알 수가 없었다. 나무에 매달린 고드름을 노래할 때 한기를 느끼게 만든다거나 우유가 파랗게 변질된 것을 노래할 때…… 구역질이 나게 만드는데 어떻게 그럴 수 있는지 궁금했다. 또 모든 곡들이 기묘한 개인적 울림을 얼마쯤 가지고 있었다. "오늘이 크리스마스 이브라면 내일은 크리스마스날인데."와 같은 소절에서 특별한 크리스마스 계절을 뼛속까지 느낄 수 있었다. 아이언 레인지에서는 디킨스류의 크리스마스가 일반적이었다. 그림책에서 볼 수 있듯이 크리스마스 트리 위에 천사들, 눈 덮인 거리에 말이 끄는 썰매, 전구들로 반짝이는 소나무, 도심지 상점에 매달린 둥근 화환, 길모퉁이에서 연주하는 구세군 밴드, 집집마다 캐롤을 부르며 다니는 성가대, 장작불이 타오르는 벽난로, 목에 두른 털목도리, 마을에 울려 퍼지는 교회 종소리 등이 크리스마스를 상징했다. 12월이 돌아오면 모든 것이 속도를 늦추었고, 말없이 추억에 잠겼고, 흰 눈이 내렸다. 크리스마스는 항상 누구에게나 어디서나 그럴 것이라고 나는 생각했다. 다른 모습의 크리스마스는 상상할 수 없었다. 존슨은 가볍게, 아무렇지도 않게, 위대한 '화이트 크리스마스'가 아닌 모습을 불러내고 있었다. 존슨에게는 모든 것이 합법적인 먹이였다. 낚시하는 노래 「죽은 새우의 블루스(Dead Shrimp Blues)」라는 곡은 상상할 수 있는 곡이 아니었다. 은유와 거리가 먼 혈기왕성하고 혼란스러운 낚시 노래였다. 고물자동차에 대한 곡 「테라플레인(Terraplane)」은 아마 가장 위대한 자동차 노래일 것이다. 테라플레인을 보거나 들은 일이 없어도 노래를 들으면 자동차가 유선형의 탄환처럼 생겼을 거라고 상상할 수 있었다. 존슨의 자동차 노래 역시 은유 이상이었다.

나는 존슨의 노랫말을 종이에 적어서 가사와 형식과, 그의 옛날 스타일의 구조, 그가 사용하는 자유로운 연상, 반짝이는 알레고리, 무의미한 추상의 단단한 껍질에 싸여 있는 극단적인 진실, 가장 편안하게 선율을 통해 흐르는 주제를 더욱 자세히 조사할 수 있었다. 나는 그와 같은 꿈이나 생각들을 전혀 갖고 있지 않았지만 그것들을 얻으려고 했다. 존슨에 대해 많이 생각했고 그의 청중이 누구였는지 궁금했다. 싸구려 카페 같은 곳에 모인 소작인이나 농장의 일꾼들이 청중일 것으로 상상하기는 어려웠다. 존슨이 오직 그가 볼 수 있는 청중을 위해 연주하고 있는지 미래의 청중을 위해 연주하는지 생각해 보아야 했다. 그는 "내 곡이 당신의 머리를 때릴 것이오"라고 노래한다. 존슨은 초토화된 대지처럼 심각하다. 그와 그의 가사에 우스꽝스러운 것은 없었다. 나도 그렇게 되기를 원했다.

　결국 그의 음반이 나왔고 그것은 블루스 애호가들을 열광시켰다. 몇 사람의 연구자들이 그에게 초점을 맞추고 그의 과거를 조사한 결과 몇 가지를 찾아냈다. 존슨은 30년대에 녹음했는데 1960년대에도 여전히 그를 아는 사람들이 델타 주변에 있었다. 존슨이 한밤중에 사방으로 통하는 네거리에서 자신의 영혼을 악마에게 팔았고, 그래서 그가 그처럼 뛰어날 수 있었다는 이야기가 돌아다니고 있었다. 글쎄, 그 이야기에 대해서는 잘 모르겠다. 그를 알았던 사람들은 다른 이야기를 했다. 그는 미시시피 지역에서 나이 많은 블루스 연주자들과 함께 시간을 보냈는데 성가시게 군다고 왕따를 당했다는 것이다. 그들과 헤어진 존슨은 아이크 지너맨이라는 머슴으로부터 기타 연주법을 배웠는데 지너맨은 어떤 책에도 나오지 않는 불가사의한 인물이었다. 아마 그가 녹음을 하지 않았기 때문으로 생각된다. 그는 믿을 만한 교사였음이 틀림없었다. 존슨을 알고 있는 사람들에 의하면 아이크가 그에게 연주하는 기본 원리를 알려주었고 나머지는 존슨이 주로 음반을 듣고 그 음반에 근접하도록 모든 것을 익혔다는 것이다. 그 오리지널 레코드, 존슨의 모든 곡의 원형이었던 곡들을 아직도 들을 수 있었다. 이 이야기는 좀더 그럴듯하게 들리는 얘기였다. 「축음기 블루스(Phonograph Blues)」라는 곡에서 존슨은 녹슨 바늘로 레코드 주자에게 존경을 표한다. 존 해먼드는 존슨이 월트 휘트먼을 읽었을 것이라고 말했다. 그럴

지도 모르지만 뚜렷이 나타난 것은 아니었다. 나는 존슨이 그렇게 많은 장소를 어떻게 돌아다닐 수 있었는지 상상할 수 없었다. 그는 모든 것을 아는 것처럼 보인다. 심지어 적합하다 싶으면 공자님처럼 말을 할 때도 있었다. 그는 버림받았거나 절망적이거나 족쇄를 찬 적도 없었고 그를 방해하는 것은 없었다. 위대한 사람들처럼 그는 한 걸음 앞서 간다. 그가 '워싱턴은 부르주아 타운'이라고 노래하는 것은 상상할 수 없다. 그는 깨닫지 못했거나 알았어도 상관이 없었다.

30년 이상이 지난 후 나는 미시시피 주 룰루빌에서 8밀리 영화에 8초 동안 찍힌 존슨을 직접 보았다. 30년대 말에 어떤 독일인들이 햇살이 밝게 내리쬐는 오후의 거리를 찍은 것이었다. 어떤 사람들은 그가 정말 맞느냐고 물었지만 8초를 80초처럼 슬로우로 돌렸을 때, 그가 정말 로버트 존슨인 것을 알 수 있었다. 그는 크고 거미 같은 손으로 연주하고 있었는데 손은 기타의 현을 마법처럼 넘나들고 있었다. 그의 목에는 하모니카와 함께 하프 악보대가 걸려 있었다. 마약에 취한 사람 같지는 않았고 신경질적으로 보이지도 않았다. 어린아이 같았고 천사처럼 순진무구해 보였다. 그는 아래위가 붙은 작업복에 흰 리넨 점퍼를 입고 19세기 말에 유행한 소공자풍의 독특한 금박 모자를 쓰고 있었다. 조금도 잔인한 사람 같지 않았다. 인간의 공포에 면역이 된 것처럼 보였다.

몇 년이 지났고 나는 「걱정 마세요(It's Alright Ma(I'm Only Bleeding)」, 「탬버린 치는 사람」, 「해티 캐롤의 외로운 죽음(Lonesome Death of Hattie Carroll)」, 「누가 데이비 무어를 죽였나(Who Killed Davey Moore)」, 「그는 단지 하수인이었을 뿐(Only a Pawn in Their

Game)」, 「강한 비가 내릴 거야(A Hard Rain's Gonna Fall)」와 다른 몇 곡을 작사 작곡하고 노래를 불렀다. 테아트르 드 리스 극장에 가서 발라드 「해적 제니」를 듣지 않았다면 작사하겠다는 생각이 들지 않았을 테고 그 곡들은 씌어지지 않았을 것이다.

나는 1964년과 65년에 로버트 존슨의 블루스 형식을 무의식적으로 사용했지만 서정적인 이미지에만 머문 것은 아니었다. 로버트 존슨의 음반을 듣지 않은 채 작곡을 했다면 내 마음에 떠오른 수백 악절이 폐쇄되었을 것이고, 충분히 자유롭거나 고양된 감정으로 쓰지 못했을 것이다.

존슨의 작곡을 배운 사람이 나만은 아니었다. 나보다 2년 뒤에 태어난 텍사스의 현란한 기타 연주자 자니 윈터는 존슨의 축음기에 대한 곡을 텔레비전에 대한 곡으로 바꿔서 다시 썼다. 자니의 진공관은 폭발해서 화면이 나오지 않았다. 로버트 존슨이 들었다면 그 곡을 사랑했을 것이다. 자니는 존슨의 작곡에 영향을 받은 나의 곡 「다시 가 본 61번 고속도로(Highway 61 Revisited)」를 녹음했다. 동아리가 스스로 손을 잡고 도는 것이 신기했다. 로버트 존슨의 언어 코드는 그 전이나 후에 들어 본 것이 아니었다. 그것을 이해하기 위해서 수즈가 프랑스 상징파 시인 아르튀르 랭보의 시를 나에게 소개한 일이 있었다. 그것은 굉장한 일이었다. 나는 그의 편지 중 하나에서 우연히 '나는 누군가 딴 사람이다'라는 말을 발견했다. 그 말을 읽었을 때 종들이 울렸고 그것을 완전히 이해했다. 나는 누군가 그것을 좀더 일찍 말해주었더라면 하고 생각했다.

나는 진정한 자아를 찾기 위해 이기적인 생각으로부터 자신을 풀어주어야 한다는 존슨과, 우디의 열광적인 노조 회합의 설교와, 「해적 제니」의 구조를 가지고 순조롭게 앞으로 나갔다. 나는 모든 것이 변화하는 입구에 서 있었다. 곧 짐이 무겁고 생명력이 가득하고 속력을 내는 곳으로 들어갈 것이다. 그러나 아직은 아니었다.

존 해먼드가 콜롬비아 레코드사를 쥐고 흔드는 것처럼 루 레비는 리드 음악사를 마음대로 할 수 있었다. 어느 쪽도 관료적이거나 병적으로 자기중심적인 사람들은 아니었다. 각자 예전부터 오랜 세월을 거친 질서와 오만함을 가지고 있었다. 그들은 자기들이 속한 곳이 어딘지 알고 있었고, 그들의 신념을 뒷받침하기 위한 배짱을 가지고 있었다. 나는 그들을 실망시키고 싶지 않았다. 내 꿈이 무엇이든 이런 사람들은 꿈을 실현시키도록 만들어줄 수 있었다.

루는 테이프 레코더를 끄고 램프를 켰다. 내가 녹음하고 있던 곡들은 그가 늘 녹음했던 스윙 발라드와 너무 달랐다. 밤이 오고 있었다. 길 건너 창문에 노란색 불빛이 비쳤다. 차가운 진눈깨비가 스틸 드럼처럼 건물의 측면에 부딪쳤다. 창문을 통해 보이는 진눈깨비는 검은 벨벳 위에 던져지는 다이아몬드처럼 보였다. 옆방에서 루의 비서가 창문을 꼭 닫으려고 달려가는 발소리가 들렸다.

루의 회사는 내 곡을 내지 않았다. 알 그로스맨이 그것을 주목했다. 그로스맨은 그리니치 빌리지에서 최고의 매니저였다. 그는 전에도 나를 본 적이 있었지만 조금도 관심을 보이지 않았다. 그러나 내가 콜롬비아에서 첫 음반을 낸 후 그에게 눈에 띄는 변화가 있었다. 나는 그 기회를 환영했다. 그로스맨은 안정된 고객층을 가지고 있었기 때문이었다. 그가 나의 에이전트가 되었을 때 처음 시도했던 일은 나를 콜롬비아 레코드에서 빼내는 것이었다. 그것은 일을 꼬이게 만드는 것이라고 나는 생각했다. 그로스맨은 내가 그 계약을 맺었을 때 스물한 살이 되지 않았으므로 미성년이었고 따라서 그 계약은 무효라고 했다…… 그러므로 콜롬비아 레코드에 가서 존 해먼드에게 계약이 불법이고 그로스맨이 다른 계약을 협상하러 올 거라고 말해야 한다고 했다. 맞는 말이었다. 나는 해먼드 씨를 만나러 갔다. 그러나 그로스맨의 말대로 할 의도는 없었다. 거금을 주었더라도 그렇게 하지 않았을 것이다. 해먼드는 나를 믿었고 자신의 믿음을 뒷받침했다. 처음으로 세상에 음반을 내게 해준 사람이었다. 이 세상 누구도, 그로스맨이라도 그것을 가볍게 여겨서는 안 되는 일이었다. 백만 년이 지나도 내가 그로스맨 때문에 해먼드를 적대하는 일은 절대 없을 것이다.

그러나 계약을 바로잡아야 했으므로 그를 만나러 갔다. 내가 그로스맨의 이름을 입에 올리는 것만으로도 해먼드는 졸도할 지경이었다. 그는 그로스맨을 좋아하지 않았다. 해먼드는 그가 온 것만큼 불쾌해하면서, 앞으로도 여전히 나를 지원하겠지만 그로스맨이 나를 대리한다니 유감이라고 말했다. 그리고 문제가 되기 전에 당장 계약을 바로잡아야겠다고 말했다. 해먼드는 회사의 젊은 법률 고문을 불러서 나를 소개했다. 수정된 계약서가 작성되었고 이제 스물한 살이 된 나는 그 자리에서 서명했다. 콜롬비아사의 새 변호사는 활동적이고 전도유망한 클리브 데이비스였다. 클리브는 1967년에 콜롬비아 레코드사를 전면 인수했다.

다음날 그로스맨에게 해먼드에게 갔던 일을 말했을 때 그는 미친 듯이 날뛰었다.

"대체 무슨 소리를 하는 거야?"

그것은 그가 기대했던 것이 아니었다. 그로스맨은 리드 음악사와의 계약을 파기했다. 나는 그 계약이 실제로 중요하다고 느끼지 않았고, 루 레비가 나의 진짜 모습을 발견하지 못했거나, 적어도 당시에 내 노래로 아무것도 할 수 없다고 느낀 것이라고 생각했다. 나는 오직 해먼드의 호의로 거기 있었다. 그로스맨은 나에게 1천 달러를 주면서 루 레비에게 가서 그 돈을 주고 계약을 파기하고 싶다는 뜻을 전하라고 말했다. 나는 그의 말대로 했고 루는 아주 기뻐했다. 그는 여전히 그 빌어먹을 시가를 피우면서 말했다.

"좋아. 자네 노래에는 뭔가 독특한 것이 있는데, 그걸 잡을 수가 없단 말이야."

나는 루에게 1천 달러를 주었고 그는 계약서를 나에게 돌려주었다.

그로스맨은 나중에 나를 전통이 있는 출판사인 위트마크 음악사로 데려갔는데, 「아일랜드인이 미소지을 때(When Irish Eyes Are Smiling)」, 「오직 당신 생각(The Very Thought of You)」, 「지퍼스 크리퍼스(Jeepers Creepers)」 등 셀 수 없이 많은 노래를 출판한 회사였다. 내 운명은 리드 음악사에서 뚜렷이 드러나지 않았지만, 내 초기곡들을 테이프 리코더에 녹음하는 동안에는 알 리가 없었다.

루는 내가 부르는 거스리의 곡을 들은 후 야구선수들에 대한 노래를 쓴 일이 있느냐고 물었다. 없다고 대답하자 그는 노래를 쓸 만한 선수들이 몇 명 있다고 말했다. 루는 야구광이었고 각 선수들에 관한 온갖 통계를 줄줄 읊어댈 수 있는 사람이었다. 서류함 위에 올려놓은 사진틀에는 그가 야구 커미셔너 포드 프릭과 어깨를 나란히 하고 서 있는 사진이 들어 있었다. 또 다른 사진에는 어떤 자선행사장에서 베이브 루스의 미망인인 클레어 루스와 한 테이블에 앉아 있었다. 야구에 해박한 지식을 가진 그는 폴 워너에 대해 들어본 일이 있느냐고 물었다. 폴은 투수가 던진 공을 시속 240킬로미터로 날아가는 홈런으로 되돌려 줄 수 있고, 투수의 얼굴을 맞힐 수 있을 정도로 정확한 배팅을 하는 타자였다. 투수와 싸우는 것은 빈볼을 맞을 수도 있는 두려운 일이다. 전설적인 타자 테드 윌리엄스도 빈볼에 대한 두려움은 있었다.

루는 게임에서 홈런이 가장 재미없는 일이라고 생각하고 견딜 수 없어 했다…… 선수가 홈런을 치면 돈을 돌려받고 싶다고 말했다. 그는 이야기를 하는 동안 내내 가늘고 긴 싸구려 시가를 입에 물고 담배연기로 방안을 자욱하게 만들었다. 나는 야구를 그만큼 잘 몰랐지만 양키스의 로저 매리스가 베이브 루스의 홈런 기록을 깨는 중이라는 것을 알고 있었고 그것은 중요한 의미가 있었다. 매리스는 미네소타 주 히빙 출신이었다. 물론 나는 히빙에 있을 때 그의 이야기를 듣지 못했고 다른 사람들도 마찬가지였다. 지금은 그에 대한 이야기를 많이 듣고 있다. 어떤 점에서 그와 동향 출신이라는 것이 자랑스러웠다고 생각한다. 미네소타 출신의 다른 사람들도 친척 같은 느낌이 들었다. 20년대에 처음으로 대서양을 논스톱으로 비행한 찰스 린드버그는 리틀 폴스 출신이었다. 미국 국가「성조기여 영원하라(The Star Sprangled Banner)」의 가사를 썼던 프랜시스 스콧 키의 자손이며 『위대한 개츠비』를 쓴 F. 스콧 피츠제럴드는 세인트폴 출신이었다. 피츠제럴드는 '재즈 시대의 예언자'라고 불렸다. 미국인 최초로 노벨 문학상을 탔고, 『엘머 갠트리』를 쓴 싱클레어 루이스는 미네소타의 소크 센터 출신으로 순수한 리얼리즘의 대가였다. 초기의 천재적인 로큰롤 가수 에디 코크란은 엘버트 리 출신이었다. 모두 북부 출신이었다. 그들은 모험가, 예언자, 작가, 음악가로서 각자 자신의 비전을 따랐고 전체적인 상황이 보여주는 것을 상관하지 않았다. 그들 각자는 나의 표현되지 않은 꿈이 무엇인지 이해하려고 했다. 나는 그들 중에 하나가 된 것처럼 느꼈고 모두 함께 뭉친 것처럼 느꼈다.

포크뮤직 무대는 아담이 에덴동산을 떠나야 했던 것처럼 내가 떠나야 하는 파라다이스라고 말할 수 있었다. 떠나는 것이 최상이었다. 몇 년이 지나자 폭풍우가 몰아쳤다. 여러 가지 문제들이 뜨겁게 달아올랐다. 여권운동과 징집영장 흑인 민권운동 같은 문제들이 폭발했고 사람들은 이 문제들을 헤쳐 나가기를 꿈꾸었다. 국민적인 정신이 변했고 여러 면에서 조지 로메로 감독의 공포영화 「살아 있는 시체들의 밤」을 닮아 있었다. 길 바깥은 위험했고 그 길이 어디로 이어지는지 몰랐지만 나는 아무튼 그 길을 따라갔다. 앞에는 번개를 가진 검은 구름이 잔뜩 낀 이상한 세계가 펼쳐져 있었다. 많은 사람들이 그것을 오해하고 생각을 바꾸지 않았으나 나는 곧장 그리로 갔고 그 안은 활짝 열려 있었다. 한 가지 확실한 것은, 그 세계는 신이 주관하지도 않았지만 악마가 주관하는 것도 아니었다.

□ 역자 후기
평화와 자유를 갈구하는 영원한 가수

'살아 있는 포크의 전설'로 불리는 밥 딜런이 미국의 포크 음악에서 차지하는 비중은 누구와도 쉽게 비교될 수 없을 것이다. 구전 민요였던 포크 음악을 창작자가 있는 예술 작품으로 격을 높인 우디 거스리의 후계자를 자처하는 밥 딜런은 시적인 가사, 강렬한 보컬, 곡조와 박자를 무시하는 듯한 창법으로 포크 음악은 물론 일반 팝음악에도 큰 영향을 미쳤다.

특별히 포크와 록음악에 심취해 있지 않은 사람이라면 밥 딜런이 자신의 곡을 직접 부른 것보다는 피터 폴 앤 메리의 아름다운 혼성화음이나 그밖의 다른 가수들이 부르는 그의 노래를 더 좋아하는 것이 보통이라고 생각된다. 사포처럼 거칠고 메마르게 들리는 밥 딜런의 목소리보다는 프랭크 시내트라나 엘비스 프레슬리의 부드럽고 감미로운 목소리에 익숙해 있기 때문일 것이다.

그러나 일찍부터 딜런에게 매혹된 사람들이 말하듯이, 그의 노래는 들으면 들을수록 열정적인 연주와 이상하게 느껴지는 목소리, 그리고 시적인 가사에 점점 빠져들게 하는 기묘한 매력이 있다. 이 책을 번역하는 동안 밥 딜런의 음반을 다시 듣고 그 가사를 음미하면서 막연히 우리나라의 통기타 가수들에게 영향을 준 저항가수라고만 알고 있던 생각을 바꾸지 않을 수 없었다.

밥 딜런은 처음 활동을 시작했던 1960년대의 시대상과 맞물려 월남

전 반대운동과 흑인 민권운동에 참여해서 저항곡들을 쓰고 불렀지만, 그의 노래는 직설적이고 정치적이고 선동적인 저항의 표현이 아니라 개인의 느낌을 담은 은유로 이루어져 있다. 특히 아홉 가지 질문을 던지는 「블로윙 인 더 윈드(Blowing in the Wind)」는 반전노래이면서도 평화와 자유를 갈구하는 서정적인 가사와 멜로디로 인해 듣는 이의 마음에 잔잔한 감동을 일으킨다. 브루스 스프링스틴의 '밥은 우리의 마음을 열었다'는 찬사가 너무도 어울리는 노랫말이다.

3분이라는 짧은 시간 동안 부르는 노래가 세상을 바꿀 수 있다고 믿었던 밥 딜런, 1965년 뉴포트 포크 페스티벌에 전기 기타를 들고 나옴으로써 순수 포크 뮤지션들을 경악시켰던 그는 이후 사회 참여에서 개인주의로 방향을 바꾸었다. 이러한 변화를, 개혁과 진보를 부르짖던 젊은 날의 열정이 사라지고 세상과 타협하게 되었다고 볼 수도 있겠으나, 자신은 특별히 저항 운동에 나섰다기보다는 현실을 있는 그대로 강하게 표현하는 노래를 불러온 것뿐이라는 그의 말이 보다 진실에 가깝게 느껴진다. 자신은 시대의 양심이나 어떤 세대를 대변하는 사람이 아니라는 그의 주장은 오직 음악이 전부인 그의 삶과 자유로운 인간 정신을 단적으로 드러낸다.

이 책에서 우리는 뜻밖에 매우 솔직한 딜런을 만나게 된다. 로버트 짐머만에서 밥 딜런으로 이름을 바꾼 이야기며, 뉴욕에서 만난 애인 수즈의 어머니로부터 받은 냉대, 시대의 부름을 외면하지 말라며 몰려드는 반전 시위대와 히피들로부터 가족을 지키기 위해 총까지 준비했었다는 얘기를 읽다 보면 독자들은 저 멀리 있는 스타보다는 주변에서 흔히 볼 수 있는, 아내와 아이들을 사랑하는 평범한 가장으로서의 밥 딜런을 만날 수 있을 것이다.

□ 밥 딜런의 노래

Blowing In The Wind

How many roads must a man walk down,
before they call him a man
How many seas must a white dove sail,
before she sleeps in the sand
How many times must the cannonballs fly,
before they are forever banned
The answer, my friend, is blowing in the wind
The answer is blowing in the wind

   사람은 얼마나 많은 길을 걸어 봐야
   진정한 인생을 깨닫게 될까
   흰 비둘기는 얼마나 많은 바다 위를 날아야
   백사장에 편히 쉴 수 있을까
   전쟁의 포화가 얼마나 많이 휩쓸고 나서야
   영원한 평화가 찾아오게 될까
   친구여, 그건 바람만이 알고 있어
   바람만이 그 답을 알고 있다네

How many years can a mountain exist,
before it is washed to the sea
How many years can some people exist,
before they're allowed to be free
How many times can a man turn his head,
and pretend that he just doesn't see

The answer, my friend, is blowing in the wind
The answer is blowing in the wind
  얼마나 긴 세월이 흘러야
  산이 씻겨서 바다로 내려갈까
  얼마나 긴 세월이 흘러야
  사람은 진정한 자유를 얻을 수 있을까
  언제까지 고개를 돌리고
  모르는 척할 수 있을까
  친구여, 그건 바람만이 알고 있어
  바람만이 그 답을 알고 있다네

How many times must a man look up,
before he can see the sky
How many years(or ears?) must one man have,
before he can hear people cry
How many deaths will it take till he knows,
that too many people have died
The answer, my friend, is blowing in the wind
The answer is blowing in the wind
  얼마나 많이 올려다보아야
  진짜 하늘을 볼 수 있을까
  얼마나 오랜 세월을 겪어야(많은 귀가 있어야)
  타인의 울음소리를 들을 수 있을까
  얼마나 많은 사람이 희생되어야
  무고한 사람들이 죽었음을 깨달을 수 있을까
  친구여, 그건 바람만이 알고 있어
  바람만이 그 답을 알고 있다네

Like a Rolling Stone

Once upon a time you dressed so fine
You threw the bums a dime in your prime, didn' t you?
People' d call, say, "Beware doll, you' re bound to fall"
You thought they were all kiddin' you
You used to laugh about
Everybody that was hangin' out
Now you don' t talk so loud
Now you don' t seem so proud
About having to be scrounging for your next meal.

    예전에는 멋진 옷을 입고
    으스대며 부랑자에게 잔돈푼을 집어 주었지
    사람들은 말했어, "추락하는 걸 조심해, 아가씨."
    그들이 농담하는 걸로 생각한 너는
    떠돌아다니는 사람들을
    비웃곤 했지
    그런데 지금은 말도 크게 못하고
    당당해 보이지도 않는군
    다음 끼니를 찾아 헤매야 하다니.

* How does it feel
   How does it feel
   To be without a home
   Like a complete unknown
   Like a rolling stone?
   기분이 어때
   기분이 어때

집 없이 사는 것이
알아주는 사람 없이
구르는 돌처럼 사는 것이?

You've gone to the finest school all right, Miss Lonely
But you know you only used to get juiced in it
And nobody has ever taught you how to live on the street
And now you find out you're gonna have to get used to it
You said you'd never compromise
With the mystery tramp, but now you realize
He's not selling any alibis
As you stare into the vacuum of his eyes
And ask him do you want make a deal?

미스 론리, 당신은 명문 학교를 다녔지
하지만 학교에선 단물만 짜줬을 뿐이라는 걸 알고 있어
아무도 길거리에서 사는 방법을 가르쳐 주진 않았어.
그런데 지금은 노숙하는 삶에 익숙해져야 한다는 걸 알고 있지.
당신은 수수께끼 같은 부랑자에게 결코 타협이란 없다고 말했어.
하지만 그가 아무 핑계도 대지 않은 것을 깨닫게 되었지
그리고 그의 눈에 텅 빈 공허를 보고
협상을 하겠느냐고 물었지

(*)

You never turned around to see the frowns on the jugglers and the clowns
When they all come down and did tricks for you

You never understand that it ain't no good
You shouldn't let other people get your kicks for you
You used to ride on the chrome horse with your diplomat
Who carried on his shoulder a Siamese cat
Ain't it hard to discover that
He wan't really where it was at
After he took everything from you he could steal

  넌 마술사와 광대들의 찡그린 모습을 보려고 돌아서지 않았어.
  그들이 너를 위해 묘기를 보여주었을 때도
  그게 잘한 일이 아니라는 걸 넌 절대 이해 못하지
  다른 사람들을 비난하지 말아야 해
  넌 외교관과 함께 황색 말을 타고 다녔어
  그는 어깨에 샴 고양이를 올려놓고 다녔지
  그가 사실 있어야 할 자리에 있지 않았다는 것을
  발견하기란 어렵지 않은 일이었어
  너로부터 훔칠 수 있는 모든 것을 가져간 후에

(*)

Princess on the steeple and all the pretty people
They're drinkin', thinkin' that they got it made
Exchanging all kinds of precious gifts and things
But you'd better lift your diamond ring, you'd better pawn it babe
You used to be so amused
At Napoleon in rags and the language that he used
Go to him now, he calls you, you can't refuse
When you got nothing, you got nothing to lose

You're invisible now, you got no secrets to conceal.
　뾰족탑 위의 공주와 잘난 사람들은 모두
　술을 마셔대며 성공했다고 생각하지
　온갖 귀한 선물과 물건들을 교환하며
　하지만 아가씨, 다이아몬드 반지를 집어서 저당 잡히는 게 좋을걸
　누더기를 입은 나폴레옹과 그가 쓰는 말들을
　재미있어 했잖아
　이제 그에게 가, 너를 부르는 그를 거절할 수 없어
　아무것도 없으면 잃을 것도 없어
　이제 눈에 띄지도 않고 감출 비밀도 없는 사람이지.

How does it feel
How does it feel
To be without a home
Like a complete unknown
Like a rolling stone?
　기분이 어때
　기분이 어때
　집 없이 사는 것이
　알아주는 사람 없이
　구르는 돌처럼 사는 것이?